The Philosophy of
Management Research

管理研究哲学

〔美〕曾荣光（Eric W. K. Tsang）著

任 兵 袁庆宏 译

著作权合同登记号　图字：01-2019-0423
图书在版编目(CIP)数据

管理研究哲学/(美)曾荣光(Eric W. K. Tsang)著;任兵,袁庆宏译.—北京:北京大学出版社,2020.4
(IACMR 组织与管理书系)
ISBN 978-7-301-30751-9

Ⅰ.①管… Ⅱ.①曾…②任…③袁… Ⅲ.①管理学—哲学—研究 Ⅳ.①C93-02

中国版本图书馆 CIP 数据核字(2019)第 262514 号

The Philosophy of Management Research 1st Edition/by Eric W. K. Tsang/ISBN：978-1-138-90257-2
Copyright@ 2017 Eric W. K. Tsang
Authorized translation from English language edition published byRoutledge, part of Taylor & Francis Group LLC；All rights reserved；本书原版由 Taylor & Francis 出版集团旗下，Routledge 出版公司出版，并经其授权翻译出版。版权所有，侵权必究.．

PekingUniversity Press is authorized to publish and distribute exclusively the **Chinese（Simplified Characters）** language edition. This edition is authorized for sale throughout **Mainland of China**. No part of the publication may be reproduced or distributed by any means, or stored in a database or retrieval system, without the prior written permission of the publisher. 本书中文简体翻译版授权由北京大学出版社独家出版并仅限在中国大陆地区销售。未经出版者书面许可，不得以任何方式复制或发行本书的任何部分。

Copies of this book sold without a Taylor & Francis sticker on the cover are unauthorized and illegal.
本书封面贴有 Taylor & Francis 公司防伪标签，无标签者不得销售。

书　　　　名	管理研究哲学 GUANLI YANJIU ZHEXUE
著作责任者	〔美〕曾荣光(Eric W. K. Tsang) 著　任　兵　袁庆宏　译
策划编辑	徐　冰
责任编辑	任雪鋆　周　莹
标准书号	ISBN 978-7-301-30751-9
出版发行	北京大学出版社
地　　　　址	北京市海淀区成府路 205 号　100871
网　　　　址	http://www.pup.cn
微信公众号	北京大学经管书苑(pupembook)
电子信箱	em@pup.cn
电　　　　话	邮购部 010-62752015　发行部 010-62750672 编辑部 010-62752926
印　刷　者	涿州市星河印刷有限公司
经　销　者	新华书店
	730 毫米×1020 毫米　16 开本　19 印张　282 千字 2020 年 4 月第 1 版　2021 年 9 月第 2 次印刷
定　　　　价	66.00 元

未经许可，不得以任何方式复制或抄袭本书之部分或全部内容。
版权所有，侵权必究
举报电话：010-62752024　电子信箱：fd@pup.pku.edu.cn
图书如有印装质量问题，请与出版部联系，电话：010-62756370

推荐序

近年来,管理研究领域涌现出越来越多以哲学为基础的反思与讨论,比如我们在2018年出版了《负责任的管理研究:哲学与实践》一书,讨论了科学严谨与有用知识的哲学基础问题。曾荣光教授所著的《管理研究哲学》一书无疑是在这方面具有代表性的、相对全面且系统的著作。该书针对管理研究者所遇到的一系列关键方法论问题进行了哲学层面的审辩与分析,对于丰富管理研究的科学哲学基础,加强管理研究方法论的科学性,构建可靠的、有效的管理理论知识体系都有着非常重要的意义。

哲学与当代科学研究的关系不言而喻。该著作将哲学和管理研究的方法论和方法联系起来,提出科学研究中的诸多议题(问题),通过纳入哲学的知识系统,对这些议题进行分析、批判和建议。哲学中的知识体系,首当其冲是本体论和认识论的问题。其中,本体论分析存在的事物和关系的类型,认识论则涉及如何得到知识以及知识和真理之间的关系。曾教授指出,研究者个人的本体论和认识论立场会影响他们认为什么方法用于从事经验研究更合理,并且决定什么是对理论的有效贡献。若研究者能充分认识自己的本体论和认识论立场,再认识清楚被研究对象(个人或群体)的本体论,就会采取对应的哲学范式开展研究,从而更加系统和客观地看待科学研究所得出的结果和可能产生的影响。

近二十年来,中国国内管理学界在整体上经历了一场学术规范化的运动,实证主义(positivism)范式下的经验研究(empirical research,普遍被称为实证研究)逐渐成为管理研究的主流,匿名评审、文献引用等形式理性的论文发表规范也逐渐确立,大部分研究者都能够熟练地使用实证研究方法实施并完成多个研究项目。然而,研究者却通常不清楚自己的研究方法存在哪些潜在问题。当学者们宣称在用科学方法做严格的经验研究时,却忽略了支撑这些研究方法背后的哲学、方法论假定。这一"知识空白"导致方法的选择和应用上的"知其然,不知其所以然",并陷入本书所谈到的错误之中,如 HARKing(根据结果提出假设),大量的忽略"核心假定"的理论检验,不明白什么是"解释"及其在理论构建与检验中的重要意义,以及在科学演进路径的选择上偏向于理论构建而轻视对现象的描述和对经验规则的识别,等等。

在众多的问题中间,最让我担心的是管理学术界对从事"负责任的科学研究"的漠视。60 年前,商学院遭遇了来自外界的强有力声音的质疑。1959 年,一份由福特基金会资助、罗伯特·戈登(Robert Gordon)和詹姆斯·豪厄尔(James Howell)撰写的重要报告批评当时美国的工商管理学院过于强调职业教育,提出商学院课程应该提高以及扩大对行为和社会科学的研究等建议,这导致后来管理研究对于科学性的重视。通过采用严谨的科学研究方法,管理学在 20 世纪 60 年代初到 80 年代末这三十年间产生了很多重大的管理知识创新,今天管理学教科书里的大部分内容都是这三十年里的研究成果,我称这段时期为"管理研究的黄金时代"。但从 20 世纪 90 年代开始,管理学研究越走越偏,许多学者公认面临两个危机:一是管理研究在操作上有问题;二是管理研究与实践的相关性越来越低。

从 2015 年开始,来自世界商学领域的 24 位知名学者和 4 位与商学院有关的机构的领导联合起来,倡议开展负责任的研究。我们提出了一个愿景——创造有用且可靠的知识。负责任的研究是指我们的研究工作应该是生产可靠且有用知识的科学工作,这些知识能直接或间接用于解决商业组织和社会中的重要问题。负责任研究的宗旨是生产能帮助我们的学生、商业或组织可以应对 21 世纪重大挑战的知识。我认为曾教授的《管理研究哲学》一书与我们所提倡的从事负责任的科学研究的愿景是契合的,他讨论的重点能够切实有效地帮助国内外的管理学者从事产生可靠知识的管理研究。

然而,如曾教授所说,关于"管理学究竟是不是科学"的认识一直存在着争论。多种哲学认识的并存一方面促进了我们对管理现实产生更丰富的理解,另一方面也给我们通过从事管理研究服务社会造成了困扰。我认为造成这一问题的局面与管理研究者不熟悉这些哲学认识有很大关系。我们要避免在哲学层面形成片面甚至是错误的认识。如曾教授所言,仅仅凭读过几篇哲学文章就开始撰写模棱两可的学术论文会产生严重的误导。毫无疑问,管理研究者借助于哲学甄别管理研究的本质甚至是自我喜好都面临极其大的智力挑战。

那么,管理研究的本质到底是什么?管理现象背后有没有可供我们探究的客观真理?曾教授在书中特别强调批判实在论哲学的方法论体系,并在诸多议题上提供了基于批判实在论的解决方案。据我所知,批判实在论是一种融合客观与主观,既借鉴实证主义又融入非实证主义(如诠释学派、批判理论)的一种可行的社会科学哲学体系。诚然,管理研究者都不同程度地在尝试寻找更为适合的哲学视野和研究方法论。我的想法是我们应该更扎实地学习社会科学哲学知识,为打开管理学研究的想象力和行动力构建反思基础。曾教授是先行者,他较早地认识到哲学对于审视管理研究的重要意义,因此写了《管理研究哲学》一书。社会心理学领域的黄光国教授在反思自20世纪80年代开始的"社会科学本土化运动"时,也提到哲学反思对于理论建构和实证研究的意义,其与曾教授的出发点虽有不同,但大方向是一致的。

英雄所见略同,然千里之行,始于足下。在普及科学哲学知识、强化管理学研究的哲学反思能力这一点上,中国管理学界面临着更为严峻的挑战。从2016年开始,我陆续在北京大学、复旦大学和上海交通大学等高校的商学院和管理学院开展了"'管理研究哲学'课程师资培训班",在那之前也已经探索开展了面向博士研究生的"管理研究哲学"课程。该课程探讨自然科学与社会科学研究的异同,科学发展与进步的历史,管理研究的现状,科学研究中价值的角色,以及青年研究者职业生涯规划等问题。每年大约有来自

管理研究哲学

十几所高校的 20 名左右的商学院教师参与到师资培训班的课程里,同时有上百名研究生选修"管理研究哲学"课程。通过这些努力,我致力于推进中国的管理学术界开辟"有感""有知""负责任"的学术新风,倡导通过各种形式来带动更多的人走上健康的科学研究之路。

2016 年,第一届"'管理研究哲学'课程师资培训班"结束不久,我建议北京大学出版社联系南开大学商学院的任兵教授对曾教授的《管理研究哲学》作进一步的熟悉和审辩。任兵教授与我合作编辑出版了《管理理论构建论文集》一书,在合作过程中,我感到她具有较强的独立思考能力,此外还敢于跨学科探索,对未知充满了好奇心,她的求真精神给我留下了很深的印象。袁庆宏教授同样参加了第一届"'管理研究哲学'课程师资培训班",袁教授工作认真、求学上进,在社会科学领域涉猎广泛,对组织与管理思想的演进历程有着浓厚的兴趣。此次他与任兵教授合作一起翻译此书,我感到很放心。我对两位教授的无私贡献谨致以最诚挚的感谢。

我还要感谢北京大学出版社的徐冰编辑,是她负责启动了在中国推出本书中文版的项目。此外,也感谢责任编辑任雪鋆女士,是她高效而细致的工作促成了本书的最终面世。

最后,也是最为关键的,我要感谢曾教授对中文版的大力支持,为中国管理学界带来新知识、开拓新视野。他在本书中所讨论的内容不仅扎实严谨,而且对解决中国管理学界存在的一些普遍问题具有可预见的帮助。

徐淑英
写于美国凤凰城
2019 年 12 月 15 日

译者序

2017年12月20日,我们和北京大学出版社达成协议,启动曾荣光(Eric W.K. Tsang)教授《管理研究哲学》(*Philosophy of Management Research*)一书的翻译工作。我们整整用了两年的时间来做这件事,一方面追求翻译工作的严谨,另一方面,我们在内容上也得到了很多启发。在此,感谢北京大学出版社对我们的信任,也感恩曾教授撰写了这样一本针对管理学研究的哲学与方法论的参考书。

虽然曾教授在学术争鸣上沿袭了他所说的"西方哲学好辩的传统",即"坦率并清楚地指出他认为是错误的论点(并不意味着不尊重)",但细心的读者会发现他在介绍自己著作的时候却变成了一个非常谦卑、慎言的人。这篇译者序接下来会首先介绍本书的独特之处,其次讨论为什么本书适合此时在中国推出,再介绍书中的主要内容结构和安排,最后是致谢。

本书的独特之处

曾教授在"关于本书"中提到尚未有一本书对以哲学为基础的研究方法论问题予以系统且全面的回应,而本书填补了这一空白。我们认同这一看法,并认为《管理研究哲学》可以作为管理学研究的哲学、方法论方面的必备参考书之一。特别地,本书从哲学角度,详细讨论了诸如假定、解释、理论检验、概括、复制等方面的方法论与方法问题。可以说，这些内容很少能在其他介绍研究方法论或研究方法的著作中见到，而它们对如何更好地从事管理研究具有深刻且广泛的指导意义。

本书也具有非常强的趣味性。我们在阅读的过程中，经常会被带入思考与想象的空间，我们甚至产生了撰写一本源于此书的"好奇心图谱"，因为书中有很多闪耀着智慧之光的"问题点"，它们紧紧地抓住了我们，如若不去把它们整理出来，我们竟会感到遗憾。

本书出版恰逢其时

当下正是中国管理学术界对管理研究方法论与方法进行反思与争鸣的时节。越来越多的学者开始广泛涉猎诸如科学哲学领域的知识和话题，具备了一定的鉴赏力。与此同时，学界也开始认识到更多元的哲学流派（比如批判理论、诠释学、批判实在论）对理解本土管理现象、构建本土理论具有重要意义。然而，国内管理学术界在哲学的阅读和训练上存在不足，这导致反思的深度和学术行动的改进方案都非常有限。哪怕是被认为最严谨、使用最广泛的实证研究，似乎也仅仅停留在方法层面，与此同时，却广泛存在着"研究方法论的训练更多的是关于统计分析""忽视逻辑""论证严谨性不足""某些方法论问题被曲解""研究手法有违科学（伦理）"等问题。

因此，此时在国内管理学术界引入《管理研究哲学》一书恰逢其时。一方面，大部分的管理学者对用来审视管理研究方法论和方法的哲学知识知之甚少；另一方面，少数一些管理学者开始明确指出现有训练和研究的不足，具备了一定的文献积累与判断能力。我们认为，《管理研究哲学》一书的翻译出版将会在国内管理学术同行中产生共鸣，并在认知层面推动交流和反思，进而引起学术界更大范围的共识。

在接手这项翻译任务之前，译者团队中的任兵教授曾经与徐淑英教授、吕力教授合作编辑出版了《管理理论构建论文集》一书。后来，本书的两位译者又参加了徐淑英教授在北京大学光华管理学院组织的第一届"'管理研究哲学'课程师资培训班"，期间认真学习和讨论了自然科学和社会科学的很多不同认识。这些经历为我们翻译《管理研究哲学》一书奠定了一定的基础。

本书的主要内容安排

《管理研究哲学》一书共八章,一个附录,一个名字索引和一个主题索引。正文的这八章中,第一章涉及管理学研究方法论问题的内在哲学本源,而第二至七章是哲学在"方法促进"功能上的具体内容呈现。第八章则将我们引至"管理学科是否是科学"这一问题。

第一章"哲学:一个服务于研究者的小工",提到哲学具有祛魅、告知和方法促进这三大功能。此外,本章讨论了实证主义、后现代主义、批判实在论及实用主义等哲学流派在本体论、认识论和方法论这三个维度上的不同观点。

第二章"解释:回答'为什么'的不同方式",讨论了如何对现象作出因果的、理论的或非理论的解释。阅读本章会发现,大量的社会科学研究是以覆盖率模型为指导原型,致力于发展和检验因果关系。本章还介绍了可以弥补覆盖率模型不足的"机制性解释"及"对比性解释"。在理论性解释之外,本章讨论了有关"非理论性解释"及"不能被解释的经验规则",相关内容很有启发性。

第三章"假定:不能被假定掉",将理论的"前提假定"拉回科学研究的视野里。文中有一举例:"所有人类都是蔬菜,所有蔬菜终将死亡,因此,所有人类终将死亡。"一个滑稽的假定(所有人类都是蔬菜!)将导致一个完美无缺的结论(所有人类终将死亡!)。

在"交易成本经济学中的经验研究"这一部分,曾教授指出很多研究的"模型"都是一些"简化模型",它们忽略了理论背后存在的"核心假定",而忽略核心假定的理论检验在科学严谨性和解释能力上是存在巨大不足的。因此,本章建议管理研究者要从事包含核心假定的理论检验,并且介绍了具体的做法。

第四章"理论检验:一个看似简单的过程",首先讨论了理论一旦被提

管理研究哲学

出,就要对其进行严格且无情的检验,并介绍了从事理论检验研究的两种不同做法——"证实"与"证伪"。本章选择强调证伪,是为了鼓励被过去和现在的管理研究实践所忽略的一种平衡。然而,以严格的方式检验理论面临一系列的障碍,正是这些障碍导致了证伪研究的不足。"从事严格的理论检验的障碍"这部分内容非常丰富、非常具有启发性。所提到的一些有问题的理论检验做法在国内的管理学术界同样盛行,如肯定型检验策略、HARKing、顺应调节等。本章还基于批判实在论提出了理论检验的四步法。

第五章"概括:一个有争议的尝试",讨论了"概括"这一复杂的概念。实际上,我们在翻译本章的过程中,一直十分小心地处理几个长得很像的英文单词的不同意思(比如,我们把"generalization"翻译成"概括"而不是"普适化",把"generalizability"翻译成"普适性",把"generalizable"翻译成"可推广的",等等)。概括是归纳的一种形式,包括大样本的实证研究、小样本甚至单案例研究,都不同程度地通过概括来贡献(一般性)知识。本章在哲学的审视下澄清了关于概括的一些误解,包括合理区分经验性概括和理论性概括等。此外,本章特别讨论了案例研究基于概括所具有的优势。

第六章"复制:一个被忽略的必需品",讨论了复制对于科学的重要意义,以及"复制在社会科学中是可能的吗"等问题。本章描述了管理学术界从事复制研究的现状,这引起了我们的共鸣:管理研究领域对已发表的实证研究结果很少去做复制!如果科学离开复制将不再可靠,而管理学领域又被宣称是一种科学,那么我们又为何不去从事大量的复制型研究呢?本章还介绍了复制研究的不同分类,针对如何从事复制研究提供了清晰、有效的方法指导。

第七章"历史编纂学:一种被忽视的研究方法",讨论了很少在管理学研究中使用的一种有力的社会科学研究方法——历史编纂学。本章介绍了研究者如何通过历史编纂学的研究方法对一个商业历史事件——"通用汽车和费希尔车体厂的纵向整合"进行认识。在翻译过程中,我们深切感到:众多经济学家迥然各异的观点使得这一事件显得是那么扑朔迷离,我们甚至也发出疑问——到底哪一种解释是对的?历史编纂学方法要求研究者必须在事件发生的时空情境中,(尽量)还原每一个关键决策节点和要素的现状,通过寻找而不仅仅是推理导致关键因果关系发生的机制,得出更科学的答案。

实际上,管理学研究者应该更多地采纳历史性的研究手法,在一个长远的时间脉络里细致入微地刻画管理现象。哪怕是短暂流行的时尚,也是有历史背景的,更何况管理中的制度与文化!想一想组织中的人,"成人"是一个过程,对一个人如何有效地管理,对一个由人组成的团队、群体如何有效地激活,都离不开"过程",仅仅关注某一个时点的"属性""特征"变量,会产生什么深刻的认识呢?我们认为,近年来被管理学界越来越重视的情境研究可以通过历史的研究手法来真正得以落地。结合案例研究,历史编纂学方法将非常有利于管理研究者开展情境化的、动态的理论构建研究。

第八章"展望:是,或不是,一门科学?",把我们引向一个不可回避的永恒话题:管理学科到底是不是一门科学?本章讨论了"管理学科是否是科学"这个问题所伴随的尴尬处境,分析了不同哲学范式在这一问题上的关键主张,还在最后明确了本书作者的立场。曾教授希望管理学术界应该遵循科学的规范,达到管理学所致力于实现的科学地位。我们再三思考,提出以下看法与曾教授对话:

> 若我们能够以最大的诚意,明确自己处于何种条件,要选择哪一种方法论(方法),从事哪一种管理问题的研究,并在研究过程中好好地按照事先设计(或过程中实践)的步骤来实施,或许会有各种调试(管理是一种实践,研究的过程又何尝不是),但做到对每一种"调试"都保持诚实,这样的研究姿态是不是更符合"中道"?

致 谢

本译作能最终得到出版得益于许多人的帮助。首先是徐淑英老师的远见卓识,使得我们能够接触到这样"灵性"的知识系统。2016年年底,我们有幸作为第一批被培训的商学院老师参加徐老师在北大光华管理学院举办的"'管理研究哲学'课程师资培训班"。自那时起,国内管理学术界第一次有组织、成规模地开始思考与科学研究有关的一系列根本性问题。可以说,徐老师是我们在这条道路上的引领者,本书也正是在那时被推荐给我们。培训班之后,徐老师建议北京大学出版社联系我们讨论本书是否适合在中国出版。没有徐老师的引荐,我们最终也无缘与这样一本有智慧和灵性的作品相遇。

一同参与学习、翻译此书的包括袁庆宏老师和任兵老师的研究生团队。卜令通对本书第一、八章进行了初译;钱珊珊对本书第二、五章进行了初译;牛琬婕对本书第三、六章进行了初译;刘兆延对本书第四章进行了初译;田泽慧对附录进行了初译;袁庆宏老师对本书第七章进行了初译。

由于本书是一本以哲学为基础的方法论讨论书,它的语言风格与平日里我们接触的管理学期刊论文差异很大。很多词汇、句子不好理解,更别提用精确、优美的中文句子对之加以表达。团队在初译过程中遇到了很多困难,我们多次组织专门的问题讨论会,寻找解决方案。对于不能解决的问题,就暂时记录下来,然后进入工作表里的下一个环节。

值得一提的是,南开大学商学院的一群研究生同学在选修"管理研究哲学"课程的过程中对初译稿进行了仔细的阅读和评价。卜令通、王洁、常淼、李晖、刘旻昱、钱珊珊、刘兆延、郑丽娜同学认真地阅读并撰写了读后感,还以标注的方式在所在章节的具体处提出了自己的看法。实际上,他们的每一条意见我们都认真地阅读了,还参考了其中很多的意见和建议。在此之外,我们还邀请了两位独立观察员对初译稿进行观察、批评,他们是华中科技大学管理学院王坤博士生,以及现就职于天津农学院文化产业管理专业的安欣欣老师。

2018年9月,在经历连续几轮修改工作之后,我们提交了初版译稿给北京大学出版社。几个月之后,我们拿到了编辑们认真初审后的1.0版。2019年春节左右,我们在这个1.0版的基础上再次对译稿进行全面修订,并将修订结果交予出版社复审,形成了2.0版。2019年10月的国庆假期里,我们又再次进行了修订,但这还没有结束。2020年元旦前后,也就是付印前夕,我们接到出版社终审后的3.0版,进行了最后一次通读,对个别问题进行了修改。如今读者看到的译文可以说是经过译者与出版社多轮打磨的集体智慧的结晶。

译者序

特别感谢北京大学出版社的徐冰编辑,是她联系了我们并将此书立项。感谢任雪鋆编辑,任编辑的文字校对工作做得非常认真,对提升译稿的文字水平有很大的帮助。尽管我们至诚至敬,但由于语言水平有限,更不是哲学专业出身,译稿可能会出现疏漏和不当之处。如发现问题还请大家不吝指教(请发送邮件至 em@ pup.cn),我们会认真研究大家的反馈,于本书重印时作进一步的修订。

工作过程中,有很多同行在微信朋友圈围绕本书的翻译工作与我们互动。如今俨然是一个开放的世界,关于翻译工作中的点滴惊喜,所遇到的书中的精彩之处,我们都可以通过互联网分享出去,困惑和疑问也可以在那里得到一定的回应。很多同行对《管理研究哲学》一书充满期待,实际上,本书译者之一任兵教授在清华—巴黎九大的 DBA 项目班曾尝试把书中的一些内容介绍给企业家学员,也收到了他们的积极回应。可以说,这是一本让很多人都深感有趣、蕴藏智慧的书。

借本书二次印刷的机会,我们对全书内容又进行了一次纠错,对十一处内容进行了修订。尤其是对书中的三个关键概念,还特别查阅了原书引用的英文著作原文以及其他相关资料,经过认真分析、揣摩,并与相关翻译作品进行比较,最终形成了我们自己的独立意见。在这个过程中,我们还特别邀请了深圳大学韩巍和北京师范大学赵向阳两位教授提供指导意见,他们针对多处内容提供了商榷意见和修改建议。在其中一个关键词上,我们还请教了南开大学于良芝及上海立信会计金融学院庄育婷两位老师,她们都给出了非常具有建设性的意见。

《管理研究哲学》一书中出现了很多杰出的哲学家、思想家,因为他们的存在,使得我们对知识世界的热情没有白费。最后,也是最为重要的,感谢曾荣光教授,是他的智慧和洞见,让我们有机会进入科学研究知识系统的深处,那里涌流着充盈的源头活水,滋养着我们永不枯竭的信心,让我们对一个科学研究者的角色有了更深的笃定。

任 兵 袁庆宏

2021 年 9 月二次印刷之际于天津

关于本书

管理学通常被认为是一个科学科目。管理研究者和其他科学研究者一样,都面临着同样的方法论问题。我们至少可以通过两种方式将哲学和管理研究联系起来:本体论和认识论。研究者们的本体论和认识论立场会影响他们认为何种方法用于从事经验研究更合理,并且决定什么是对理论的有效贡献。

尽管出现了越来越多零散的以哲学为基础的研究方法论的讨论,但目前尚未有一本书对相关问题予以系统且全面的回应。本书填补了这一市场空白,并且提供了能够指引管理研究的新理念和新观点。

曾荣光(Eric W. K. Tsang)是得克萨斯达拉斯大学(The University of Texas at Dallas)的达拉斯 World Salute 杰出教授,他在剑桥大学获得博士学位,是在管理研究方法论的哲学分析方面做出突出贡献的学者。他所发表的被本书引用的文章有:

Ellsaesser, F., Tsang, E. W. K. and Runde, J. 2014. Models of causal inference: Imperfect but applicable is better than perfect but inapplicable. *Strategic Management Journal*, 35: 1541-1551.

Kwan, K. -M. and Tsang, E. W. K. 2001. Realism and constructivism in strategy research: A critical realist response to Mir and Watson. *Strategic Management Journal*, 22: 1163-1168.

Miller, K. D. and Tsang, E. W. K. 2011. Testing management theories: Critical realist philosophy and research methods. *Strategic Management Journal*, 32: 139-158.

Tsang, E. W. K. 2006. Behavioral assumptions and theory development: The case of transaction cost economics. *Strategic Management Journal*, 27: 999-1011.

Tsang, E. W. K. 2013. Case study methodology: Causal explanation, contextualization, and theorizing. *Journal of International Management*, 19: 195-202.

Tsang, E. W. K. 2014. Case studies and generalization in information systems research: A critical realist perspective. *Journal of Strategic Information Systems*, 23: 174-186.

Tsang, E. W. K. 2014. Generalizing from research findings: The merits of case studies. *International Journal of Management Reviews*, 16: 369-383.

Tsang, E. W. K. and Ellsaesser, F. 2011. How contrastive explanation facilitates theory building. *Academy of Management Review*, 36: 404-419.

Tsang, E. W. K. and Kwan, K. -M. 1999. Replication and theory development in organizational science: A critical realist perspective. *Academy of Management Review*, 24: 759-780.

Tsang, E. W. K and Williams, J. N. 2012. Generalization and induction: Misconceptions, clarifications, and a classification of induction. *MIS Quarterly*, 36: 729-748.

前 言

社会科学家,尤其是管理研究者常会遇到一些重要的方法论问题,本书提供了与此相关的哲学讨论。自年少时起,我一直学习哲学,本书是此学习之旅的结晶。因为管理研究者通常并不掌握哲学知识,所以偶尔有人好奇地问我是如何涉猎这一领域的。让我在此简单地回顾一下我的个人历程。

大学时我并没有就读哲学专业,我的哲学知识是长年自然积累而来的。在香港读中学时,我便开始把哲学当作一个阅读兴趣。我已经记不清当时读的第一本哲学书的书名,但仍清晰地记得几十年前读到伯兰特·罗素(Bertrand Russell)的《哲学问题》(The Problems of Philosophy)一书时所带来的心智的改变。这本书在开篇问了一个问题:"世界上有没有一种知识是那么的确定,以至于任何一个理智的人都不会对它产生怀疑?"为了回答这个问题,罗素挑战了一个常识性的观点:"我相信,如果有个正常人走进我的房间,他会看到我所看到的相同的椅子、桌子、书和纸,而且那张我所见的桌子就是我的手压着的那张。"他以桌子为例阐释了我们关于桌子的认识可能并不像我们所认为的那样确定。在阅读他关于桌子(看到的和摸到的部分)的犀利分析后,我开始怀疑我面前的桌子是否是真实存在的!这种观点在我当时所学的很多一般学校课程(如中文、英文、历史、地理、物理、化学、生物和数学)中是见不到的。

我的阅读范围主要是西方哲学。在一定程度上,存在主义和阿尔贝·加缪(Albert Camus)的作品塑造了我青少年时期的性格。在汇丰银行工作期间，我继续保持了这一阅读爱好。通常在结束一整天的工作之后，我的同事们会去看电影、唱卡拉OK、打麻将(在20世纪80年代末，电子游戏并不流行)，但对我来说，阅读哲学是一种放松大脑的方式。我对科学哲学的兴趣是被卡尔·波普尔(Karl Popper)的作品点燃的。渐渐地，我成为他众多追随者中的一个，被他严谨的论证、渊博的知识以及对自由民主的捍卫所吸引。我的阅读清单也逐渐缩小，主要聚焦于批判实在论的科学哲学。

离开汇丰银行后，我开始了现在的职业生涯。在剑桥大学学习博士课程时，我曾旁听已故的彼得·利普顿(Peter Lipton)教授的科学哲学课程，这让我能继续沉浸于我的爱好之中，那是我在剑桥最喜欢的课程。在约翰·蔡尔德(John Child)教授的指导下，我的博士毕业论文研究了新加坡公司是如何从与中国企业的合资经历中学习的，这是一个组织学习和战略联盟领域的选题，与哲学并不相关。那时，我从未想过我的哲学知识能够促进我的职业发展。

我第一次使用哲学知识的机会出现于20世纪90年代末，当时我看到《美国管理评论》(Academy of Management Review)上刊登了一则关于理论开发的第二个专刊的征文启事。我阅读了第一个专刊(1989年)所刊登的文章，意识到哲学能够帮助解决某些方法论问题。于是我邀请了我的中学同学关启文(Kai-Man Kwan)教授，他受过牛津大学哲学专业训练，我们一起撰写了论文"组织科学中的复制与理论开发：一个批判实在论的视角"(Replication and theory development in organizational science: A critical realist perspective)，该文被第二专刊接收，并在1999年得到发表。随后，我在管理学期刊以及营销和信息技术类期刊上发表了许多以哲学为基础的论文。

在学术界工作了一段时间后，我发现管理学博士生们所受的研究方法论训练更多是关于统计分析的，而在逻辑和哲学方面的训练非常不足。这造成了至少两种有害的结果：第一，论证的严谨性不足。不论是博士生的期末论文，还是投递给期刊的稿件，都存在论证上的严重缺陷。第二，一些重要的方法论问题被曲解。例如，统计分析本身不能解释为什么复制在我们的学科中是(或不是)必要的，实际上，这个问题与本体论和认识论紧密相关。同样,人们以为从研究发现中进行概括似乎是纯粹的统计问题,但实际上不是,至少依据大卫·休谟(David Hume)来看不是这样的。

我希望通过自己的努力来纠正这种状况,从 2011 年开始,我便在全世界范围内,包括澳大利亚、日本、中国、新加坡与美国等地的商学院,开设"为什么商学研究者要学习逻辑(和哲学)"的讨论课程。参加讨论课程的同事们同意我的观点,即不仅仅是管理学科,整个商科都需要接受更多的逻辑和哲学方面的训练,部分参与者还反映在博士生的讨论课程里很少有相关的介绍性材料,也缺少易于管理研究者使用的参考资料。这些"抱怨"触发了本书的产生。毫无疑问,由于方法论问题的一般性特点,其他社会科学研究者也会从本书中受益。

本书囊括了我先前发表的一些基于哲学的期刊论文。我将这些已发表的论文进行了修正和更新,把当前的进展也考虑了进来,与此同时,回应了我在讨论课程上收到的评价。例如,讨论复制的那一章(第六章)是基于我 1999 年发表在《美国管理评论》上的文章所修改的,有关这一主题的文献在过去十多年发展迅猛。在本章中,虽然我并未改变对复制的分类,但着重修改了其他内容,并且增加了一些新资料。因此,我相信本书呈现的是一个更完善的版本。在写作过程中,我试图在抽象的哲学和务实的方法论之间取得平衡,仅保持适度的复杂性,这包括剔除了一些对于管理研究没有多大启发的学究式的哲学问题。虽然本书中的一些话题在论文里都有涵盖,但通过阅读本书,读者将体会到更强的哲学意味。尽管如此,理解本书中绝大多数的讨论内容却并不需要深厚的哲学知识。

我对本书所纳论文的所有合作者深表感激,他们是:关启文(Kai-Man Kwan)教授、肯特·米勒(Kent Miller)教授、约亨·伦德(Jochen Runde)教授和约翰·威廉姆斯(John Williams)教授,还有弗洛里安·埃尔塞瑟(Florian Ellsaesser)博士。当我与关启文及另一位专业哲学家约翰一起共事时,他们敏锐的思维以及严谨论证的技能令我惊奇不已。事实证明,这些合作使我获益匪浅。肯特与我对哲学有着共同的兴趣,我们合作的关于理论检验的文章,即第四章的基础,花了很长时间才取得成果。我从事后领悟中受益,因为我有更多的机会向他学习运用哲学解决方法论问题的技巧。最后,弗洛里安与我从同一博士项目毕业,阔别十年,他从未追求过学术的职业生涯,如今已是一位成功的企业家。在与他的合作中,我体会到什么是德国效率。通过弗洛里安,我有机会和经济学家约亨合作,他所拥有的哲学知识着实令人羡慕。我从他那学到了清晰推理以及写作的技巧。简言之,在我的智力之旅的不同时间点能有这些同伴的陪伴是多么幸运。

我想要感谢林永玲(Yongling Lam)女士,她是劳特里奇出版社商业与经济部(Routledge for Business and Economics)的编辑,及其助手萨曼莎·普亚(Samantha Phua)女士提供的指导。我想不到还有其他哪位编辑比她们更加耐心、负责,她们针对我的疑问给予了有效的解答,其中一些问题大概只有像我这样首次出书的作者才会去问。

最后,我想感谢我的妻子 Heidi 及我们的儿子 Brain 和 Boris 对我的支持。写作本书毫无疑问占用了不少我与他们共处的时光。

曾荣光
达拉斯,得克萨斯州

目 录

第一章　哲学：一个服务于研究者的小工　/ 1

第二章　解释：回答"为什么"的不同方式　/ 23

第三章　假定：不能被假定掉　/ 48

第四章　理论检验：一个看似简单的过程　/ 79

第五章　概括：一个有争议的尝试　/ 120

第六章　复制：一个被忽略的必需品　/ 157

第七章　历史编纂学：一种被忽视的研究方法　/ 201

第八章　展望：是，或不是，一门科学？　/ 234

附　录　哲学如何对研究方法论做出贡献　/ 243

名字索引　/ 271

主题索引　/ 279

第一章　哲学：一个服务于研究者的小工

对主要哲学观点的简要比较　/ 4

　　实证主义　/ 5

　　后现代主义　/ 6

　　批判实在论　/ 7

　　实用主义　/ 9

哲学小工　/ 10

概　要　/ 11

注　释　/ 13

参考文献　/ 16

经济学、心理学和社会学是被大家公认的管理学的基石[1]，而哲学常被认为是一门距离管理学较为遥远且深奥的学科。[2]然而实际上，每一位管理研究者都会有意识或无意识地认同某一种哲学观点。[3]连接哲学与管理研究的路径至少有两条，即本体论和认识论。研究者对所考察现象的本质信念反映了他们的本体论承诺。本体论涉及构成现实的实体、实体的分类及其相互关系，而认识论涉及研究者如何获取、形成和证明他们的知识主张。本体论承诺常常会影响研究者的认识论导向。研究者的本体论和认识论立场共同影响了他们从事经验研究时会认为哪种方法更合理，以及怎样才是对理论的有效贡献。

管理研究领域的大部分学生能够将研究方法论与统计分析联系起来，但却意识不到某些方法论问题具有内在的哲学本源。这类问题中的一个典范当属半个多世纪前发生于经济学领域的那场大辩论：微观经济学的边际理论认为企业利润最大化的条件是边际收益等于边际成本。然而，Lester（1946）的经验研究发现管理者并不是通过咨询计划或显示边际成本和边际收入的多元函数来达成他们的生产决策的。因此，Lester（1946）开始抨击边际理论假定的实在性。这一方法论问题因涉及"理论假定是否对应着实在"而具有了本体论特征。同样，对研究者来说，他们面临着"像边际理论这样包含'非真实性'假定的做法合理吗？"的拷问，因此也具有了认识论特征。关于 Lester（1946）这一问题的争论引来了 Friedman（1953：15）的著名的"方法论论题"回应：

  ……针对一个理论的假定，我们可以提出什么样的问题？我认为，并不是它们是否在描述现实（因为它们从来都不是），而是它们是否充分地适用于现有用途。并且，这一问题可以通过观察理论是否有效来回答，也就是看它是否产生足够精准的预测。

Friedman（1953）的回应不仅招致了经济学家的反驳，也引来了哲学家们的诘难。原有的争论不仅没有尘埃落定，反而引起了越来越多的关注，从而演化成为经济学领域最重要的方法论争论（Mäki，2000）。

管理学领域似乎缺少类似重要的论辩。最近兴起的有关创业机会本质的争论至少在创业学板块引起了关注。在创业研究领域,Shane 和 Venkataraman(2000:217)在其里程碑式的论文里定义了创业现象的本质——"对于有利可图的机会的发现和利用"。创业机会的客观存在构成了创业作为一个独特学科的基础,以个体与机会的联结(nexus)成为该领域最有前景的研究话题。Shane 和 Venkataraman 对于创业机会客观性的强调使得许多研究者相信,创业机会的发现视角是基于实在本体论的(如 Alvarez and Barney, 2013; Calás et al., 2009; Ireland, 2007; Roscoe et al., 2013)。

机会发现视角面临一项关键挑战:机会被认为是"一定程度上就在那",有点像"大山——作为客观现象存在着,等待被发现和利用"(Alvarez and Barney, 2007:11)。一些研究者试图通过强调企业家的创造性介入来处理这个本体论谜题,他们认为"机会只有在创业者通过一个能动过程来创造它们时才会存在"(Alvarez et al., 2013:307)。于是,基于建构主义哲学,人们提出机会的创造视角,其认为机会是社会建构的实体,它依存于企业家思考和发展它们的方式(Spedale and Watson, 2014)。

机会发现和机会创造视角的相反立场,很好地揭示了一个核心的概念议题——创业机会的本质——是如何深度嵌入于哲学之中的。这个核心议题具有深远的方法论内涵,因为这两种视角都提供了不同的建议,比如,就什么构成了一个研究问题、追寻何种理论程序,以及数据如何被分析和解释。这一争论也说明了哲学思维训练的重要性,但显然该训练在现有大部分管理类博士项目中是被忽略的。[4]与前面提到的一些研究者的观点相反,发现视角是建立在经验主义而不是实在主义基础之上的,只要拥有一定程度的哲学知识,研究者就能够轻易避免该错误。为了阐明这一争论中由哲学误解引起的困惑,我和我的同事提出了基于实在论的"现实化视角"(actualization approach)(Ramoglou and Tsang, 2016)。

人们觉得哲学难以理解,主要是因为哲学中存在大量的分歧视角,有关细节超出了本书的讨论范围。接下来的内容简明扼要地比较了那些被管理研究者们普遍讨论的主要哲学观点。

3 对主要哲学观点的简要比较

自 20 世纪 80 年代以来,越来越多的管理研究运用哲学来解决方法论问题。本书附录对发表在九种顶级管理学期刊上的 50 篇文章进行了系统性回顾,这些文章的时间跨度为 1984—2015 年。在回顾文献的过程中,虽然我们无法穷尽在管理学文献中出现的各种观点,但我们总结出了四种被普遍采纳的哲学观点。[5] 表 1.1 对比了这些观点在本体论、认识论和方法论上的不同之处。

表 1.1 实证主义、后现代主义、批判实在论及实用主义的对比

	实证主义	后现代主义	批判实在论	实用主义
本体论	存在具有因果关系的客观现实,表现为事件间的恒常联系	现实是通过主观意义、共享语言及社会政治而建构出来的;具有多重现实可能性	存在客观、分层的现实,具有实在的、实际的和经验的范畴,包括了结构、机制和事件	存在客观现实,强调人类体验的内在世界在行动中的作用
认识论	对理论的经验检验与确证,基于假说-演绎法,目的是发现具有预测力的法则式关系	知识是由特定的语言游戏创造出来的;拒绝元叙事,接受多元主义和碎片化	理论性解释是由经验数据得出的,用于描述产生可观测事件的结构和机制,强调解释比预测更重要	概念和理论是解决人类问题的工具,而非对现实的表征;真理表现为应对环境的能力不断增强
方法论	研究者被认为是无偏见且价值无涉的;倾向于使用定量方法,如问卷调查、实验及档案数据分析	研究者参与塑造被直接详细描述出来的研究结果,偏好使用符号理论及解构主义技术	研究者们被提醒需要对偏见进行控制;对任何特定研究方法持中立态度	研究者是"转变"过程中的积极参与者;偏好于使用混合研究方法

第一章 哲学：一个服务于研究者的小工

实证主义

实证主义，又称逻辑实证主义，是 20 世纪 20 年代由维也纳学派发起的一场哲学运动。维也纳学派由哲学家、科学家及数学家们组成，他们在 1922—1938 年定期在维也纳会面并进行哲学问题的讨论。自此，实证主义大约兴盛了 20—30 年，而后在 20 世纪后半叶受到了猛烈的抨击（*Cambridge Dictionary of Philosophy*，1999）。实证主义虽死，却是管理研究者所认为的最流行的哲学视角，因为管理研究者通常是被训练使用定量研究方法的（Daft and Lewin，1990；Gephart，2004；Johnson and Duberley，2000）。

实证主义假定存在一个客观的、独立于意识的现实，其能够被无偏见且价值无涉的研究者们探究。它采用了休谟论者的因果关系的概念体系：把事件间的恒常联系看作是对一个因果关系的反映。为了在一系列可测量的构念中发展出由法则式的关系组成的一般理论，实证主义者遵从了 Hempel（1965）有关解释的覆盖律模型，并采用了假说-演绎法来进行经验研究。理论被期待不仅能够解释现象而且能够预测现象，这反映了 Hempel（1942：38）关于解释和预测之间的对称性观点：

> 如果一种解释不具有预测的功能，那么该解释是不完整的；如果最终发生的事件能够从解释所陈述的初始条件和普遍假设中导出，那么建立在对初始条件和一般规律的了解之上，该事件就可能在其实际发生之前被预测。

覆盖律模型为我们介绍了一种科学解释的逻辑：被解释物（即那些我们所要解释的）应能从包括一般规律的解释要素（即那些进行解释的）中逻辑地演绎出来（Douglas，2009）。

建立一套研究普遍性规律的知识体系常常需要对大量数据进行统计学分析。而且，研究结果的普适性很大程度上依赖于样本容量。因此，实证主义者们常偏好于使用诸如调查问卷、实验和档案数据分析的定量方法。但我们应该注意到，实证主义者们并没有把自己局限于只使用定量的研究方法。就像 Phillips（1987：96）所说的那样："作为一名实证主义者，并不承诺于任何特定的研究设计。实证主义的学说中没有任何关于学者们必须喜爱统计分析而厌恶案例研究的要求。"事实上,实证主义是管理学领域案例研究方法背后的一种被广为接受的视角(Gephart,2004)。

5 后现代主义

后现代主义是一场20世纪末发生于社会科学领域的思想运动,涉及范围从经济学、哲学、社会学到文化研究和城市规划(Rosenau,1992)。其影响延伸至艺术、音乐、建筑学及文学,被认为是对20世纪所建知识体系的最了不起的挑战之一(Wisdom,1987)。如果说实证主义的内涵常被人误解(见Phillips,2000;Wight,1998),那么后现代主义更是如此,因为,"目前还没有一个统一的后现代理论,甚至没有一个内在一致的立场"(Best and Kellner,1991:2)。我冒着过度简化的风险,在这里总结了管理学文献中比较流行的几种后现代主义观点(如建构主义、解释主义)所共有的一些特征。

Potter 和 López(2001:4)总结了后现代主义的两项主要成就:促进了"对知识的社会学决定因素更为广泛的认知";挑战了"先前对智力和科学进步所持的天真看法"。后现代主义反对存在一个客观现实的假定,认为现实是通过主观意义、共享语言和社会政治而社会性地建构出来的(Berger and Luckmann,1967)。实证主义认为自然科学方法应构成社会调查的基础,然而后现代主义拒绝使用这些方法。与自然科学现象的非意图性不同,社会科学现象包含了行动者赋予该现象的主观意义(Schutz,1970)。因此,基于行动者自身主观参照框架来诠释此种含义显得尤为重要,这导致了多重现实存在的可能。

Lyotard(1984)提出了一个著名论断,简言之,后现代主义不相信元叙事。元叙事是有关这个世界的,像马克思主义那样大体量的宏大的理论和哲学。依托于 Wittgenstein(1958)的语言游戏学说,后现代主义认为知识产生于特定情境下的语言游戏,所以,接受多元主义和碎片化。与假定研究者是无偏见且价值无涉不同,后现代主义认为,一个研究者在接近一个现象时,会带着预想的概念或理论来生产对该现象的一个可能解释(Kukla,2000)。因此,后现代主义认可研究者对研究发现的塑造,并建议详细汇报研

第一章 哲学：一个服务于研究者的小工

究者参与整个过程的细节。符号理论和解构技术被认为是特别有用的后现代研究方法(Dickens and Fontana,1994)。但本着多样性与多元主义精神,后现代主义者对其他的技术和方法保持着开放的态度(Kilduff and Mehra,1997)。

批判实在论

关于实在主义,存在很多个不同的哲学定位(Harré,1986;Putnam,1987)。这里讨论的版本是 Bhaskar(1978)和 Harré(1970)[6]所提倡的批判实在论。这一理论起初被发展为一种科学哲学,试图回答如下问题:"现实必须是什么样的才能使科学成为可能(Danermark et al.,2002)?"有两种基本的哲学论题:第一,现实独立于人的感知和认知而存在;第二,现实有其自身的内在秩序(Fay,1996)。批判实在论区分了可传递的知识客体(如科学的概念、规律和理论),以及不可传递的知识客体(如那些与我们的理论所致力于解释的现象相联系的结构和机制)(Bhaskar,1978)。不可传递(intransitivity)具体是指结构和机制独立于我们对它们的认识而存在。

结构和机制分别是指一系列内在相关的事物和行为方式(Sayer,1992)。事物之间是内在地联系在结构之中的,它们的身份依赖于在该结构中与其他组成部分之间的关系。比如说,供应商与买家之间的关系就预先假定了采购协议、货物和服务自身、货币支付、顾客支持、保单等事物的存在,这些共同构成了一种结构。机制这个概念描述的是"一系列互动部分或一个要素集合,其所产生的影响并非内在于其中任何一个要素"(Hernes,1998:74)。Davis 和 Marquis(2005:336)用一块手表的比喻简明地解释了这一抽象概念:如果回归模型告诉我们两个变量之间的关系——你为一块手表上发条,手表会继续走下去,那么,机制会撬开手表的后盖将其运行机理展示出来。

结构和机制在一起可以生成那些可能被依次观察到的事件。结构和机制是真实的,应该与它们所生成的事件情况区分开。批判实在论区分了有关现实的三类范畴:实在范畴、实际范畴和经验范畴(Bhaskar,1978)。经验范畴由那些通过直接或间接观察体验到的事件组成;实际范畴由那些不管是否能被观察的事件组成;实在范畴是能够产生所属事件模式的因果机制。从实在范畴到实际范畴,以及从实际范畴再到经验范畴的变动依赖于周围环境的权变条件(Outhwaite,1987)。也就是说,在不同情形下,同样的结构和机制可能会也可能不会产生任何可观测事件。

研究者们在经验范畴中收集数据,尝试得出属于实在范畴的结构和机制,用以解释数据所代表的事件模式。为此,他们进行溯因推理——一种识别导致被研究现象以某种特定方式存在的前置条件的推理过程(Danermark et al.,2002)。批判实在论意识到产生可观测事件的权变本质,强调理论的解释性功能而非预测性功能,这与之前提到的实证主义的"对称说"不同。

为了解释可观测事件的权变本质,批判实在论区分了封闭和开放这两种系统。Bhaskar(1978:70)将封闭系统定义为"这样一种系统,其中的事件之间保持着恒常联系,也就是说,类型 a 的一个事件总是保持不变地伴随着类型 b 的一个事件"。科学实验能够精确实施正是因为世界具有开放的特性,事件服从于多种因果变化。在自然科学中,实验的理念是通过制造出适宜的条件来建立封闭系统的,于是,一系列规律性的事件序列得以在经验范畴中发生。基于休谟论者的因果关系概念,实证主义者聚焦于在受控实验条件下产生的规律性的事件序列。从另一方面来说,实在论者认为实验为机制的研究提供了理想的条件(Pawson and Tilley,1997)。

批判实在论同时考虑了实证主义和后现代主义视角的洞见,帮助我们在斯库拉(Scylla)的朴素经验主义与卡律布狄斯(Charybdis)[①]的相对主义中开辟了新航道。批判实在论认为,研究者们虽然并不是完全无偏见且价值无涉的,但若能有意识地控制自己的偏见,则可以进行相对公正的调查。换句话说,对于相对主义者的"从不同理论视角评价不存在客观标准"这一观点,批判实在论者是持拒绝态度的(Hunt,2003)。最后,批判实在论者并不偏好任何特定形式的研究方法。

---

① 斯库拉(又写作 Skylla,希腊语:Σκύλλα,来自希腊语动词σκύλλω,意为撕碎、扯破)是希腊神话中吞吃水手的女海妖。卡律布狄斯(希腊语:Χάρυβδις)是希腊神话中坐落在女海妖斯库拉对面的大漩涡怪,会吞噬所有经过的东西,包括船只。

第一章　哲学：一个服务于研究者的小工

实用主义

实用主义是19世纪70年代发生于美国的一场哲学运动。核心人物包括Dewey(1988)、James(1975)、Peirce(1992)，以及同时代的Putnam(1995)和Rorty(1989)等哲学家。实用主义是Peirce在马萨诸塞州剑桥形而上学俱乐部构想出来的。面对久久围绕着科学发展的形而上学，以及与认识论相关的似是而非的问题，实用主义者尝试寻找解决之道。这些问题中的一个典型例子是著名的大卫·休谟对归纳法提出的疑问，该疑问挑战说"归纳推理的使用是不正当的"（详细解释见Chattopadhyaya,1991）。Dewey(1988)认为，知识创造的目标不是为了揭示真理，而是为了获得一种理解，这种理解在问题出现时对于解决问题是必要的。最能刻画实用主义的，是其强调的人类与其所处世界的务实关系这一点。

实用主义不否认现实独立于其被观察和被解释的方式而存在，并且认同诸如研究者解释、话语架构及社会建构这些过程的重要意义。但是，实用主义强调人的内在经验对行为的影响。知识被看作整理经验的一种工具，而概念服务于行动规则或信念习惯（*Cambridge Dictionary of Philosophy* 1999）。真理不是获得一个正确的"现实在认知中的呈现"，而是针对"应对环境的能力不断增强"的一种表达（Joas,1993:21）。真理也是会犯错误的，但会随经验的累积而得到修正。

实用主义提倡运用外展法来生成假设并为其辩护（Peirce,1992）。外展法类似于批判实在论提倡的溯因推理，是一种超越演绎和归纳的推理形式。[7] 外展法通常被称作最佳说明推理（见Lipton,1991），并且被频繁地以一种或另一种方式应用于日常及科学推理之中。外展法并没有一个特定的形式，它结合直觉进行推理，要求研究者从观察到作出解释该观察的假设这一过程都具有创造力和想象力。例如，清晨，当我们看到草地上的水珠，我们就会得出昨晚下过雨的结论。

因为实用主义舍弃了真理对应于现实的概念化过程，所以实用主义的假设是通过实际结果来加以验证的。与实证主义关于研究者是被动的观察者这一观点不同，实用主义强调研究者应积极参与重建环境的过程。正如

Vygotsky(1978:65)主张的那样,"研究某事物意味着要在变化的过程中发现它的本质及实质,因为一个事物仅仅在运动的状态中才能显示出它本来的样子"。实用主义拒绝了诸如心灵与躯体、事实与价值、自由意志与决定论这样的传统二元论观点。相应地,实用主义并没有忙于有关定性与定量方法的二元争论,而选择了混合研究方法这一中间立场,该方法是一种在单一研究中整合定性与定量方法的技巧,目标是将二者的优势结合起来(Johnson and Onwuegbuzie,2004;Maxcy,2003)。

哲学小工

哲学在推进诸如管理这种实质性学科上扮演着怎样的角色?Locke(1996[1689]:3)在讨论哲学与科学的关系时坚持认为,哲学可以被当作"清理通往知识之路上的垃圾并能使这条道路干净一点的小工"。[8] 换句话说,哲学能帮助实质性研究清除挡在进步道路上的种种障碍。更具体地,Lawson(2004)归纳了哲学在经济学中的三种小工功能:

1. 祛魅——"揭露、批评及解释无法持续的假定及其所包含的不一致性和混乱之处"(p.320)。

2. 告知——"帮助研究者弄清其在更广阔的知识生产活动领域所处的位置,并帮助研究者知晓他们可以探索的潜在可能性"(pp.320—321)。

3. 方法促进——"剖析并帮助理解经济学家们或一般意义上的科学家们所采用或能采用的方法,从而改进所提供的方法和/或阐明它们的使用条件"(p.321)。

虽然本书聚焦于方法促进功能,但也会偶尔澄清一些普遍的误解,因而会涉及祛魅的功能。哲学确实也能为管理者提供在其组织中解决问题和指导行为的洞见(Jones and ten Bos,2007),但由于本书是有关管理学研究而非管理实践的,所以哲学在管理实践方面的贡献就不在本书的讨论范围之内了。尽管如此,理论与实践仍是相互依赖的,所以本书讨论的方法论议题随

第一章 哲学：一个服务于研究者的小工

后可能也会影响到管理实践。

一种哲学视角代表着一种世界观，它包括一系列关于世界本质的假定、信念，以及我们是如何与之互动并最终认识它们的。这些假定和信念并不适用于通常意义上的经验性检验。因此，一种哲学视角既不可能被证实，也不可能被证伪。这并不表示选择某一立场取决于个人偏好，也不表示某一种观点和其他观点一样好。我们可以对一种观点进行客观地评估，不仅评估观点的内部一致性和论证严密性，还可以评估其在发挥小工角色作用上的有效性。[9]正如我先前在这一领域发表的文章中所主张的那样，我认为批判实在论是一种发展完善的世界观，也是解决管理研究者所面临的方法论问题的最有效的视角。[10]因此，下面的章节是以批判实在论为前提的，偶尔我也会将其与其他视角进行比较。

概　要

本书包括八个章节和一个附录。第二章至第六章中的每一章，都谈及了管理研究者常遇到的一个关键的方法论问题。虽然这些问题都不相同，但事实上它们之间是相互关联的。例如，因为管理研究者应该致力于构建机制性解释（第二章），所以一个理论的核心假定必须是实在的（第三章）；复制先前的经验研究（第六章）是检验这些研究发现是否及多大程度上能够被推广到其他情境的最为重要的方法（第五章）；除此之外，严格的理论验证（第四章）要求对研究进行复制（第六章），并且区分不同类型的假定（第三章）。

理论的一个主要目标是解释现象。第二章包含了三种主要的解释类型：覆盖律模型、机制性解释及对比性解释。由于研究者可能会错误地认为解释必须是一般的，所以该章讨论了解释的一般性问题。最后，该章还讨论了解释是非理论性的情形，即研究发现无法被现有任何理论所解释，或者在其被发现的时候根本无法解释。

每一种理论都有自己的假定。第三章讨论了管理理论中核心假定的角色，并且以交易成本经济学（TCE）为例子加以说明。核心假定通常构成一个理论的机制性解释的基础,因此在理论开发中起着关键性作用。这一章区分了"基于假定"的理论检验和"忽略假定"的理论检验,并阐明了交易成本经济学中的经验性研究大多是忽略假定的理论检验。为了给新理论建立更加牢固的基础,管理研究者们应该更多地关注基于假定的理论检验。

管理研究者以证伪为代价,过于强调理论构建和理论验证,这导致了理论的激增,并进一步引起了概念上及管理上的混乱。第四章识别了与检验管理理论有关的实践的哲学上的困难。这一章主张使用四步法来发展理论检验,这种方法能够优先识别和检验所假设的因果机制是否存在、影响如何,而不提倡仅用相关性方法来检验构成一个理论系统的系列影响。四步法通过提升理论检验的严谨性来帮助研究者识别并排除那些基础薄弱或错误的理论。

"概括"表面看起来是一个简单的术语,但它在研究者中间却展现出很多混乱。特别地,案例研究作为一个关键研究方法,常常因其产生的研究结果在普适性上远不及那些使用大样本的定量方法而遭到批评。第五章清晰地定义了概括和归纳,提出了归纳的分类,并澄清了关于概括的主要误解。该章反驳了案例研究具有较弱普适性的观点,主张可能仅在涉及群体内概括时,案例研究结果才在普适性上比不上那些定量方法。在理论性概括、反例的识别、为评价研究结果的经验普适性提供有用信息等方面,案例研究比定量方法更有优势。

学术界在过去几十年里不断呼吁进行更多的复制研究,然而复制研究却极少在管理学期刊上发表。第六章考察了学术界缺乏复制研究的原因,并指出尽管有反对声音,但复制在社会科学中仍是可行的。为了便于研究实践,本章基于两个维度,将复制分为六种类型。该章随后针对复制的知识意义进行了详述,提出了关于知识积累的多焦点模式,其可与现有管理研究中常见的分散模式整合起来。

第七章与第二章至第六章相比有着本质区别:该章介绍了一种很大程度上被管理研究者忽略的方法——历史编纂学。基于1926年通用汽车(General Motors)与费希尔车体厂(Fisher Body)的纵向一体化案例,该章认为历史编纂学丰富了理论知识,并可能为理论检验提供"前理论"情境。历史编纂学作为一种研究方法,它超越案例研究的最大优点在于,其可以运用通常可得到的历史资料来对原始研究进行重复检验。历史编纂学避免了实验研究的主要局限,即研究结果可能不适用于现实世界。与档案数据分析法相比较,历史编纂学通过显示与核心事件相关的机制,在识别因果关系上有着明显的优点。除了介绍历史编纂学,该章还细致地说明了那些出现在第二章至第六章中的方法论议题是如何能够被用来评价一种研究方法的。

最后一章,即第八章讨论了管理学科目前所处的困境。一方面,即便不是大多数,仍有很多的管理研究者认为这门学科是科学的。另一方面,一些管理学者的实践与科学研究规范并不一致。该章讨论了对这一困境的三种可能回应:延伸"科学"的含义,去掉科学的标签,达到该学科旨在追求的科学地位。为解决这一困境,该章呼吁整个管理学界对此展开一个开放式的讨论。

在整本书中,尤其是第三章和第七章,交易成本经济学被用作主要案例。交易成本经济学是博士生"组织与管理理论""战略管理"或"国际商务"课程涵盖的最重要的组织理论之一(David and Han,2004);"组织行为学"的研究者也应熟悉交易成本经济学。简言之,交易成本经济学可能是管理研究者们最为熟知的理论,而这些人正是本书的目标读者。

最后,我沿袭了西方哲学好辩的传统,即如果我认为某一观点是错的,那么我就应该坦率并清楚地指出错误。正如 Mahoney(1993:174)所说的,"不认同并不意味着不尊重"。因此,我的评论绝不构成对该观点持有者的人身攻击,更准确地说,这是我们在共同追求真理(不管真理是如何被定义的),促进正确推理过程中的必要一步。当然,我在本书中所做的评论也并不一定是正确的,如有任何错误,欢迎读者不吝指出。

注　释

1. 我遵循了美国管理学会对管理学科范围所做的描述:可以通过学会的各部门及利益群体反映出来,包括了诸如组织行为、战略、国际商务和创业等比较普遍的研究领域。

2. 管理学作为社会科学的一个题目,其与哲学的弱联系是非常明显的。从历史渊源来看,社会科学和自然科学都起源于西方哲学:

> 社会科学与哲学之间有着深刻且牢不可破的联系,我们不必对此感到惊讶。如同自然科学一样,每一门社会科学都曾经是哲学的一部分。实际上,从欧几里得到达尔文的这 2 200 年间,自然科学已将其自身与哲学分离开来,而社会科学在 20 世纪才独立(Rosenberg,1995:211)。

3. 与一些管理研究者一样(例如,Brannick and Coghlan,2007;Romani et al.,2011),相比于"范式(paradigm)",我更喜欢使用"视角(perspective)"一词。因为范式这一术语常常被不加区分地以各种不同的方式使用,或者更准确地说,是滥用。例如,Donaldson(1995)对结构权变(structural contingency)、种群生态学(population ecology)和制度(institutional)、资源依赖(resource dependence)、代理(agency)及交易成本(transaction cost)等理论进行了区分。他认为每种理论都是一种范式,并且交替使用"理论"与"范式"这两个术语。Kuhn(1962)甚至自己都没能清晰地定义范式(Masterman,1970)。更为重要的是,Kuhn(1962)对该术语的使用是发生在一种科学理论(例如,牛顿力学)被另一种科学理论(例如,爱因斯坦的相对论)替代,即所谓的科学革命的情境下的。将这一术语的应用扩展至哲学范围是一个脆弱的尝试。比如,将范式的标签同时贴附在牛顿力学和实证主义之上,显然是缺乏学术严谨性的。范式在管理学中的不恰当应用变得非常流行,这很可能是 Burrel 和 Morgan(1979)的《社会学范式和组织分析》(*Social Paradigms and Organizational Analysis*)这一奠基性著作造成的。Burrel 和 Morgan(1979:23)运用范式这一术语来"强调视角的共性,它使得一群理论家的工作被紧紧地联结在一起,如此便能在同样的问题界限之内探讨社会理论"。请注意,Burrel 和 Morgan(1979)所认为的范式的含义要比哲学视角中的范式的含义更狭窄。

4. 这一观点与一位著名的管理学者观点一致:"除了极少数例外,博士项目中没有科学哲学的课程(Abrahamson,2008:422)。"

第一章 哲学：一个服务于研究者的小工

5. 由于篇幅的限制，我无法对哲学视角做出更详尽的讨论。为了更加深入地了解这些观点，我们必须要知道它们的起源，或最好去了解西方哲学史。感兴趣的读者可以参阅 Hunt(2003)，他为初学者提供了有关西方哲学史的一个清晰明了的介绍。更感兴趣的读者还可以阅读罗素(Russell, 1945)的里程碑式的著作《西方哲学史》(*A History of Western Philosophy*)。关于当前哲学发展的介绍，我想推荐 Soame(2003a, 2003b)的《20世纪哲学分析》(*Philosophical Analysis in the Twentieth Century*)上下册。

6. Roy Bhaskar 和他在剑桥大学的老师 Rom Harré 毫无疑问是发展批判实在论哲学的最为重要的两位思想家。虽然他们对实证主义的批判以及在批判实在论的基础前提方面持有相似的观点，但他们在诸如社会结构是否具有因果能力等其他方面有着不同的见解(见 Harré and Bhaskar, 2001)。然而，这些分歧并不影响本书呈现的批判实在论观点。

7. Pierce 交替使用"溯因推理"和"外展法"这两个术语(见 Burch, 2011)。Danermark 等(2002)就这二者之间的细微差别进行了讨论。

8. 与 Locke 的小工比喻相似的是苏格拉底(Socrates)著名的助产士比喻。在《泰阿泰德篇》(*Theaetetus*)很长的一段中，苏格拉底用这一比喻来描述他的工作是帮助人们产生本属于他们自身的智慧(Benardete, 2006: 1.13—1.14)。我们可以将这一比喻运用于管理研究情境，哲学的作用可以被看作帮助研究者使用自身智慧去处理研究过程中所遇到的问题。

9. 我曾收到一则某期刊编辑对我的以哲学为基础的文稿的评论："本体论立场的选择必然是主观的，并且受到本人所持信念的引导，所以不太可能说一种观点的推理比另一种观点的推理的更好。"与这一观点不同，罗素在他的《西方哲学史》一书中，很好地说明了一种哲学观点是如何被评估的(Russell, 1945)。在描述了一种观点后，罗素常常会给出他的评判(例如，他对笛卡尔的评论)，包括该观点多大程度上具有逻辑一致性，该哲学家是否按照他所宣扬的那样去实践(例如，叔本华)，以及该观点中包含了什么漏洞(例如，康德)，等等。下面这段话简洁地呈现了他有些激烈的批评：

> 穆勒在他的《功利主义》(*Utilitarianism*)一书中提出了一个观点，该观点是如此荒谬以至于难以理解他如何能认为那是符合逻

辑的。穆勒说道：享乐是唯一被渴望的事情；因此享乐也是唯一值得去做的事情。他认为，只有可见的事物才能被看见，只有可闻的事物才能被听见，只有值得去做的事情才是被渴望的事情。他没有注意到如果一件事物能被看见，它是"可见的"，但是，如果一件事情应该被渴望，它才是"值得去做的"。也就是说，"值得去做"是一个预先假定的伦理理论用词，我们不能从"什么是被渴望的"之中推断出"什么是值得去做的"（p. 778）。

10. 批判实在论是一个不断发展的思想运动，该运动不仅存在于管理学，而且存在于各种社会科学学科之中，如会计学（Modell, 2009）、经济学（Lawson, 1997）、教育学（Clegg, 2005）、地理学（Yeung, 1997）、信息系统学（Wynn and Williams, 2012）、市场营销学（Easton, 2002）、运筹学（Mingers, 2006）、政治学（Patomäki, 2003）、心理学（Sims-Schouten et al., 2007）、社会工作（Houston, 2001）、社会学（Steinmetz, 1998）和旅游学（Downward and Mearman, 2004）等。

将批判实在论与其他哲学观点进行详细比较已超出了本书的范围，所以在这里为感兴趣的读者列出一些参考资料。Sayer（2000：part II）将批判实在论与各种后现代主义观点进行了对比。Bhaskar（1998：chapter 4）批判了实证主义和诠释学。Manicas（1987：chapter 12）对实证主义经验论（positivist empiricism）进行了评论。Danermark 等（2002：chapter 6）论述了批判实在论作为一种方法论指引，在实证主义（与定量方法相联系）、解释学和现象学（与定性方法相联系）之上所具有的一些优点。在战略管理中，Mir 和 Watson（2000, 2001）与 Kwan 和 Tsang（2001）持各自的观点，对建构主义和批判实在论的价值进行了辩论。

参考文献

Abrahamson, E. 2008. 22 things I hate: Mini rants on management research. *Journal of Management Inquiry*, 17: 422-425.

Alvarez, S. A. and Barney, J. B. 2007. Discovery and creation: Alternative theories of entrepreneurial action. *Strategic Entrepreneurship Journal*, 1: 11-26.

Alvarez, S. A. and Barney, J. B. 2013. Epistemology, opportunities, and entrepreneurship: Comments on Venkataraman et al. (2012) and Shane (2012). *Academy of Management Review*, 38: 154-157.

Alvarez, S. A., Barney, J. B. and Anderson, P. 2013. Forming and exploiting opportunities: The implications of discovery and creation processes for entrepreneurial and organizational research. *Organization Science*, 24: 301-317.

Benardete, S. 2006. *The being of the beautiful: Plato's Theaetetus, Sophist, and statesman*. Chicago, IL: University of Chicago Press.

Berger, P. L. and Luckmann, T. 1967. *The social construction of reality*. New York: Anchor Books.

Best, S. and Kellner, D. 1991. *Postmodern theory: Critical interrogations*. New York: Guilford Press.

Bhaskar, R. 1978. *A realist theory of science* (2nd ed.). Hassocks, England: Harvester Press.

Bhaskar, R. 1998. *The possibility of naturalism: A philosophical critique of the contemporary human sciences* (3rd ed.). New York: Routledge.

Brannick, T. and Coghlan, D. 2007. In defense of being "native": The case for insider academic research. *Organizational Research Methods*, 10: 59-74.

Burch, R. 2011. Charles Sanders Peirce. Stanford Encyclopedia of Philosophy. 〈http://plato.stanford.edu/archives/fall2010/entries/peirce〉.

Burrell, G. and Morgan, G. 1979. *Sociological paradigms and organizational analysis*. Hants, England: Ashgate.

Calás, M. B., Smircich, L. and Bourne, K. A. 2009. Extending the boundaries: Reframing "entrepreneurship as social change" through feminist perspectives. *Academy of Management Review*, 34: 552-569.

Cambridge dictionary of philosophy (2nd ed.). 1999. Cambridge, England: Cambridge University Press.

Chattopadhyaya, D. P. 1991. *Induction, probability, and skepticism*. Albany, NY: State University of New York Press.

Clegg, S. 2005. Evidence-based practice in educational research: A critical realist critique of systematic review. *British Journal of Sociology of Education*, 26: 415-428.

Daft, R. L. and Lewin, A. Y. 1990. Can organization studies begin to break out of the normal science straitjacket? An editorial essay. *Organization Science*, 1: 1-9.

Danermark, B., Ekström, M., Jakobsen, L. and Karlsson, J. C. 2002. *Explaining society: Critical realism in the social sciences.* London: Routledge.

David, R. J. and Han, S.-K. 2004. A systematic assessment of the empirical support for transaction cost economics. *Strategic Management Journal*, 25: 39-58.

Davis, G. F. and Marquis, C. 2005. Prospects for organization theory in the early twenty-first century: Institutional fields and mechanisms. *Organization Science*, 16: 332-343.

Dewey, J. 1988. *The middle works of John Dewey, Volume 12, 1899-1924: 1920, reconstruction in philosophy and essays (Collected works of John Dewey)*, J. A. Boydston (Ed.). Carbondale, IL: Southern Illinois University Press.

Dickens, D. R. and Fontana, A. 1994. *Postmodernism and social enquiry.* New York: Guilford Press.

Donaldson, L. 1995. *American anti-management theories of organization: A critique of paradigm proliferation.* Cambridge, England: Cambridge University Press.

Douglas, H. E. 2009. Reintroducing prediction to explanation. *Philosophy of Science*, 76: 444-463.

Downward, P. and Mearman, A. 2004. On tourism and hospitality management research: A critical realist proposal. *Tourism and Hospitality Planning and Development*, 1: 107-122.

Easton, G. 2002. Marketing: A critical realist approach. *Journal of Business Research*, 55: 103-109.

Fay, B. 1996. *Contemporary philosophy of social science.* Oxford, England: Blackwell.

Friedman, Milton. 1953. *Essays in positive economics.* Chicago, IL: University of Chicago Press.

Gephart Jr., R. P. 2004. Qualitative research and the Academy of Management Journal. *Academy of Management Journal*, 47: 454-462.

Harré, R. 1970. *The principles of scientific thinking.* Chicago, IL: University of Chicago Press.

Harré, R. 1986. *Varieties of realism: A rationale for the natural sciences.* Oxford, England: Basil Blackwell.

Harré, R. and Bhaskar, R. 2001. How to change reality: Story v. structure—a debate between Rom Harré and Roy Bhaskar. In J. López and G. Potter (Eds.), *After postmodernism: An introduction to critical realism:* 22-39. London: Athlone Press.

Hempel, C. G. 1942. The function of general laws in history. *Journal of Philosophy*, 39(2): 35-48.

Hempel, C. G. 1965. *Aspects of scientific explanation*, New York: Free Press.

Hernes, G. 1998. Real virtuality. In P. Hedström and R. Swedberg (Eds.), *Social mechanisms: An analytical approach to social theory*: 74-101. New York: Cambridge University Press.

Houston, S. 2001. Beyond social constructionism: Critical realism and social work. *British Journal of Social Work*, 31: 845-861.

Hunt, S. D. 2003. *Controversy in marketing theory: For reason, realism, truth, and objectivity*. Armonk, NY: M. E. Sharpe.

Ireland, R. D. 2007. Strategy vs. entrepreneurship. *Strategic Entrepreneurship Journal*, 1: 7-10.

James, W. 1975. *Pragmatism*. Cambridge, MA: Harvard University Press.

Joas, H. 1993. *Pragmatism and social theory*. Chicago, IL: University of Chicago Press.

Johnson, P. and Duberley, J. 2000. *Understanding management research: An introduction to epistemology*. London: Sage.

Johnson, R. B. and Onwuegbuzie, A. J. 2004. Mixed methods research: A research paradigm whose time has come. *Educational Researcher*, 33: 14-26.

Jones, C. and ten Bos, R. 2007. Introduction. In C. Jones and R. ten Bos (Eds.), *Philosophy and organization*: 1-17. New York: Routledge.

Kilduff, M. and Mehra, A. 1997. Postmodernism and organizational research. *Academy of Management Review*, 22: 453-481.

Kuhn, T. S. 1962. *The structure of scientific revolutions*. Chicago, IL: University of Chicago Press.

Kukla, A. 2000. *Social constructivism and the philosophy of science*. London: Routledge.

Kwan, K.-M. and Tsang, E. W. K. 2001. Realism and constructivism in strategy research: A critical realist response to Mir and Watson. *Strategic Management Journal*, 22: 1163-1168.

Lawson, T. 1997. *Economics and reality*. New York: Routledge.

Lawson, T. 2004. Philosophical under-labouring in the context of modern economics: Aiming at truth and usefulness in the meanest of ways. In J. B. Davis, A. Marciano and J. Runde (Eds.), *The Elgar companion to economics and philosophy*: 317-338. Northampton, MA: Edward Elgar.

Lester, R. A. 1946. Shortcomings of marginal analysis for wage-employment problems. *American Economic Review*, 36: 63-82.

Lipton, P. 1991. *Inference to the best explanation*. London: Routledge.

Locke, J. 1996 [1689]. *An essay concerning human understanding* (abridged and edited by K. P. Winkler). Indianapolis, IN: Hackett Publishing.

Lyotard, J. F. 1984. *The post-modern condition: A report on knowledge*. Minneapolis, MN: University of Minnesota Press.

Mahoney, J. T. 1993. Strategic management and determinism: Sustaining the conversation. *Journal of Management Studies*, 30: 173-191.

Mäki, U. 2000. Kinds of assumptions and their truth: Shaking an untwisted F-twist. *Kyklos*, 53: 317-336.

Manicas, P. T. 1987. *A history and philosophy of the social sciences*. Oxford, England: Basil Blackwell.

Masterman, M. 1970. The nature of a paradigm. In I. Lakatos and A. Musgrave (Eds.), *Criticism and the growth of knowledge*: 59-89. Cambridge, England: Cambridge University Press.

Maxcy, S. J. 2003. Pragmatic threads in mixed methods research in the social sciences: The search for multiple modes of inquiry and the end of the philosophy of formalism. In A. Tashakkori and C. Teddlie (Eds.), *Handbook of mixed methods in social and behavioral research*: 51-89. London: Sage.

Mingers, J. 2006. A critique of statistical modelling in management science from a critical realist perspective: Its role within multimethodology. *Journal of the Operational Research Society*, 57: 202-219.

Mir, R. and Watson, A. 2000. Strategic management and the philosophy of science: The case for a constructivist methodology. *Strategic Management Journal*, 21: 941-953.

Mir, R. and Watson, A. 2001. Critical realism and constructivism in strategy research: Toward a synthesis. *Strategic Management Journal*, 22: 1169-1173.

Modell, S. 2009. In defence of triangulation: A critical realist approach to mixed methods research in management accounting. *Management Accounting Research*, 20: 208-221.

Outhwaite, W. 1987. *New philosophies of social science: Realism, hermeneutics and critical theory*. London: MacMillan.

Patomäki, H. 2003. *After international relations: Critical realism and the (re)construction of world politics*. London: Routledge.

Pawson, R. and Tilley, N. 1997. *Realistic evaluation*. London: Sage.

Peirce, C. S. 1992. *The essential Peirce: Selected philosophical writings*, 1893-1913 (edited by N. Houser and C. J. W Kloesel). Bloomington, IN: Indiana University Press.

第一章 哲学：一个服务于研究者的小工

Phillips, D. C. 1987. *Philosophy, science, and social inquiry: Contemporary methodological controversies in social science and related applied fields of research.* Oxford, England: Pergamon Press.

Phillips, D. C. 2000. *The expanded social scientist's bestiary: A guide to fabled threats to, and defenses of, naturalistic social science.* Lanham, MD: Rowman and Littlefield Publishers.

Potter, G. and López, J. 2001. After postmodernism: The new millennium. In J. López and G. Potter (Eds.), *After postmodernism: An introduction to critical realism*: 3-16. London: Athlone Press.

Putnam, H. 1987. *The many faces of realism.* La Salle, IL: Open Court.

Putnam, H. 1995. *Pragmatism: An open question.* Malden, MA: Blackwell.

Ramoglou, S. and Tsang, E. W. K. 2016. A realist perspective of entrepreneurship: Opportunities as propensities. *Academy of Management Review*, 41: 410-434.

Romani, L., Primecz, H. and Topçu, K. 2011. Paradigm interplay for theory development: A methodological example with the Kulturstandard method. *Organizational Research Methods*, 14: 432-455.

Rorty, R. 1989. *Contingency, irony and solidarity.* New York: Cambridge University Press.

Roscoe, P., Cruz, A. D. and Howorth, C. 2013. How does an old firm learn new tricks? A material account of entrepreneurial opportunity. *Business History*, 55: 53-72.

Rosenau, P. M. 1992. *Post-modernism and the social sciences: Insights, inroads, and intrusions.* Princeton, NJ: Princeton University Press.

Rosenberg, A. 1995. *Philosophy of social science* (2nd ed.). Boulder, CO: Westview Press.

Russell, B. 1945. *A history of Western philosophy.* New York: Simon and Schuster.

Sayer, A. 1992. *Method in social science: A realist approach* (2nd ed.). London: Routledge.

Sayer, A. 2000. *Realism and social science.* London: Sage.

Schutz, A. 1970. *On phenomenology and social relations.* Chicago, IL: University of Chicago Press.

Shane, S. and Venkataraman, S. 2000. The promise of entrepreneurship as a field of research. *Academy of Management Review*, 25: 217-226.

Sims-Schouten, W., Riley, S. C. and Willig, C. 2007. Critical realism in discourse analysis: A presentation of a systematic method of analysis using women's talk of motherhood, childcare and female employment as an example. *Theory and Psychology*, 17: 101-124.

Soames, S. 2003a. *Philosophical analysis in the twentieth century, Volume 1: The dawn of analysis.* Princeton, NJ: Princeton University Press.

Soames, S. 2003b. *Philosophical analysis in the twentieth century, Volume 2: The age of meaning*. Princeton, NJ: Princeton University Press.

Spedale, S. and Watson, T. J. 2014. The emergence of entrepreneurial action: At the crossroads between institutional logics and individual life-orientation. *International Small Business Journal*, 32: 759-776.

Steinmetz, G. 1998. Critical realism and historical sociology: A review article. *Comparative Study of Society and History*, 40: 170-186.

Vygotsky, L. S. 1978. *Mind in society: The development of higher psychological processes*. Cambridge, MA: Harvard University Press.

Wight, C. 1998. Philosophical geographies: Navigating philosophy in social science. *Philosophy of the Social Sciences*, 28: 552-566.

Wisdom, J. O. 1987. *Challengeability in modern science*. Dorset, England: Blackmore Press.

Wittgenstein, L. 1958. *Philosophical investigations*. Oxford, England: Basil Blackwell.

Wynn Jr., D. and Williams, C. K. 2012. Principles for conducting critical realist case study research in information systems. *MIS Quarterly*, 36: 787-810.

Yeung, H. W.-C. 1997. Critical realism and realist research in human geography: A method or a philosophy in search of a method? *Progress in Human Geography*, 21: 51-74.

第二章 解释：回答"为什么"的不同方式

覆盖律模型 / 25

机制性解释 / 27

  情境的角色 / 29

  意义的重要性 / 30

对比性解释 / 32

  语素变体 / 32

  事实和衬托 / 33

  使用 / 34

解释的一般性 / 36

非理论性解释 / 38

未被解释的经验规则 / 40

注 释 / 41

参考文献 / 42

理论对无序的人类经验加以整理,它被创立出来并用以解释所研究的现象(Dubin,1978)。理论的另一个重要功能是预测,而详尽的解释构成了预测的基础(Salmon,1998)。要理解理论如何解释,我们首先需要理解解释的本质。Sutton 和 Staw(1995:374)认为,"数据描述了被观察到的经验模式是哪一类,而理论解释了为什么是这一类经验模式能够被观察到或希望被观察到"。换句话说,理论通过回答"为什么"而不仅仅回答"是什么"来解释现象(Hempel and Oppenheim,1948)。与 Lipton(1991)一致,我把对"为什么"这一问题的回答表示为因果解释。虽然解释不一定是因果性的(Ruben,2012)[1],但因果解释对管理研究极为重要。因此,本章将关注跟因果解释相关的一系列问题。

我们在讨论之前先对几个概念进行定义。"成因"被定义为"使结果发生的事件"(Ruben,2012:212)。我对"因果关系"持非决定性的观点:简言之,成因增加了其结果发生的可能性,但并不能导致该结果必然发生(Lewis,1986;Suppes,1984)。我对解释采用实在主义视角,相信"事件之间的某种客观关系构成了描述事件之间解释性关系的基础(Kim,1994:57)。"因果解释"这一术语包括两个成分:因果关系和解释。Strawson(1985:115)在两者之间做了一个实在主义的区分:

> ……因果关系是存在于自然界中的特定事件或环境之间的一种自然关系……但是如果因果关系是这样一种关系,解释就是一个与之不同的事物……它不像因果关系那样是一种自然关系,而是一种智力的,或者理性的,或者内涵性的关系。解释不存在于自然界的事物之间,自然界的事物本质上具有时间与空间的特征,解释存在于事实或真理之间。

请注意,建构主义者会将因果关系和解释这两者合并。尽管 Strawson(1985)的评论是针对自然现象的,但它同样适合于管理学所研究的社会现象。一个被观察到的现象是一系列因素交互作用的结果。对这种现象进行解释,就需要投入推断因果交互作用的学术练习中。实际上引起该现象的因素以及它们之间的交互构成了"一种自然关系"。这些因素和交互是独特的,因为没有其他因果交互会导致这种现象。相反,对该现象的解释,不同研究者之间的观点可能不同,因为毕竟解释只是"一种智力的,或者理性的,或者内涵性的关系"。²

有一个很好的例子可以说明 Strawson(1985)的观点,那就是第七章所讨论的通用汽车和费希尔车体厂的纵向一体化案例。这一例子涉及历史编纂学的优点和局限。发生在 1926 年的整合事件是各种影响因素以一种独特而客观的方式相互作用而产生的结果。Klein 等(1978)首次把该事件解释成一个套牢的例子来支持交易成本经济学的论证。然而,他们的解释在后来也受到了其他研究者的挑战。

本章首先讨论覆盖律模型,它是最著名的解释说明(Friedman,1974)。其次,我们介绍机制性解释,它是后续章节的基础。不像覆盖律模型已有超过半个世纪的历史,机制和机制性解释在过去二十年间才吸引了自然科学家和社会科学家们的大量关注。再次,为了说明我们"不解释事件而只解释事件的某一方面"这一事实(Hempel,1965),本章也探讨了对比性解释,它特别为解释的这一重要特征提供了空间。更进一步地,因为一些研究者会误以为那些嵌在理论中的解释一定是普适的,所以本章讨论了解释的普适性。最后,本章也分析了研究结果不能被任何现有理论解释的情况,从而解释本质上不是理论性的,或者更糟——根本就无从解释。

覆盖律模型

覆盖律模型的源头可追溯到 Mill(1843),其重要性随着 20 世纪中期新实证主义①的加速发展而凸显了出来。该模型有两个版本。第一个版本较为知名,即 Hempel(1942)的演绎-律理(D-N)模型。它包括一个或多个普遍规律以及对所发生的特定事件的存在性说明。普遍规律是"有关普遍条件

---

① 根据英文维基百科的资料,新实证主义包括了逻辑实证主义与逻辑经验主义,它是西方哲学的一次思想运动,其核心是证实主义,是有关知识的一个理论,其认为只有那些可以通过经验观察而被证实的陈述才具有认知意义。该运动盛行于 20 世纪 20—30 年代的几个欧洲中心。——译者注

形式的陈述,它能够被合适的经验结果证明成立或不成立"(Hempel,1942:35),普遍规律本质上被认为是确定性的。普遍规律阐述了以下类型的规则:只要特定事件 C 发生,特定事件 E 就会跟着发生。一系列引起事件 E 发生的事件($C_1,C_2,\cdots,C_n$)呈现出以下的 D-N 解释,主要包括三个步骤:

1. 一组普遍规律,说明如果 $C_1,C_2,\cdots,C_n$ 发生,那么 E 就会发生;
2. 一组存在性说明,确认 $C_1,C_2,\cdots,C_n$ 已经发生;
3. 一个推演的结论,说明 E 已经发生。

步骤 1 和步骤 2 是前提,步骤 3 是结论。

在社会科学中,排除例外的、确定的一般法则并不常见。正如 Hempel 和 Oppenheim(1948:140)认为的,"社会科学中的规律不可能用与物理学或化学同样的一般性和精确度来描述"。因此,Hempel(1965)后来阐述了另一个基于概率的模型版本,它被称为归纳-统计(I-S)模型:

1. 一组普遍规律,说明如果 $C_1,C_2,\cdots,C_n$ 发生,那么 E 将发生的概率是 p;
2. 一组存在性说明,确认 $C_1,C_2,\cdots,C_n$ 已经发生;
3. 一个结论,说明 E 将发生的概率为 p。

一方面,I-S 模型在解释方面似乎并没有与 D-N 模型存在显著的不同,因为,在这种情况下,E 确实发生了。另一方面,当需要预测时,I-S 模型只能在所有前提均正确的情况下给出 E 发生的概率,而 D-N 模型则可以推演出 E 肯定会发生的结论。

例如,要解释为什么石油的价格会在极冷的冬天上升,我们需要援引供需定律。请注意,在覆盖律模型中,解释和预测有着同样的逻辑结构,或者属于通常我们所说的对称性论题(Achinstein,2000)。如果我们对某一现象有一个充分的解释,那么,原则上,我们应该可以预测它的发生(Gasper,1990)。用 Hempel(1942:38)的原话来说就是:

> 通常,经验科学中的预测从以下两个方面对特定的未来事件(比如,在未来的某一天,行星与太阳的相对位置)进行说明:(1)描述特定的已知(过去或现在)条件(例如,行星在过去和现在时刻的位置和动量);(2)合适的一般法则(比如,天体力学定律)。因此,科学预测的逻辑结构和科学解释的逻辑结构是一样的……例如,

解释时,最终的事件已经发生了,那么要做的是找到它的决定性条件。若预测,情况则正好相反,即最初的条件给出来了,但它们的"结果"在通常的情形下尚未发生,是被决定的。

对称性论题尽管显得很精致,但其在自然科学中也并不是总能成立。例如,地震学家可以在地震发生后给出完美的解释,但却无法预测地震,至少从目前的情况来看是这样的。覆盖律模型存在"解释上的不相关"这样的本质问题(见 Kitcher,1981)[3],该模型更适用于自然科学而非社会科学,因为规律或类规律的普适化在社会科学中并不常见(Ruben,1990)。事实上,Sayer(1992:2)进一步指出,"社会科学在发现类规律的规则性方面是异常失败的"。

机制性解释

覆盖律模型甚至在自然科学中也不是完全理想的,因为"除非实际的或可能的机制被揭示,否则对事件或过程的任何理解都不能被认为是满意的"(Bunge,1997:454),覆盖律模型在这方面是有缺陷的。与第一章中关于结构和机制如何产生出可观察事件的讨论相一致,批判实在论视角探讨了Bunge(1997)所定义的"机制性解释",它描述了事件发生的因果过程中的"齿轮"与"轮子"①(Hedström and Ylikoski,2010)。对于社会研究,King 等(1994:85—86)主张:"对因果机制的强调让我们直觉上认为:有关因果律的任何合乎逻辑的解释都需要具体说明相关影响是如何被施加的。"哪怕是只聚焦于预测,就像 Friedman(1953)关于经济理论所做的那样,为了利用好理论的规范性意义,我们需要明白理论的预测能力的隐含机制。与此相关,Hodgson(2004:404)曾评论:"不完善的解释很可能会导致公司战略和治理结构设计上的错误。"

一个因果机制(M)经常被概念化为打开因果过程中的输入(I)和结果

---

① 我们以加引号直译的方式保留了这种形象的表达,毕竟机制的本意是机器各构件之间的联动方式。——译者注

(O)之间的黑箱,表述为"从'如果 I,那么 O'(I→O)变为'如果 I,通过 M,那么 O'(I→M→O)"(Falleti and Lynch,2009:1146)。机制并不是一个单独的变量或一系列变量,而是对事件发生方式的解释(Pawson,1989)。[4]机制促进因果推断,这也是机制的优点,即"M 连接了 I 到 O 的关系"这一认识支持了 I 影响 O 的推论。但其缺点可能在于,如果在 I 和 O 之间缺少一个可被提出的可信的机制,就有理由不假设 I 和 O 之间存在因果关系(Hedström,2005;Steel,2004)。在这种情况下,I 和 O 可能共同受到某个混杂因素的影响,应该调查混杂因素。在社会研究中,混杂因素问题是个很严峻的挑战,而机制则被认为是一种解决办法:

> 我们可以就某一种情形中起作用的机制做出假设,来最大可能地排除变量之间存在虚假相关性的可能。如果我们可以得出:尼古丁烟渍与肺癌之间不存在合理的联结机制这一结论,那么,我们也可以得出:被观察到的相关性是虚假的这一结论(Little,1991:24-25)。

简言之,机制性解释的支持者们通常坚持这样的观点:当且仅当 M 连接了 I 和 O,I 和 O 才被认为是具有因果联系的(Glennan,1996;Steel,2004)。

与前面提到的 Strawson(1985)的观点相一致,尽管事件是特定机制的结果,同一事件却经常被不同的机制加以解释。Harré(1970:125)认为,"科学解释在于发现或想象事件之间合理关系的生成机制"。例如,温度和气压间的相互关系是通过气体分子运动来解释的,气体分子运动即是这里的因果机制。一般意义上的机制,特别是社会机制往往是不可观察的(Kiser and Hechter,1991),因此,对它们进行描述必然包含不会出现在经验数据里的"构念"(Bunge,2004)。

我们可以考虑一个典型的交易成本经济学解释。随着交易资产专用性的增加,该资产用于其他用途的可重新部署能力降低,这反过来会增加交易双方之间的双边依赖和订约风险。由于存在有限理性,契约必然是不全面的,所以仅能有限地避免机会主义行为。市场治理形式的高能激励阻碍了交易伙伴之间的适应性,导致用以监督交换行为和防范机会主义的交易成

第二章　解释：回答"为什么"的不同方式

本升高。因此,市场治理形式不适于处理双边依赖度高的情形,节约交易成本的考虑将会推动具有高资产专用性水平的交易走入一体化的治理形式,如混合模式和等级结构。至于这种机制在经验领域是如何实际生成可观察事件的,则取决于若干权变因素,其中最突出的当属制度环境(政治和法律相关的制度、法规、风俗和规范等)(North,1991)。值得注意的是,因果机制是运行于该制度环境变化之中的,并改变了市场、混合模式和等级结构的比较成本(Williamson,1997)。

情境的角色

根据 Falleti 和 Lynch(2009:1152),我将情境定义为"一个环境的相关方面(分析的、时间的、空间的或制度的),其中的一系列初始条件通过特定的或集合的因果机制引起(在概率上的)一个具有规定范围和意义的结果。"因为管理现象发生在开放系统中,所以,情境在机制性解释中扮演着重要角色这一点并不奇怪。Pawson 和 Tilley(1997:69)认为"因果机制与其影响结果之间的关系不是固定的,而是权变的",即因果机制与其影响结果之间的关系取决于相关情境。他们把自己的想法总结成了一个基本的实在主义公式:机制+情境=结果。他们的观点并不仅仅在于因果关系随情境变化;而是讨论了更为根本的问题,即由于因果机制在情境之中运行,该情境很大程度上是内含于该因果机制之中的(Maxwell,2004),因而不能通过增加(情境)变量到回归模型中来(对情境)加以控制。①

管理研究的一个重要情境是文化。一个很好的例子是 Xiao 和 Tsui(2007)通过在中国四家高新技术企业进行问卷调查来检验结构洞理论的研究。结构洞理论认为,占据中间人位置的个体由于联结了两个或多个独立个体(在他们彼此之间构成了结构洞),所以比其他人拥有更多的社会资本(Burt,1997,2000)。中间人享受两种好处:信息(能接触到更多的非冗余信息及更多的机会)和控制(决定利用这些机会去服务谁)。以往,这一领域的经验研究大多局限于具有强烈个人主义、自由竞争倾向的西方情境(Burt et

---

① 此句译者根据自己的理解增加了括号中的用语。——译者注

al.，2000）。Xiao和Tsui（2007：2）在描述他们的研究动机时，特别突出了情境的重要性："现有研究很大程度上还没有探索社会资本在具有不同文化规范和市场机制的情境中是如何运行的。"

他们同时考察了国家文化和组织文化的作用，并发现了如下一些重要影响：

> 我们的经验结果显示，集体主义文化下，员工若在职业网络中占据结构洞位置，会损害他们的职业发展。组织层面的进一步调查揭示了社会资本网络的影响结果在组织之间存在差异。尽管结构洞可能给处于类市场化和低承诺的组织文化中的个体带来积极回报，但在宗族化和拥有强凝聚力文化的高承诺组织中，网络闭合反而能通过促进信任、互惠和声誉而给行动者带来优势（Xiao and Tsui，2007：23）。

简言之，他们的核心发现是，在中国组织中结构洞对员工的职业绩效是有害的，而以西方样本为基础的研究却展现了结构洞的积极效应，两者形成了鲜明的对比。换句话说，对于同样的员工网络位置（I），两种样本的员工职业绩效（O）是不同的。Xiao和Tsui将不同的员工职业绩效归因于运行于不同情境之中并受其影响的因果机制（M）的差异。

意义的重要性

社会科学中的因果机制可能不仅包括客观的物质要素，还包括所涉及的行动者的个人意图和诠释，后者往往比前者发挥着更重要的作用。正如Sayers（1992：30）所说，"社会现象是依存于概念的……实践、制度、规则、角色或关系是什么，取决于它们对社会成员来说意味着什么"。从这个角度来说，批判实在论把解释学的洞见，即基于诠释性的理解纳入解释。Weber（1949）将行动背后的动机看作行动的成因。这类成因的一个具体特征是研究者可以基于人类依理性来行动这一假定来理解它们。

对于是什么实际激励着人们在个别情况下行动的问题，Weber强调了理

第二章　解释：回答"为什么"的不同方式

解的重要意义。与诠释学传统(Habermas,1971)相一致,这种视角考虑了行动者的主观性,试图理解行动者行动和诠释的意义。假设一个经理决定对他的下属进行授权,为了研究经理的这一决策,研究者首先需要理解他对授权这一概念的诠释。换句话说,研究者将投入于双重诠释之中：

> ……社会科学和人文科学中的研究主体是使用概念的存在者,他们关于行动的概念是行动本质的一部分。如果社会学的观察者没有掌握参与人员使用的概念群组[话语的或非话语的(discursively or non-discursively)],他们不仅不能做因果性解释,甚至连准确地描述社会生活都做不到(Giddens,1987:18—19)。

这与自然科学家在试图理解和理论化自然对象的结构与行为时的单一诠释形成了对比(自然对象并非是使用概念的人类)。自然科学家需要诠释的意义仅在于他们自己社群内部,而社会科学家不得不在他们自己的和被观察对象的意义框架之间进行调和(Sayer,1992)。

尽管有深刻的洞察力,但从批判实在论的视角来看,诠释学传统并非没有问题。其中的一个问题就是："诠释学倾向于假定社会仅仅是像一个文本而已,除了对其意义进行诠释,别无他求"(Sayer,2000:143)。这种倾向导致了有关解释的一个错误观点：

> 社会的被解释物,实际上依赖于(或存在于)有目的的人类介入。因此,去参考信仰和其他概念性事物通常是达成一个充分的社会解释所必需的。但一般来说,这种解释也并不完全足够,哪怕被解释物本身是概念性的。对于这样的行动,总是,或者大多数情况下,有一个物质的(外部)方面,以至于它不能被化约为它的概念性构成(或内部成因)(Bhaskar,1998:136)。

更具体地,Bunge(1997)评论认为,诠释学传统没有参考任何社会性机制："它仅仅暗示了个体行动的精神根源,而没有任何可被推测的机制。他认为诠释学最多在建构机制性解释的实在主义过程中起到辅助作用。"

需要明确的最后一点是,尽管机制性视角被普遍认为优于覆盖律模型,但它并不是万灵药,它并不能解决经验性确立因果关系这种做法下所产生的所有问题。Gerring(2010)对这一方法提出了许多发人深省的质疑。尽管如此,机制性解释还是为未来的方法论研究指出了一个有前景的方向。

对比性解释

Hempel(1995)认为,我们不解释事件,而只解释事件的不同方面。我们根据自己的解释兴趣来结构化解释。基于对比性方法的解释特别适用于解释的这种内在特征。其基本的原理在于,解释寻求型问题(explanation-seeking questions)和解释都有一个或含蓄或明确的对比形式(Garfinkel,1981;Ruben,1987;van Fraassen,1980)。因此,对比性方法需要很大的努力来分析和重构解释寻求型问题。一个对比性问题具有两个关键要素:语素变体,以及事实和衬托。接下来我将对这两个关键要素进行讨论。

语素变体

Dretske(1977)认为,需要解释为什么一个特定事件发生可能会引发不同的问题,取决于在描述事件时哪个词或哪些词被特别强调。考虑一个由以下语句描述的虚构事件:

S 戴姆勒-奔驰公司生产它的汽车座椅。

依赖于对比焦点,这一描述可能被赋予不同的含义,这被 Dretske(1977)称作语素变体。S 的四个不同的语素变体分别是:

S_a **戴姆勒-奔驰公司**生产它的汽车座椅。

S_b 戴姆勒-奔驰公司**生产**它的汽车座椅。

S_c 戴姆勒-奔驰公司生产**它的**汽车座椅。

S_d 戴姆勒-奔驰公司生产它的**汽车座椅**。

每种语素变体指的都是事件的不同方面,并且意味着存在一类明显的对比性问题。语素变体反映了提问者们的兴趣。例如,一个与交易成本经济学相关的问题"为什么戴姆勒-奔驰公司自己生产它的汽车座椅而不是选择从市场上购买"指的是语素变体 S_b,而另一个问题"为什么是戴姆勒-奔驰公司而不是丰田生产它的汽车座椅"指的是语素变体 S_a。毋庸置疑,回答不同的对比性问题通常涉及不同的机制性解释。

正如 Lewis(1986:217)认为的,"解释一个事件需要提供关于它的因果历史的某些信息",通常是由那些拥有信息的人提供给并不掌握该信息的人。然而,一个事件的整个成因历史往往非常复杂(Marchionni,2006),所以,提供有关历史的完整解释几乎是不可能的(Hitchcock,1999)。对于每一个关于"为什么"的问题,几乎可以用无数的成因来回答。每一个因果解释都可能导致进一步无穷无尽的解释。所有这些早期成因都是事件因果历史的一部分。如果我们想回答为什么戴姆勒-奔驰公司选择生产它自己的汽车座椅这个问题,我们可以追溯到宇宙大爆炸,因为没有宇宙大爆炸,戴姆勒-奔驰公司根本就不会存在。事实上,宇宙大爆炸是每个事件因果历史中的一部分,但也只能解释一小部分(Lipton,1990)。

好的问题可以引出好的解释(Mäki,2004)。为了更容易地解释事件,我们需要指出要解释事件的哪一方面,比如,我们将前面的问题改为:"为什么戴姆勒-奔驰公司选择自己生产它的汽车座椅而不是选择从市场上购买?"这个修订明确了要解释戴姆勒-奔驰公司生产汽车座椅这一事件的哪一部分。换句话说,对比性的发问排除了事件因果历史中的大量元素和很多方面,这些元素和方面与寻求解释的问题并不具有说明上的相关性(Ylikoski,2007),从而帮助我们从寻求解释的因果历史中挑选合适的解释要素(Marchionni,2006)。

事实和衬托

对比性问题的规范形式是:"为什么是 P 而不是 Q?" P 是要解释的事实,Q 是衬托,即事实的另一个替代物。Q 或者是单一替代物,或者是系列替代物。对于之前提到的"为什么戴姆勒-奔驰公司选择自己生产它的汽车座椅而不是从市场上购买?"这一对比性问题,生产汽车座椅是事实,而从市场上购买是单一替代物,是一种衬托。这其中的道理在于,一个事实往往不够具体,我们需要添加衬托来说明事实的哪一方面是需要被解释的。因此,一个事实的对比性解释只是那个事实的部分解释。需要注意的是,"为什么是

P 而不是非 P"这种形式的对比是有问题的,因为全局式的衬托(即非 P),通常太笼统,无法缩小解释的范围(Lipton,1993)。事实上,这个对比性问题没有给直白的非对比性问题"为什么是 P?"增加任何内容(Day and Botteril,2008)。

当有人问"为什么是 P 而不是 Q?"时,有一个前提,即 P 和 Q 不可能同时发生,这意味着事实和衬托是不相容的。例如,戴姆勒-奔驰公司自己生产汽车座椅与其从市场上购买汽车座椅是不兼容的,因为这两种选择不可能在同一时间发生,至少在特大数量的汽车座椅的生产和购买上无法兼容。然而,"对比一定是不兼容的"这种认识并不正确(Barnes,1994)。假定我们这样来改写这个对比性问题:"为什么戴姆勒-奔驰公司选择自己生产它的汽车座椅而不是安全带?"因为公司同时生产两种产品是可能的,所以这里的对比是兼容的。

由于一个因素不会在两种不同的衬托下解释同一个事实,因此,对比性问题给解释施加了限制。它限制了在一个事实的因果历史中,几乎无限数量的原因中,哪些因素是具有解释相关性的。如果我们足够幸运或足够聪明地找到一个对比,而这个对比的事实和衬托有着非常相似的成因历史,那么大部分潜在的解释会直接被"排除掉",这样的话,我们的研究项目便比较容易操作了(Lipton 1991)。

使用

Woodward(2003:146)认为"所有的因果主张都必须被阐释为是具有对比结构的"。社会科学家群体已毫无保留地使用了解释的这种对比法。我们可在 Coase(1937)的交易成本经济学的奠基性作品中找到一个很好的示例。Coase(1937:388)问的不仅仅是"为什么会有组织?"这个简单的问题,而是"如果生产是由价格变动来调节的,生产可以在没有任何组织的情况下运行,那么我们是否可以问'为什么会有组织?'"这样一个对比性问题。他的问题可以转述为:为什么有些生产活动是在企业内部而不是在市场中组织的?在回答这一问题前,他首先解释了"企业"和"市场"代表了什么:

第二章　解释：回答"为什么"的不同方式

　　在企业外部，价格波动指导生产，通过市场上的一系列交换交易进行协调。在企业内部，这些市场交易被排除，并且被指导生产的企业家协调者取代（Coase 1937：388）。

　　这一详述促进了 Coase 后来关于企业和市场在组织生产上的差异的讨论。

　　尽管 Coase 的文章被冠以"企业的性质"这一题目，但"为什么会有组织"这个问题包含了一系列太大以致难于处理的成因。Coase 的对比性问题让分析聚焦于在企业与市场中组织生产的因果历史，于是问题变得更易于着手。Coase 识别了"企业家指示生产"与"价格机制指示生产"这两种情形的区别，其主要的区别在于，在市场上，合同不得不针对每笔交换交易进行谈判。相反，企业家不必与员工就合同进行一系列的谈判，这些员工被假定应在雇佣合同规定的范围内服从企业家的指示，也就是说，在企业内开展生产活动能够避免市场上的签约成本。

　　对比性解释的功能也可以通过因缺失对比性解释而产生的问题来进行说明。[5]一个典型的例子是 Hannan 和 Freeman（1977，1989）开发的组织生态学，也被称为种群生态学。在他们的开创性作品中，Hannan 和 Freeman（1977：936、956）两次强调了他们的核心研究问题："为什么会有这么多种类的组织？"这个问题是相当模糊的。举例来说，Reydon 和 Scholz（2009：417）这样阐释这一问题："组织生态学的主要待解释事物应该是'为什么在我们生活世界中发现的恰恰是这些组织形式，而不是其他不同的形式，或者更大、更小的多样化的形式'。"他们的这一阐释实际上包括了三个相互区别的对比性问题：

　　1."为什么是这些而不是其他种类的组织？"——基于语素变体"有这么多**种类**的组织"。

　　2."为什么是这个数量而不是更大数量的组织种类？"——基于语素变体"有这么**多**种类的组织"。

　　3."为什么是这个数量而不是更小数量的组织种类？"——基于语素变体"有这么**多**种类的组织"。

　　每一个问题都需要一个不同的解释。Hannan 和 Freeman（1977）的模糊问题并没有推进他们的研究进程。

另一个例子是 Johanson 和 Vahlne(1977)提出的乌普萨拉国际化进程模型。他们认为企业会伴随着不断学习而展示出对国际市场的一个渐进承诺的模式。该模型试图解释有关国际化进程的两个现象,其中的一个现象是,企业参与一个特定的国外市场的程度是依照一个动作链(establishment chain)来发展的,反映了企业对该市场的资源承诺不断增加:"一开始市场上没有常规的出口活动,后来设立独立办事处进行出口,随后设立一个销售子公司,最终可能会建立生产体系(Johanson and Vahlne,1990:13)。"他们是基于对 20 世纪 70 年代瑞典公司的经验观察来构建模型的。这些企业在进行海外扩张时,表现出了这种类似于动作链的模式。

不幸的是,在模型建立过程中,Johanson 和 Vahlne(1990)没有解决一个非常基本的对比性问题:"为什么企业在国外市场的投入是根据动作链而不是蛙跳模式进行的?""蛙跳"是指企业没有遵循类似于动作链所描述的顺序路径。例如,制造设施(动作链中的最后一步)可能一开始就被设立在国外,而不经过前面的步骤。如果 Johanson 和 Vahlne 从蛙跳公司进一步收集数据来考察对比性问题,他们可能会发现他们的模型主要适用于被市场寻求动机刺激的海外扩张。对于其他动机主导的海外扩张,比如资源寻求或技术寻求,这个模型并不适用(Petersen and Pedersen,1997)。例如,一家公司试图利用发展中国家劳动成本较低的优势(也就是资源寻求),在去那建制造工厂之前是不会向这个国家出口的。也就是说,市场寻求的动机是这个模型的一个重要范畴假定(见第三章中对不同假定类型的讨论)。因为该假定没有被明确提出(通过对比性推理),所以导致了该模型在随后的经验检验中到底能得到多大程度的支持充满了不确定性(Petersen and Pedersen,1997)。

解释的一般性

我们有时会错误地认为解释在本质上是一般性的(即涉及很少的情境细节)。例如,Welch 等(2011:740—741)基于对因果解释和情境化之间的权

第二章 解释：回答"为什么"的不同方式

衡，构建了通过案例研究建立理论的一个类型学框架："我们考虑案例研究如何生成因果解释，以及如何纳入情境——案例研究的这两个特征经常被认为是不兼容的。"这里存在一个严肃的问题：所谓的"权衡"（他们在文章中使用的一个词）根本不存在，因为因果解释和情境化并不是不可兼容的。

对 Welch 等（2011）来说，解释一个现象指的是"表明是什么使它成为那个样子"（p.741）。他们将因果解释定义为"对物体和生物改变它们所在世界的能力所做的宣称"（p.741）。根据他们对解释和因果解释的定义，许多解释是有明确的因果性，同时又高度情境化的。例如，在 2010 年年初，丰田公司因为油门踏板的问题，在美国召回了数百万计的车辆。对丰田公司召回行动的解释当然是因果性的，其成因就是一些汽车的油门踏板有问题；该解释也是高度情境化的，这是一次由一个特定的汽车制造商所做的召回，发生在一个特定的国家，在一个特定的时间里，由一个特定的问题导致，并非制造商所做的一般性的产品召回。简言之，一个描述是否是因果解释，以及它在多大程度上是情境化的，这两者之间并没有关系。因果解释在多大程度上具有一般性，很大程度上取决于被解释物的性质。

在管理研究文献中，被解释物主要有三种类型。第一类是指有很少时空限制的现象。这类现象通常是理论解释的对象，并且该理论解释有必要是一般化的，也正是基于此，人们产生了"解释在本质上是一般性的"这一观念。之前提到的两个问题，诸如"为什么会有组织？"和"为什么会有如此多种类的组织？"即属于这种类型的被解释物。与其相应的解释，如 Coase（1937）或 Hannan 和 Freeman（1977）所给出的，是必然具有一般性的，原因就是它并不涉及一个特定的组织或一类特定的组织，它也不是特指在一段时间内发生的。解释要有广泛的适用域，这样就可以被用来解释其他两种类型的被解释物。

第二类是指有清晰时空边界的现象。研究者经常在尝试解释定量研究结果的时候遇到这样的被解释物。例如，Su 和 Tsang（2015）分析了一个 1996—2003 年美国财富 500 强的企业样本，发现次要利益相关者（那些非营利性组织或非政府组织的代表们）在产品多样化和财务绩效的关系中起到了正向调节作用。他们提出以下解释：通过捐赠来维护与次要利益相关者之间的关系可以帮助那些追求产品多样化的企业缩减其在社会政治环境方面的外部控制成本。严格来说该解释是针对特定时期内的样本的,是否及多大程度上可以把该研究结论(及相联系的解释)一般化,则是一个不同的问题(见第五章)。

第三类被解释物是指特定的事件,如之前提到的丰田公司的大规模产品召回。通常情况下,深度案例研究考察特定的事件。例如,Smets 等(2012)研究了一家全球性律师事务所受实践驱动而产生的制度变迁,这家律师事务所在 21 世纪初经历了一次"英德"(Anglo-German)合并。除案例研究所考察的事件之外,历史事件也是特定的。一个例子是通用汽车和费希尔车体厂在 1926 年的整合。另一个例子是"本田效应"。本田公司在 1959 年首次进入美国市场后,很快就成功占领了很大一部分摩托车市场份额。Runde 和 de Rond(2010:445)用本田效应作为示例,对评价特定事件的因果解释,提出了三条宽泛的标准:

(1)那些被当作成因的要素是在所研究事件发生前出现的;(2)那些要素对于此事件的发生是有因果效应的;(3)假定(1)和(2)都有一个肯定的答案,在纳入寻求该解释的目标受众的各种情境、认知的考虑之后,在纳入提供解释的人的兴趣和理论预设之后,那些被提为成因的要素确实可以提供很好的解释。

由于针对特定事件的解释通常是高度情境化的,被上述标准评价的成因也很可能是情境化的。尽管 Runde 和 de Rond(2010)的上述标准更为一般化,而且在某些情况下可能并不足以区分竞争性解释,但其对于指导管理研究来说仍是一个值得称赞的进步。

非理论性解释

理论的一个关键目标是解释。然而,解释并不一定涉及理论。对丰田公司 2010 年的大规模召回的解释是非理论性的,因为它不是以任何管理研究中常用词汇来表达的理论。[6]不幸的是,非理论性解释遭到了管理学术期刊的冷遇,尤其是顶级学术期刊。例如,《美国管理学报》(Academy of Management Journal)"致力于发表检验、扩展或构建管理理论并对管理实践有贡献的经验研究。"Hambrick(2007:1346)曾针对管理研究领域对理论的狂热哀叹:"它阻止了那些没有理论能对应得上但却饱含有趣现象的生动细节汇报。"

关于这类现象的一个很好的例子,是一些华人管理者尝试寻求超自然信息来源的迷信做法,诸如咨询算命先生和祈求神灵。在从事当前职业之前,我曾在香港汇丰银行担任机构业务经理。当时,一些客户坦诚地告诉我他们为了管理好自己的生意和个人事务,会定期地参与迷信活动。这在全世界的华人商界社群中确实是一个显著的同时又很有趣的现象。在二十年之前,Kao(1993)就表明,这些私人所有的华人企业大多数位于中国之外,形成了位列日本、北美和欧洲之后的全球第四大经济势力。随着中国经济的快速发展,这一现象则更为显著。

20世纪90年代末,当我开始研究发生在新加坡等地的这类现象时,我搜索了文献,令我大吃一惊的是,竟没有发现任何一篇以迷信与决策为主题的学术研究。[7]我的田野工作包括在新加坡进行的问卷调查,以及对华商和算命先生的访谈。我在中国香港地区也做了类似的访谈。研究的结果为这一现象提供了一些坚实而有洞见的信息。我的文献综述表明这个现象位于任何现存决策理论之外。当时,创造一个理论来适应数据的诱惑是很大的,但我抑制住了冲动,决定为未来的理论创立建立经验基础。尽管我尝试使用决策文献中的两个关键概念,即理性和不确定性来解释这个现象,但我的解释很大程度上仍是非理论性的。

考虑到顶级管理学术期刊对理论的着迷,我甚至没有考虑把我的结果投到像《美国管理学报》和《管理科学季刊》(Administrative Science Quarterly)这样的期刊,因为它们不曾(也不会)允许对一个现象做非理论性的讨论,不管这个现象多么重要或多么有趣。我设法在《组织研究》(Organization Studies)上发表了我的作品(Tsang,2004a),并且在《经营者学会期刊》(Academy of Management Executive)上发表了一个面向实践者的版本(Tsang,2004b),二者是我尝试的第一投稿期刊。《组织研究》的三位审稿人中的一位对我的研究做出了如下评价:"可以成为《组织研究》中反映该期刊创始人David Hickson的精神(David 相信严谨和无聊不需要相伴而行)的一部经典之作。对我来说,正是这样的作品使得一期《组织研究》比一整年的《美国管理学报》的内容都更有趣。"后来,我接到了墨西哥和巴西的研究者的电子邮件,他们说在自己的商业社会中也观察到了类似现象。

未被解释的经验规则

非理论性的解释依旧是解释。有时候,研究者可能会识别出一套经验规则(反复被观察到的类似现象),但是不能给出任何解释。毫无疑问,对经验规则的不伴随任何解释的描述,会在管理期刊编辑的办公桌上遭遇比非理论性解释更艰难的处境。这样的编者态度与科学研究的历史是不相符的。自然科学中有这样的例子,即经验规则的发现本身为人类福祉做出了巨大贡献。有一个极好的例子:1928年亚历山大·弗莱明(Alexander Fleming)发现了盘尼西林,这一发现在第二次世界大战中拯救了很多生命。然而,青霉素的分子结构直到1945年才被多萝西·霍奇金(Dorothy Hodgkin)确定,而解释它愈合效果的确切生成机制甚至到更晚才被人们逐渐理解。

不得不承认,在社会世界中观察到的规则程度要比自然世界中观察到的弱得多,因为社会现象既依存于历史条件,又被文化决定(Nagel,1979)。然而,社会现象并不是完全混乱的。[8]观察经验领域会发现,社会世界存在着某些不变性。比如,除了法律,习俗也有利于社会现象的稳定(Henderson,2005)。Lawson(1997)用其创造的术语"准规则"来描述这种情况,即"局部的事件规则,表面上显示为在一个确定时空区域里的、偶然的、远非普遍的机制或倾向的实现"(p.204)。一个例子是学习曲线:随着累计产出的增加,每单位成本是逐渐下降的(见 Argote,2013)。一旦准规则可被经验地观察到,就会有相对持久的结构和机制在实在领域之中起作用。Danmermark 等(2002:166)认为"社会科学研究是在经验领域识别出准规则,并尝试从它们身上找到解释"。

第二章　解释：回答"为什么"的不同方式

总之,尽管每种情况都不一样,科学研究仍以三个阶段推进:发现经验规则,构建解释和创立理论。尽管前两个阶段是预先说明,并且是非理论性的,但它们仍有各自独特的功能。管理学科中存在一个严重问题,即一根筋地关注最后一个阶段,并且是以牺牲前两个阶段为代价。

注　释

1. Ruben(2012:200—212)讨论了一些有趣的且在思想上很有启发性的非因果解释的例子。但因为其讨论内容类似于我在前言中提到的"学究气的哲学问题,对管理研究的意义不大",所以我没有把它放在这章。我也排除了对功能性解释的讨论,例如,弗洛伊德认为梦的作用是通过解决心理问题来保护睡眠的,否则它将会唤醒我们。尽管Kincaid(1996)表明功能性解释也有一个因果结构,它们却普遍被认为是非因果性的。

2. Russel(1972[1914]:61—62)对事实(对应于因果律)和论断(对应于解释)做了类似区分:给定任何一个事实,存在一个可表明事实的论断。事实本身是客观的,独立于我们关于它的想法或观点而存在;但是论断涉及想法,并且可能要么正确要么错误。

3. 即使存在这些问题,我们仍应该认可覆盖律模型对科学解释发展的不朽贡献。Salmon(1990:3)评论说,Hemple和Oppenheim(1948)的文章"构成了有关科学解释的哲学问题的源泉,后来所做的几乎每一个探索都源于此"。

4. 在文献中,机制有多种定义方法。感兴趣的读者如果想了解更多的例子,可以参考Hedström和Ylikoski(2010)及Mahoney(2001)。

5. 我绝对无意贬低以下学者所做的贡献。更准确地说,我只是想表明在理论构建过程中,不处理特定的对比性问题会导致重大失误。

6. "理论"这一术语有多种使用方法:

> 像如此多被随意摆布的玩偶①一样,理论这个词汇快要变得毫

---

① 原文为"word",此处为意译。——译者注

无意义了。因为它的所指太多样化了:从很小的工作假设,到综合却模糊甚至无序的推测,以及思想的公理体系,对这一术语的使用,通常不是建立了理解,而是模糊了理解(Merton,1967:39)。

批判实在论对理论的定义是:"理论是对结构与机制的描述,该描述使我们能够解释因结构与机制而产生的可观察现象"(Keat and Urry,1975:5)。不管理论是如何被定义的,在不同程度上它都应该是普适的。因此,对丰田公司产品召回的解释就不能说是从任何理论中得出来的。Sayer(1992:45—50)讨论了理论的概念及它与事实的区别。

7. 应我的请求,两位管理学者 Chi-Nien Chung 和 Chung-Ming Lau 教授检索了中国台湾地区的中文学术文献,没有找到任何相关研究。2005 年年初,美国中西部一所重点学校图书馆学专业的研究生也为我搜索了英文文献,发现除了我最近发表的两篇文章(Tsang,2004a,2004b),再没有其他研究了。

8. 我对这一陈述感到不安,因为它是如此显而易见。之所以提出来是为了回应一些研究者,如 Lincoln 和 Guba(2000),他们否认基于案例研究结果进行概括的可能性(见第五章)。

参考文献

Achinstein, P. 2000. The symmetry thesis. In J. H. Fetzer (Ed.), *Science, explanation and rationality: Aspects of the philosophy of Carl G. Hempel*: 167-85. New York: Oxford University Press.

Argote, L. 2013. *Organizational learning: Creating, retaining and transferring knowledge* (2nd ed). New York: Springer.

Barnes, E. 1994. Why P rather than Q? The curiosities of fact and foil. *Philosophical Studies*, 73: 35-53.

Bhaskar, R. 1998. *The possibility of naturalism: A philosophical critique of the contemporary human sciences* (3rd ed.). New York: Routledge.

Bunge, M. 1997. Mechanism and explanation. *Philosophy of the Social Sciences*, 27: 410-465.

Bunge, M. 2004. How does it work? The search for explanatory mechanisms. *Philosophy of the*

Social Sciences, 34: 182-210.

Burt, R. S. 1997. The contingent value of social capital. *Administrative Science Quarterly*, 42: 339-365.

Burt, R. S. 2000. The network structure of social capital. *Research in Organizational Behavior*, 22: 345-423.

Burt, R. S., Hogarth, R. M. and Michaud, C. 2000. The social capital of French and American managers. *Organization Science*, 11: 123-147.

Coase, R. H. 1937. The nature of the firm. *Economica*, 4: 386-405.

Danermark, B., Ekström, M., Jakobsen, L. and Karlsson, J. C. 2002. *Explaining society: Critical realism in the social sciences*. London: Routledge.

Day, M. and Botterill, G. S. 2008. Contrast, inference and scientific realism. *Synthese*, 160: 249-267.

Dretske, F. I. 1977. Referring to events. *Midwest Studies of Philosophy*, 2: 90-99.

Dubin, R. 1978. *Theory building* (revised ed.). New York: Free Press.

Falleti, T. G. and Lynch, J. F. 2009. Context and causal mechanisms in political analysis. *Comparative Political Studies*, 42: 1143-1166.

Friedman, Michael. 1974. Explanation and scientific understanding. *Journal of Philosophy*, 71: 5-19.

Friedman, Milton. 1953. *Essays in positive economics*. Chicago, IL: University of Chicago Press.

Garfinkel, A. 1981. *Forms of explanation: Rethinking the questions in social theory*. New Haven, CT: Yale University Press.

Gasper, P. 1990. Explanation and scientific realism. In D. Knowles (Ed.), *Explanation and its limits*: 285-295. Cambridge, England: Cambridge University Press.

Gerring, J. 2010. Causal mechanisms: Yes, but… *Comparative Political Studies*, 43: 1499-1526.

Gidden, A. 1987. *Social theory and modern sociology*. Stanford, CA: Stanford University Press.

Glennan, S. S. 1996. Mechanisms and the nature of causation. *Erkenntnis*, 44: 49-71.

Habermas, J. 1971. *Knowledge and human interests* (translated by J. J. Shapiro). Boston, MA: Bacon Press.

Hambrick, D. C. 2007. The field of management's devotion to theory: Too much of a good thing. *Academy of Management Journal*, 50: 1346-1352.

Hannan, M. T. and Freeman, J. 1977. The population ecology of organizations. *American Jour-*

nal of Sociology, 82: 929-964.

Hannan, M. T. and Freeman, J. 1989. *Organizational ecology*. Cambridge, MA: Harvard University Press.

Harré, R. 1970. *The principles of scientific thinking*. Chicago, IL: University of Chicago Press.

Hedström, P. 2005. *Dissecting the social: On the principles of analytical sociology*. Cambridge, England: Cambridge University Press.

Hedström, P. and Ylikoski, P. 2010. Causal mechanisms in the social sciences. *Annual Review of Sociology*, 36: 49-67.

Hempel, C. G. 1942. The function of general laws in history. *Journal of Philosophy*, 39(2): 35-48.

Hempel, C. G. 1965. *Aspects of scientific explanation and other essays in the philosophy of science*. New York: Free Press.

Hempel, C. G. and Oppenheim, P. 1948. Studies in the logic of explanation. *Philosophy of Science*, 15: 135-175.

Henderson, D. 2005. Norms, invariance, and explanatory relevance. *Philosophy of the Social Sciences*, 35: 324-338.

Hitchcock, C. 1999. Contrastive explanation and the demons of determinism. *British Journal for the Philosophy of Science*, 50: 585-612.

Hodgson, G. M. 2004. Opportunism is not the only reason why firms exist: Why an explanatory emphasis on opportunism may mislead management strategy. *Industrial and Corporate Change*, 13: 401-18.

Johanson, J. and Vahlne, J. E. 1977. The internationalization process of the firm-a model of knowledge development and increasing foreign market commitments. *Journal of International Business Studies*, 8: 23-32.

Johanson, J. and Vahlne, J. E. 1990. The mechanism of internationalisation. *International Marketing Review*, 7(4): 11-24.

Kao, J. 1993. The worldwide web of Chinese business. *Harvard Business Review*, 71(2): 24-36.

Keat, R and Urry, J. 1975. *Social theory as science*. London: Routledge and Kegan Paul.

Kim, J. 1994. Explanatory knowledge and metaphysical dependence. *Philosophical Issues*, 5: 51-69.

Kincaid, H. 1996. *Philosophical foundations of the social sciences*. Cambridge, England: Cambridge University Press.

King, G., Keohane, R. O. and Verba, S. 1994. *Designing social inquiry: Scientific inference in qualitative research*. Princeton, NJ: Princeton University Press.

Kiser, E. and Hechter, M. 1991. The role of general theory in comparative-historical sociology. *American Journal of Sociology*, 97: 1-30.

Kitcher, P. 1981. Explanatory unification. *Philosophy of Science*, 48: 507-531.

Klein, B., Crawford, R. G. and Alchian, A. A. 1978. Vertical integration, appropriable rents, and the competitive contracting process. *Journal of Law and Economics*, 21: 297-326.

Lawson, T. 1997. *Economics and reality*. London: Routledge.

Lax, E. 2004. The mold in Dr. Florey's coat: *The story of the penicillin miracle*. New York: Henry Holt.

Lewis, D. 1986. *Philosophical papers*, Vol. 2. New York: Oxford University Press.

Lincoln, Y. S. and Guba, E. G. 2000. The only generalization is: There is no generalization. In R. Gomm, M. Hammersley and P. Foster (Eds.), *Case study: Key issues, key texts*: 27-44. London: Sage.

Lipton, P. 1990. Contrastive explanation. In D. Knowles (Ed.), *Explanation and its limits*: 247-266. Cambridge, England: Cambridge University Press.

Lipton, P. 1991. *Inference to the best explanation*. London: Routledge.

Lipton, P. 1993. Making a difference. *Philosophica*, 51: 39-54.

Little, D. 1991. *Varieties of social explanation: An introduction to the philosophy of social science*. Boulder, CO: Westview Press.

Mahoney, J. 2001. Beyond correlational analysis: Recent innovations in theory and method. *Sociological Forum*, 16: 575-593.

Mäki, U. 2004. Theoretical isolation and explanatory progress: Transaction cost economics and the dynamics of dispute. *Cambridge Journal of Economics*, 28: 319-346.

Marchionni, C. 2006. Contrastive explanation and unrealistic models: The case of the new economic geography. *Journal of Economic Methodology*, 13: 425-446.

Maxwell, J. A. 2004. Causal explanation, qualitative research, and scientific inquiry in education. *Educational Researcher*, 33(2): 3-11.

Merton, R K. 1967. *On theoretical sociology: Five essays, old and new*. New York: Free Press.

Mill, J. S. 1843. *A system of logic*. London: John W Parker.

Nagel, E. 1979. *The structure of science: Problems in the Logic of scientific explanation*. Indianapolis, IN: Hackett Publishing.

North, D. C. 1991. Institutions. *Journal of Economic Perspectives*, 5 (1): 97-112.

Pawson, R. 1989. *A measure for measures: A manifesto for empirical sociology*. London: Routledge.

Pawson, R. and Tilley, N. 1997. *Realistic evaluation*. London: Sage.

Petersen, B. and Pedersen, T. 1997. Twenty years after-support and critique of the Uppsala internationalization model. In I. Björkman and M. Forsgren (Eds.), *The nature of the international firm*: 117-134. Copenhagen: Copenhagen Business School Press.

Reydon, T. A. C. and Scholz, M. 2009. Why organizational ecology is not a Darwinian research program. *Philosophy of the Social Sciences*, 39: 408-439.

Ruben, D. -H. 1987. Explaining contrastive facts. *Analysis*, 47: 35-37.

Ruben, D. -H. 1990. Singular explanation and the social sciences. In D. Knowles (Ed.), *Explanation and its limits*: 95-117. Cambridge, England: Cambridge University Press.

Ruben, D. -H. 2012. *Explaining explanation* (2nd ed.). Boulder, CO: Paradigm Publishers.

Runde, J. and de Rond, M. 2010. Evaluating causal explanations of specific events. *Organization Studies*, 31: 431-450.

Russell, B. 1972 [1914]. *Our knowledge of the external world*. London: George Allen and Unwin.

Salmon, W. C. 1990. Scientific explanation: Causation and unification. *Critica: Revista Hispanoamericana de Filosofia*, 22(66): 3-23.

Salmon, W. C. 1998. *Causality and explanation*. Oxford, England: Oxford University Press.

Sayer, A. 1992. *Method in social science: A realist approach* (2nd ed.). London: Routledge.

Sayer, A. 2000. *Realism and social science*. London: Sage.

Smets, M., Morris, T. I. M. and Greenwood, R 2012. From practice to field: A multilevel model of practice-driven institutional change. *Academy of Management Journal*, 55: 877-904.

Steel, D. 2004. Social mechanisms and causal inference. *Philosophy of the Social Sciences*, 34: 55-78.

Strawson, P. F. 1985. Causation and explanation. In B. Vermazen and M. B. Hintikka (Eds.), *Essays on Davidson*: 115-135. Oxford, England: Oxford University Press.

Su, W. and Tsang, E. W. K. 2015. Product diversification and financial performance: The moderating role of secondary stakeholders. *Academy of Management Journal*, 58: 1128-1148.

Suppes, P. 1984. *Probabilistic metaphysics*. Oxford, England: Blackwell.

Sutton, R. I. and Staw, B. M. 1995. What theory is not. *Administrative Science Quarterly*, 40:

371-384.

Tsang, E. W. K. 2004a. Toward a scientific inquiry into superstitious business decision-making. *Organization Studies*, 25: 923-946.

Tsang, E. W. K. 2004b. Superstition and decision-making: Contradiction or complement? *Academy of Management Executive*, 18(4): 92-104.

van Fraassen, B. 1980. *The scientific image*. Oxford, England: Oxford University Press.

Weber, M. 1949. *The methodology of the social sciences* (translated and edited by E. A. Shils and H. A. Finch). New York: Free Press.

Welch, C., Piekkari, R., Plakoyiannaki, E. and Paavilainen-Mäntymäki, E. 2011. Theorising from case studies: Towards a pluralist future for international business research. *Journal of International Business Studies*, 42: 740-762.

Williamson, O. E. 1997. Hierarchies, markets and power in the economy: An economic perspective. In C. Menard (Ed.), *Transaction cost economics: Recent developments*: 1-29. Brookfield, VT: Edward Elgar.

Woodward, J. 2003. *Making things happen: A theory of causal explanation*. New York: Oxford University Press.

Xiao, Z. and Tsui, A. S. 2007. When brokers may not work: The cultural contingency of social capital in Chinese high-tech firms. *Administrative Science Quarterly*, 52: 1-31.

Ylikoski, P. 2007. The idea of contrastive explanandum. In J. Persson and P. Ylikoski (Eds), *Rethinking explanation*: 27-42. Dordrecht, Netherlands: Springer.

第三章 假定：不能被假定掉

假定的类型 / 49
  可忽略性假定、领域假定和启发式假定 / 50
  核心假定与外围假定 / 52
假定与解释 / 53
交易成本经济学中的经验研究 / 55
  结构模型与简化模型 / 55
  管理者选择与自然选择 / 60
忽略假定与基于假定的理论检验 / 62
  忽略假定的理论检验 / 63
  基于假定的理论检验 / 65
  检验核心假定 / 66
结　论 / 68
注　释 / 70
参考文献 / 71

第三章 假定：不能被假定掉

每个理论都以某些假定为基础。正如第一章所述，经济学中最大的方法论争论始于 Lester(1946)的经验研究，其挑战了边际理论的一个重要假定——企业在边际收益等于边际成本的水平上进行生产，可以实现利润最大化。Friedman(1953)对此做出了有力的回应，认为经济理论不应该因包含不切实际的假定而受到指责。相反，应该以它是否具备做出足够精确的预测这一能力来评价。Friedman(1953)的回应引发了此后几十年中一系列的激烈讨论。[1]

在市场营销领域，Shugan(2007)撰写的一篇编者评论重述了 Friedman 论题，当时他正担任《市场营销科学》(*Marketing Science*，专注于定量研究方法的顶级期刊)的主编。Shugan(2007)的核心论点是，只要理论或模型能够产生令人满意的预测，那么假定的现实性就不重要，而且不现实的假定其实能孕育出好的理论。[2]这篇评论导致 Shugan 和我对假定是否必须是现实的这一问题展开了一场对话(Shugan, 2009a, 2009b; Tsang, 2009a, 2009b)。

除了少数例外(例如，Ghoshal and Moran, 1996; Heiman and Nickerson, 2002; Vahlne and Johanson, 2014; Wright et al., 2001)，管理研究者很少密切关注假定在理论中所起的作用。Gartner(2001:27)曾感叹"创业学者没有意识到自己研究中的假定"。

本章旨在实现两个主要目标。第一，讨论核心假定与第二章所讲的机制性解释之间的关系。我认为假定通常构成了解释的基础。第二，区分两种理论检验方式——忽略假定的理论检验和基于假定的理论检验，并建议当一个新理论进行首次检验时，后者应比前者起到更重要的作用。正如下面交易成本经济学的例子所显示的，它被忽略假定的理论检验主导，研究者们似乎没有意识到这样的偏见可能会减缓理论发展，因此，需要纳入更多基于假定的理论检验来加以纠正。

假定的类型

假定指的是一个理论的基础陈述或基本假设(Nagel, 1963)。看似简单，它的含义却往往被误解。例如，Shugan(2007:450)认为在囚徒困境的例子中,"学者们很少是囚徒,却要给囚徒或警察提建议"。因此,一个有用的理论的假定没必要是现实的。他的观点中包含了一个需要认真思考的问题:"囚徒"和"警察"这些词被隐喻地用来构建一个辩诉交易①情景(plea-bargaining)。相应地,包含这些词的陈述并不是假定。相似的辩诉交易情景可以在一个不同的脚本里展现出来。比如,一名教师抓到两名学生在考试中合伙作弊。实际上,大多数囚徒困境的经验研究都没有采用艾伯特·塔克(Albert Tucker)的"犯罪嫌疑人被警察抓捕"这一原始脚本。[3]

Nagel(1963)区分了假定可能是现实的或不现实的三种情况。第一,如果一个假定不能给出针对事件某一特定状态的详尽描述,那么它就被认为是不现实的。这一点并不重要,因为按照这个逻辑,想要任何一个长度有限的句子变得现实都是不可能的。第二,"如果就可得证据而言,假定被认为是错的或是极不可能的"(Nagel,1963:214),那么这一假定也被认为是不现实的。第三,理论通常假定高度纯净条件下,理想化对象之间的关系或者过程,而这些对象实际上是不存在的。Shugan(2007:450)评论道,"大部分已发表的研究均假定变量的连续性,然而没有任何一个变量是无限可分的",不管这些变量是代表资源还是代表能力。既然第一种和第三种情况表明假定必然是不现实的,那么接下来的讨论就集中在第二种情况——基于可得证据,如果一个假定是错的或极不可能的,那么该假定就应该被认为是不现实的。

可忽略性假定、领域假定和启发式假定

"想让人们接受不切实际的心理的和社会的假定,必须将其简化为可以辅助建模但又不显著影响核心解释关系的某些理想化条件"(Hedström and Ylikoski,2010:61)。换言之,假定是否要切合实际取决于它在相关理论中的作用。Musgrave(1981)在对Friedman(1953)论题的公认的批评里,区分了三种不同的假定:可忽略性假定、领域假定和启发式假定。他对研究者们在

---

① 辩诉交易(也称认罪协议),是指在刑事案件中,检察官和被告之间达成的任何协议,根据该协议,被告同意对某一特定指控认罪,以换取检察官的某种让步(资料来源:维基百科)。一个更为简单的解释:在法庭上由被告承认轻罪以期减轻刑罚的安排。——译者注

第三章 假定：不能被假定掉

提出假定时很少明确区分这些假定类型而感到失望。结果是，人们常常不清楚理论中的特定假定应被归为哪一类。这种模糊性并不利于理论的发展。

当我们认为可以有把握地忽略某一因素对被观察现象的影响时，我们选择做可忽略性假定。可忽略性假定使研究者可以专注于理论所提出的主要决定因素，以识别主要原因。举个例子，当伽利略研究物体在相对短距离中降落的运动时，他假定空气阻力对这种运动没有影响。在管理研究里，资源基础观假定产品市场不完善在经验上对竞争优势影响甚微（Foss and Hallberg，2014）。

包含可忽略性假定的理论应当通过检验该理论的影响这一方式进行评估。伽利略关于空气阻力对所观察现象的影响是可以忽略的这一假定被证明是正确的，因为该结果与该理论对在真空中做自由落体运动的预测是一致的。相反，资源基础观关于产品市场不完善的假定却遭到了研究者们（如Foss and Hallberg，2014；Mathews，2006；Priem and Buter，2001）的批判。

领域假定具体说明了一个理论的可应用领域；它是这样一种陈述：理论T仅在因子F或存在或不存在时才成立（Mäki，2000）。在阐明现实性是个人品味的函数这个观点时，Shugan（2007：454）以"假定消费者是以最大化自身利益来行动的模型"为例说明领域假定。现实中，有些消费者为了最大化自身利益而行动，有些则不是这样，两者都是有可能的，每个群体的相对比例的多少是一个经验问题。如果模型中假定消费者为了最大化自身利益而行动，而该假定同时①影响模型如何做解释和预测，那么这个假定就是领域假定，在这个意义上，该模型仅仅当消费者真的是为了最大化自身利益而行动时才有效。

可忽略性假定在被驳倒时可以转化为领域假定。如果在比萨斜塔实验中，伽利略从塔上扔下去的不是两个球而是一根羽毛和一个球，那么他对于空气阻力是可忽略的这一假定就是错的。只有当空气阻力可以被忽略（相对于下落物体的密度而言）时伽利略的理论才成立，一旦不成立，可忽略性

---

① 为便于理解，"同时"一词为译者所加。——译者注

管理研究哲学

假定就成为领域假定。从可忽略性假定到领域假定的转变实际上减弱了理论的适用性,尽管它使得理论更加精确。

最后,启发式假定促进了理论的发展。启发式假定是先被提出来,然后被舍弃的。当一个理论复杂到需要采用逐次逼近法(a method of successive approximation)时,就需要启发式假定。Musgrave(1981)使用牛顿对太阳系的研究来说明这类假定。牛顿一开始忽略了行星间的引力,假定只有一个行星围绕太阳运转。启发式假定在社会科学的理论开发中也有运用。例如,交易成本经济学频繁借助零交易成本的启发式假定,以显露问题的核心议题,之后舍弃了这一假定,考察在特定环境下为什么会出现正向交易成本(Williamson,1997)。同样,按照推测,囚徒困境中两个当事人的启发式假定可以被拓展至所谓的N人囚徒困境的形态。

核心假定与外围假定

Musgrave(1981)的假定分类并不全面,因为有些假定并不能被归于前述三种类型中的任何一种。所以,区分核心假定与外围假定是有用的(Mäki,2000)。前者是理论所认定的主要原因,而后者是次要原因。相较于核心假定,外围假定更可能被划分到 Musgrave 的分类中。例如,作为交易成本经济学的核心假定,机会主义似乎不能被归为三种类型中的任何一种。机会主义被定义为"通过欺诈寻求私利"(Williamson,1975:6),是交易成本经济学逻辑中的核心构念,自然不能被忽略。交易成本经济学没有将机会主义限制于特定的应用领域,并且随着理论的发展,也没有舍弃这一构念。类似地,"人们为了最大化自身利益而行动"是囚徒困境的核心假定,但它也在 Musgrave 的假定类型之外。

区分核心假定与外围假定有助于概念性探讨。例如,对理性选择模型的应用有一个来自经济学之外的常见反驳,其认为个体出于自身利益最大化考虑而行动是不切实际的。Lehtinen 和 Kuorikoski(2007)主张,假定在不同的理性选择模型中发挥着不同的解释作用。如果理性选择模型中的一个假定没有起到关键因果作用,那么哪怕这一假定是不切实际的,该模型仍可能具有令人满意的解释力。他们争论的要点在于,如果假定是外围的,(它

第三章 假定：不能被假定掉

的)现实性(与否)对模型的解释力影响甚微。明确区分核心假定与外围假定将同时简化并强化相关的论点。

假定与解释

Friedman(1953)对假定与预测之间联系的强调,源于他暗含的工具主义哲学视角(Boland,1979;Caldwell,1980),是实用主义的一种形式。Friedman(1953)将科学理论视为实用工具,仅关心理论在产生足够精确的预测方面的有用性,而不太在意理论有多真[4],或者理论的假定有多现实。

如果科学的唯一目标是预测,那么 Friedman(1953)的立场就是合理的,因为这里的关键在于理论或模型能够生成足够精确的预测(Caldwell,1980;Sayer,1992)。然而理论的主要功能还包括解释,而不仅仅是预测。正如 Kaplan(1964:347)所说,"如果我们关注科学及日常生活中出现的解释,而不仅仅关注一个理想的解释是什么样的,或者所有的解释"原则上"是什么样的,那么似乎总会有一些解释是不能做预测的"。由于社会现象的开放系统这一特点,这种情况在社会科学研究中尤为常见。而且,与第一章中 Hempel(1942)提出的解释与预测的对称性论点相矛盾的是,具有很好预测力的理论不一定意味着它的解释都是真的。例如,在被哥白尼推翻之前,托勒密天文学说享有盛誉,因为它不仅解释了观测到的行星运动,还在某种程度上较为准确地预测了未来被观测到的行星运动(见 Musgrave,1974)。

在一个针对 Friedman(1953)论题的直率却有见地的批判中,Bunge(1996:55)提出以下类比推理:"所有人类都是蔬菜,所有蔬菜终将死亡,因此,所有人类终将死亡。"换言之,一个滑稽的假定可能导致一个完美无缺的结论。Bunge 的批评是关于理论中的假定与机制性解释之间的关系的。而由 Friedman 引起的激烈争论很大程度上忽视了这一议题。

交易成本经济学的核心聚焦于"交易及通过一种制度形式而非其他制度形式完成交易所花费的成本"(Williamson,1975:1-2)。交易是交易成本经济学的分析单位,它是指一种技术上的可分离单元之间的物品或服务的转移。交易成本经济学的基本框架包括四个主要部分:(1)有限理性假定、机会主义假定、风险中性假定、交易成本最小化假定;(2)作为主要的交易属性的资产专用性、不确定性和频率;(3)多种交易成本;(4)多种治理模式。交易成本经济学的一个核心假定是,经理人以交易成本最小化的方式制定契约决策(Williamson,1975,1985),这一假定形成了该理论的机制性解释的基础。

从批判实在论视角看,假定需要是现实的吗?Musgrave(1981)恰当地指出可忽略性假定和领域假定必须是现实的。设想伽利略在实验中使用了羽毛而非很重的球,在那种情况下,他假定空气阻力可以被忽略就是错误的。与空气阻力相关的权变条件会成为实验结果的重要影响因素之一,也因此不能被忽视。有一个领域假定的例子:如果一个组织理论只有在组织中高级经理的平均薪资低于初级经理时才适用,那么即使该理论在逻辑上是合理的,也不具备任何实际上的解释力。换言之,如果一个领域假定是不现实的,相关理论几乎不能适用于实际场景,它必将是不可检验的。基于其自身的性质,启发式假定通常都不现实。然而,这并不用担心,因为基于启发式假定的结果并不反映一个理论的准确预测。更准确地说,它们代表了朝向准确预测的努力(Musgrave,1981)。我们应当期望一个启发式假定一步步接近最后的、复杂的假定,而这一假定将是现实的(Lakatos,1978)。

"我不想否认错误的假定在经济学理论中的有用之处,但此时它只能被当作辅助构念而不能作为可演绎经验理论的前提"(Rothbard,1957:315)。这一点凸显了外围假定与核心假定的不同作用。Lehtinen 和 Kuorikoski(2007)认为外围假定的现实性对理性选择模型的解释力影响甚微,而核心假定构成了该理论的机制性解释。在边际理论中,通过使边际成本等于边际收益来实现利润最大化的假定,是有关企业经理人如何做出生产决策这一机制中的重要元素。同样,对于交易成本经济学来说,机会主义则是各种治理模式下影响交易成本的重要因素,其反过来决定了治理安排的选择(Wathne and Heide,2000)。也就是说,一个核心假定往往是机制性解释的核心要素。设想一下如果没有机会主义假定,交易成本经济学将是什么样子?如果机会主义的可能性并不存在,买方与卖方就会合作,双方的承诺足以保护市场交易(Williamson,1985)。

与 Alchian(1950)一致,Friedman(1953)认为那些没有做到利润最大化的企业可能久而久之会被竞争淘汰掉,这一事实支持了利润最大化假定。因此,存在一个自然选择的过程,它帮助验证了利润最大化假定。但 Friedman(1953)没有意识到的是,有关自然选择的机制与利润最大化的机制是完全不同的。如果自然选择是在实在领域中运行的实际机制,那么,它意味着边际理论,包括它的利润最大化假定就是错的。因此,Koopmans(1957)坚持说,如果自然选择是利润最大化信念的基础,那么我们应当对这一基础本身进行假定,而不是将利润最大化直接作为假定。后面的讨论还包括了与交易成本经济学有关的类似问题。

总之,不现实的核心假定会导致不现实的机制性解释,进而导致有缺陷的理论。相应地,核心假定必须是现实的。正如下文所要讨论的,假定在多大程度上是现实的这一问题必须在经验上被决定。

交易成本经济学中的经验研究

本节讨论了交易成本经济学中的经验研究如何处理理论中的核心假定。首先我区分了结构模型与简化模型。研究者通常在统计分析中使用简化模型,尽管他们可能基于结构模型来获得假设,这种研究方法不能把核心假定直接放到检验里。然后我考察了交易成本经济学中交易成本节约(transaction-cost-economizing)的假定,这对确定经验领域中观察到的治理结构背后的关键力量是管理者选择而非自然选择这一结论至关重要。

结构模型与简化模型

在计量经济学中(如 Chow,1983;Johnston,1991),结构模型与简化模型之间是存在差别的。前者包含了代表不同水平上每个因变量与自变量关系的公式,而后者展现了因变量与最终自变量之间基本的或总体的关系。考虑如下结构模型:

$$z=f(x,y) \quad (3-1a)$$

其中,

$$x = g(u), y = h(v) \tag{3-1b}$$

将式(3-1b)代入式(3-1a),得到相应的简化模型:

$$z = \varphi(u, v) \tag{3-2}$$

变量 x、y、z、u、v 大概代表经验领域中的事件。两个模型之间存在着关键的方法论差异(Bunge,1997)。首先,式(3-1b)"解释"了中间变量 x 和 y,而式(3-2)甚至没有包含 x 和 y。换言之,简化模型由于跳过了 x 和 y 所代表层面的事件而比结构模型更加简单和浅显。其次,简化模型可以由结构模型推出,但是反过来不成立,因为从简化模型中推出结构模型是一个涉及无穷解的反向问题。我们可以从下面的例子中看到,核心假定通常会在结构模型转化为简化模型的过程中被遗失。因此,简化模型通常不像结构模型那样包含那么多关于机制的信息。[5]

交易成本经济学的大部分经验研究都是区别匹配假设(discriminating alignment hypothesis)的变种。根据区别匹配假设,具有不同属性的交易与具有不同成本和效率水平的治理结构相匹配,以得到一个节约交易成本的结果(Williamson,1991)。治理结构是因变量,而交易属性(与控制变量)是自变量。交易成本经济学关于人类本性有三个假定,即有限理性、机会主义和风险中性,其中机会主义是该理论最重要的一点。机会主义是市场失灵及阶层存在的最终原因(Williamson,1993),它是研究者从事经验研究并提出假设时最经常启用的假定。因此,这里的讨论主要聚焦于机会主义假定。

考虑交易成本经济学的一个开创性经验研究。基于美国汽车产业的数据,Monteverde 和 Teece(1982a)认为当配件生产过程产生专有的、非可专利化的诀窍时,装配商们会采取纵向一体化的策略。这是因为交易专用诀窍的存在和技能迁移的困难,使得装配商转向其他可替代供应商的成本升高。当装配商只能依赖特定供应商时,装配商面临的机会主义导向的重新签约和准租金占用的可能性就会增加。他们进一步认为,应用工程投入反映了专业技术诀窍嵌入的程度。据此,他们提出了仅有的假设,表述如下:

假设 1a:"与某特定汽车部件开发有关的应用工程投入越大,预期可占用性准租金就越高,那么,该配件生产的纵向一体化的可能性就越大(Monteverde and Teece,1982a:207)。"

第三章 假定：不能被假定掉

他们从一家装配商那里获得了一份133种汽车部件的列表，每个部件上都被标记着"内部生产"或"从外部获取"的字样。他们将应用工程投入操作化为研发某特定部件的成本，并且跳过了"预期可占用性准租金"这一构念，从而检验了一个简化模型。也就是说，实际上他们检验的是以下假设：

假设1b：开发某特定汽车部件的成本越高，该部件生产的纵向一体化的可能性就越大。

该发现有力地支持了假设1b，于是，他们得出结论："汽车产业中，围绕人力技能的开发和深化的交易成本考虑似乎对纵向一体化有重要影响，从而支持了Williamson(1991)提出的交易成本范式(Monteverde and Teece, 1982a:212)。"这一发现"被广泛誉为给交易成本经济学范式提供了经验支持"(Chiles and McMackin, 1996:74)。然而，这一主张忽略了假设1b并没有反映任何与机会主义相关的交易成本考虑。如前文所述，从简化模型得到结构模型会得到无穷解(Bunge, 1997)。那么，即使我们接受开发部件的相关成本反映了专业技术诀窍嵌入程度这一观点，仍会有这样一种真实的可能性，即假设1b是基于非交易成本经济学范式的原因而得到支持的。

举例来说，在发展企业的知识基础观时，Grant(1996)将技术诀窍识别为隐性知识。隐性知识的一个关键特点是，把它从一方转移到另一方是有困难的。因此，在Monteverde和Teece(1982a)的研究中，如果与某汽车部件相关的专业技术诀窍嵌入程度很高，那么对于装配商来说，将这一技能转移给生产这一部件的供应商的成本就很高。除非该供应商可以实现比装配商更低的生产成本，否则对于装配商而言，将生产过程外包就是不合算的，其必然会导致较高的知识转移成本。而且，由于技能的默会程度很高，转移基本是不可能的。实际上，装配商在生产这一部件上花费的成本很可能比供应商花费的成本低得多。

Kogut和Zander(1992:384)主张，"企业知道如何做、做什么的核心竞争维度是在组织情境中去高效地创造和转移知识"。由于与部件相关的诀窍深深嵌在装配企业中，并成为它的社会知识(Kogut and Zander, 1996)，那么相较于供应商，由装配商来协调和组织共同拥有部件生产知识的员工就会更加经济。而且，由于部件的设计"必须与汽车系统的其他部分高度协调"（Monteverde and Teece,1982a:212），可以说在装配商内部完成这一协调比在装配商与供应商之间完成更加高效。注意，这一解释与 Monteverde 和 Teece（1982a）的解释机制截然不同，其没有考虑任何与供应商的机会主义行为相关的交易成本。[6]实际上，Masten 等（1991）沿着类似的思路给 Monteverde 和 Teece(1982a)的结果提供了另一个简短的解释。

假设 1a，即 Monteverde 和 Teece(1982a)的结构模型，描述了一个对交易成本经济学略微直接的检验。这是因为可占用准租金与机会主义相关，而后者是交易成本经济学的核心假定：若机会主义存在，预期的可占用准租金越高，它们被占用的可能性就越大。在任何情况下，假设 1a 比假设 1b 受制于更少的可替代性机制解释。为了在研究情境中提供对交易成本经济学更直接的检验，他们可以检验与以下模型相类似的结构模型[7]：

假设 1c：开发某给定汽车部件所付出的应用工程投入越大，感知到的机会主义导向的重新签约风险及准租金占用的风险越高，因此，该部件生产纵向一体化的可能性越大。

由于假设 1b 需要测量开发该部件的成本，他们要求两位汽车工程师提供部件样本的工程成本评分。加上进一步努力，以及对"机会主义导向的重新签约"和"准租金占用"这两个构念的合理操作化，他们确实可以检验假设 1c，而且能得到一个更有说服力的交易成本经济学的经验研究。[8]

在一个相关研究中，Monteverde 和 Teece(1982b)考察了准纵向一体化的问题——汽车装配商凭什么拥有原本是被供应商使用的专有及专用型设备。他们认为当与某汽车部件的工具和模具相关的可占用准租金很高时，该部件供应商因担心被装配商占便宜而不愿自己拥有设备。在这种情况下，装配商就会取得所有权，形成准一体化。他们通过工具成本和专业化水平的乘积组合来测量源于资产专用性的准租金。正如所预期的，Monteverde 和 Teece(1982b)发现了准一体化和准租金之间的正向关系。Monteverde 和 Teece(1982b)将假设简化为以下形式，尽管他们没有明确地将其写入论文。

假设 2a：可占用准租金越高，准纵向一体化的可能性越大。

他们总结说,"准一体化实践的原因,似乎能够部分地解释为:供应商想避免出现下游客户的机会主义导向的重新签约的可能"(Monteverde and Teece,1982b:328)。再一次地,他们的简化模型并没有反映他们提出的机制性解释,即供应商试图避免机会主义导向的重新签约和准租金占用。可占用性租金的存在并不表明存在对机会主义导向的租金占用的担心。后者是否真的存在必须由结构模型经验地加以验证,比如:

假设2b:可占用准租金越高,感知的机会主义导向的重新签约和准租金占用的风险越高,因此,准纵向一体化的可能性越大。

Monteverde和Teece(1982a,1982b)可能是交易成本经济学领域最先发表的经验研究,并且为填补该理论的经验空白做出了巨大贡献。不幸的是,这两个研究方法都没有触碰其提出的机制性解释的核心,即有关机会主义的假定。因此,他们为随后的经验研究提供了一个有缺陷的先例。尽管交易成本经济学将机会主义放在组织研究者议事单的中心位置(Beccerra and Gupta,1999),但该构念却很少在经验上被加以研究。

为了对交易成本经济学的经验支持进行系统评估,David和Han(2004)考察了1982—2002年发表的63篇文章中的交易成本经济学构念和关系的308个统计检验。在这308个检验中,尽管大部分明确或含蓄地援引了机会主义假定,却只有7个检验将机会主义作为自变量,12个检验将机会主义作为因变量(有关有限理性和风险中性假定的检验更是完全缺失)。例如,最常被检验的自变量是资产专用性,一共有107个。然而,正如Monteverde和Teece(1982a,1982b)的例子所表明的,资产专用性对于治理选择的影响完全是基于机会主义的假定。没有了机会主义,装配商与供应商之间的合作就会成为规范,承诺就足以保护市场交易(Williamson,1985)。由于对资产专用性的检验次数远多于机会主义,所以与前者相关的大多数假设的表述很可能类似于假设1b和假设2a的简化形式。另一个交易成本经济学的调查结果支持了这一猜想:"很多经验研究虽落脚于机会主义的一般假定,但却很少直接测量机会主义(Macher and Richman,2008:40)。"

管理研究哲学

管理者选择与自然选择

正如上文所提到的,交易成本经济学假定管理者在做治理模式决策时使用交易成本经济化的计算方法(Williamson,1975,1985)。相应地,交易成本经济学是关于管理者在给定资产专用性水平、不确定性、互动频率的情境下做出治理结构选择的理论。类似于经济学中边际分析的争论,一个相关的问题是:这一假定是现实的吗?更确切地说,管理者真的是使用交易成本经济化的计算方法来做契约决策的吗?管理者选择这一视角依赖于一个隐含的观点,即管理者在做决策时实际考虑的是感知的或主观的交易成本,而不是客观的交易成本(Chiles and McMackin,1996)。也就是说,为了回答之前提到的问题,我们需要考察管理者实际是如何感知、衡量和判断交易成本的(Buckley and Chapman,1997)。

这一情况与经济学中的边际分析非常相似。虽然经验研究假定治理结构决策好像是基于交易成本经济化原则而作出的(见 Friedman,1953 中的 as-if 公式),但是研究者很少考察这些决策是否真是被这样做出的。当然,存在少数例外。比如,Lyons(1995)利用问卷调查研究了英国制造企业的自制或购买决策。他的基本方法论是"先向企业询问他们目前分包给其他企业生产的一种专有投入的生产技术,然后报告目前在企业内生产的一种投入技术(但这种投入技术也可购买得来)"(Lyons,1995:436)。于是,他让调查对象面对一个有关自制或购买决策的启发式描述。在这一点上,该研究是有显著进步的,因为大多数的交易成本经济学研究是基于二手数据的,并且将决策制定计算看作黑箱。尽管如此,我们无从知晓该结果多大程度上是 Lyons 的问卷调查方法所产生。利用实验研究方法,Pilling 等(1994)要求采购经理审视不同水平的资产专用性、不确定性和频率对交易成本和关系紧密度的影响。他们遇到了与 Lyons 类似的(如果不是更严重的)外部效度的问题(见 Shadish et al.,2002)。

Buckley 和 Chapman(1997,1998)对一个英国和法国制药企业及英国的科技仪器企业进行的纵向研究揭示了一个能够更好地解决外部效度问题的方法。他们基于社会人类学方法论对管理者进行了深度的、非结构化访谈。

这种方法以展望、同步和回顾这三种方式来观察决策。访谈聚焦于企业对其与边界实体的关系进行的企业管理,并涉及活动的内部化与外部化问题。在参与这些活动时,管理者需要处理各种交易成本事宜。Lester(1946)的生产决策研究引发了关于边际分析的争论,与之相同,Buckley 和 Chapman(1997:138)没有发现任何交易成本最小化的证据:

> 我们没有发现任何参与决策的管理者可以获得或为了自己的目的而亲自制定数值上看似合理的有关交易成本问题的评估的例子……他们几乎毫无例外地从未意识到交易成本经济学理论的存在,但他们又确实需要参与各种决策。对这些决策来说,交易成本问题至关重要……如果告诉管理者"可能存在一个解决他们所面临的问题的客观答案",通常来说,他们会直接笑出来。

基于之前从问卷对象那里收集数据的两次尝试,Masten(1996:48)评论说"被调查者很难区分资产专用性(只能给某一特定客户生产产品的资产)和专用资产(只能用于生产单一产品的资产)"。这是否表明他的被调查者,像 Buckley 和 Chapman 的一样,在制定治理结构决策时并未将交易成本问题考虑进来?

Buckley 和 Chapman(1997)的发现表明,交易成本节约的假定是不切实际的,至少就他们的样本企业而言是这样的。但是,既然被观察到的治理结构与假定相一致,那么假定不切实际这一点还重要吗?确实重要。如前文所述,准确的预测并不能取代实在性假定。准确的交易成本经济学预测,如果有的话,可能会是自然选择而非管理者选择的结果。具体来说,进化论的自然选择视角"采用组织种群作为分析层次,将'环境'作为首要选择机制应用某些选择标准(如交易成本经济化),将'长期'作为合适的时间框架,并采用事后的客观成本说"(Chiles and McMackin,1996:76)。在这一框架中,企业参与到一个随机的配置变化序列中,某些情况下交易成本减少纯属偶然,另一些则不是。但那些碰巧达到较低交易成本配置的企业将比那些达不到的企业更为成功(Buckley and Chapman,1997)。换言之,对经济交换更高效的治理结构将取代那些低效的。所产生的结果就表现为:不论结构的选择是否基于交易成本经济化决策,被观察到的结构却通常是与交易成本经济学的逻辑相一致的(Robins,1987)。

自然选择视角显然包含与交易成本经济学提出的管理者选择视角非常不同的机制(见 Hodgson,1993 对前者的一个复杂阐述)。例如,一个行业的竞争强度是影响自然选择过程的结果的重要因素。相较于竞争不太激烈的行业,在高度竞争的行业中,低效企业会更快被淘汰。因此,竞争强度是与选择过程相关的"结构"的重要组成要素。然而,这一要素最多是影响交易成本经济学机制的权变条件。

两种视角下的不同机制意味着不同的研究方法。例如,包含组织种群的二手档案数据库分析比深入的案例研究更适用于自然选择视角。此外,两种视角要求运用不同的方法来测量交易成本。管理者选择视角下,管理者根据对交易成本的一个主观诠释来选择治理结构;而在自然选择视角下,选择过程是基于客观的交易成本的。除非主客观的交易成本高度相关,否则基于管理者选择视角以客观方式测量交易成本的研究很可能会产生无效的结果。

忽略假定与基于假定的理论检验

从批判实在论出发,检验理论的基本目的是考察所提出的机制与被观察事件在多大程度上一致(Sayer,1992)。由于理论的核心假定通常构成机制性解释的基础,为了给理论开发打下坚实的地基,在理论开发早期对这些假定进行检验是非常重要的。我把这种理论检验方式称为基于假定的方式。相反,忽略假定的理论检验从经验检验中排除了对假定的检验,尽管假定可能会在形成假设时被调用,这些检验通常是通过缺乏核心假定的简化模型来做的。

有关检验假定,我指的是考察被观察到的事件是否与假定一致。例如,交易成本经济学假定管理者采用交易成本节约的计算方法选择治理模式。类似于 Buckley 和 Chapman(1997)所做的,检验该假定的一个方法,是向管理者询问他们是否以及多大程度上真正服从交易成本节约原则。在询问过程中,有必要向被调查者解释的不仅仅是该原则,还包括与决策相关的各种交易成本类型的意义。谈到机会主义这一假定,在 Monteverde 和 Teece(1982a,1982b)的研究情境中,对假定的检验是通过考察机会主义行为的威胁(以机会主义导向的重新签约和准租金占用的形式)是否会导致纵向或准纵向一体化来进行的。

忽略假定的理论检验

对交易成本经济学的经验研究所做的文献综述(例如,David and Han, 2004;Macher and Richman,2008;Shelanski and Klein,1995)清晰表明,自从1975年奥利弗·E.威廉姆森(Oliver E.Williamson)的开创性著作《市场与层级制》(Markets and Hierarchies)出版之后,交易成本经济学的研究历史就被忽略假定的检验主导。这种状况阻碍了理论的发展。Simon(1991:27)曾发出提醒:交易成本经济学的很多假定"除了反思和常识上的吸引力,没有任何经验支持"。一个恰当的例子是围绕机会主义假定的争论。有趣的是,该争论主要包括理论上的交流(例如,Ghoshal and Moran,1996;Granoveter,1985;Williamson,1993,1996),而很少有经验研究去测度机会主义(David and Han,2004;Macher and Richman,2008;Rindfleisch and Heide,2000)。这一观察与机会主义在交易成本经济学中占据核心地位且其本身就是一个复杂构念这一背景相违背(Wathne and Heide,2000)。研究者似乎错过这样一个单纯的事实:科学,不管是自然科学还是社会科学,都是基于经验的,再严谨的理论化也不能弥补经验检验的缺失。

实际上,如果交易成本经济学的早期研究检验过机会主义的前提假定,某些争论就不会出现。例如,Corner 和 Prahalad(1996)认为在选择治理结构时基于知识的考量超过了基于机会主义的考量。Hart(1990)评论说交易成本经济学没有明确说明组织中机会主义被削减的机制。同样,Ghoshal 和 Moran(1996)对交易成本经济学在一个假定上犯错误而感到失望,这个假定就是,组织之所以存在是由于其具有通过控制来削弱机会主义的能力。有关组织如何以及多大程度上能够削弱机会主义这一问题,不仅需要通过理论化来解决,也需要通过经验研究来解决。后者是判断前者效度的最终标准。不幸的是,交易成本经济学的经验研究对这一问题几乎保持着沉默。因此很多智力上的努力被浪费在辩论"本可以也应该能够通过经验方式加以解决"的问题上。

Ghoshal 和 Moran(1996)针对交易成本经济学的经验研究做了以下评论:

> 尽管很多经验研究已经发现资产专用性与内部化之间的正相关关系……相关性并不表明因果性。关系特定型资产(如距离、惯例)可以降低内部协调成本,从而不依赖机会主义对内部化的影响(p.40)。

作为回应,Williamson(1996:55)认为交易成本经济学"是一个在经验上成功的故事"。是这样吗?忽略假定的理论检验非常依赖于简化模型。由于从简化模型获取结构模型会导致无穷解(Bunge,1997),基于简化模型的确证性检验并不能为理论中包含的结构模型提供显著的经验支持。因此,主要基于忽略假定的检验来进行检验的理论不会是一个经验上的成功故事。上文提及的 Ghoshal 和 Moran 批评指出,通常简化形式的、关于资产专用性与内部化之间关系的交易成本经济学研究,并不涉及检验构成交易成本经济学机制性解释基础的机会主义。Monteverde 和 Teece(1982a,1982b)的先驱性交易成本经济学研究即是这类简化形式研究的典范。[9]

David 和 Han(2004)对交易成本经济学的经验支持进行了评估,并得到了混合的结果。他们发现,在一些领域(如资产专用性),交易成本经济学得到显著的经验支持,而在其他领域(如不确定性和绩效),相关支持则较弱。如果我们考虑很多经验研究是在简化形式条件下所做的这一事实,则整体上的支持度将会更弱。然而之前所有关于交易成本经济学研究的回顾似乎都忽略了这一关键点。尽管如此,我并不反驳交易成本经济学研究者在改进其忽略假定的方法论上所做的努力。例如,Masten 等(1991)在评估造船业的组织成本结构方面做出了创新性的贡献。Monteverde(1995)在对半导体行业的研究中使用了一个新的构念"非结构的技术性对话"来测量专门的人力资本投资。这一构念相对于之前研究(如 Masten,1984;Monteverde and

Teece,1982a)所采用的测量方式来说是一个进步。这些努力无疑有助于理论的发展,应该得到称赞。在此我想要强调的是,如果这些努力被基于假定的检验补充,那么理论的进步将会更加显著。

基于假定的理论检验

当我们开始建造一栋房子时,我们重点关注它的地基;在地基打造完成之后,我们把注意力转向上层结构。同样,理论构建始于地基。在新理论的最初经验研究过程中,基于假定的检验应该比忽略假定的检验起更重要的作用。更准确地说,基于假定的检验起到了三个重要作用:识别理论的问题区域、为强化理论打开新机会、阐明假定的概念域。

首先,基于假定的检验有助于评估假定的实在性,进而通过识别问题区域促进理论开发。在前文提及的 Pilling 等(1994)的实验研究中,他们使用交易成本经济学的推理来形成九个关于防止机会主义成本(被认为是交易成本的一种)的假设。然而没有一个假设得到支持,事实上,其中的两个假设甚至在相反方向上得到显著支持。他们的发现对机会主义与治理的特定维度之间的联系提出了疑问。

其次,检验假定可以为强化理论打开新机会。例如,交易成本经济学采纳风险中性的假定,并且假定风险偏好对交易成本经济学的主要机制几乎没有影响。事实上这一假定并没有被经验检验过,研究者却倾向于毫不质疑地接受它。一个例外是 Chiles 和 McMackin(1996),他们认为资产专用性的转换水平会随企业风险偏好函数的变化而变化,进而一个更为符合实际的可变风险偏好假定将改善交易成本经济学的预测效力。如果曾对风险中性的假定进行过经验检验,那么识别出风险偏好的显著影响可能要远远早于 Chiles 和 McMackin(1996)。

最后,不仅基于假定的检验结果对理论发展做出了贡献,基于假定的检验过程也是如此。为了设计对核心假定的经验检验,研究者往往需要仔细分析该假定的性质。例如,对一个构念进行操作化,涉及检查该构念是多维度的还是单一维度的(见 Gerbing and Anderson,1988)。Wathne 和 Heide(2000)分析了机会主义这一概念并将其分为消极的机会主义和积极的机会主义。前者是关于隐瞒关键信息,而后者则涉及实施禁止行为。Williamson(1996)论述机会主义倾向因文化不同而不同。特别地,Chen 等(2002)认为机会主义倾向受到个体主义—集体主义的文化先决条件的影响,以至于个人主义者在群体内部交易中有更高的机会主义倾向,而集体主义者在群体间交易中有更高的机会主义倾向。换言之,个体主义—集体主义是影响机会主义如何在交换关系中显现其自身的一个权变影响因素。简言之,基于假定的检验过程可以阐明一个假定的概念域。

检验核心假定

交易成本经济学的经验研究历史表明,缺乏基于假定的检验更可能是由于疏忽而非执行检验存在困难所导致的。例如,Monteverde 和 Teece(1982a,1982b)可以通过额外的努力轻而易举地把对假定的检验加入研究。当他们(Monteverde and Teece,1982a)请求两位汽车工程师评估每个部件样本的工程成本时,可以询问一些诸如"装配商在做自制或购买决策时会考虑哪些因素"等问题。同样,当他们(Monteverde and Teece,1982b)从主要汽车供应商那里获得小样本汽车部件时,也可以询问如"供应商在决定是否拥有某部件工具和模具时会考虑哪些因素"等问题。如果他们询问了这些实际问题,他们的研究可能已经对交易成本经济学文献做出了更加显著的贡献,并促使后来的研究加入更多的基于假定的检验。[10]

紧随 Monteverde 和 Teece 之后的研究是 Stuckey(1983)对制铝业纵向一体化和合资企业的深度研究。他在分析中使用交易成本经济学的推理,然而他这部 348 页的著作并没有描述管理者实际是如何做出治理结构决策的,更不用说分析任何关于交易成本经济学的核心假定是否符合实际了。他甚至声明了"机会主义和有限理性被假定为总是存在的,所以铝土矿商人对此早已习以为常了"(Stuckey,1983:74)。换言之,他仅仅假定机会主义和有限理性存在于铝土矿商人之间,却没有实际尝试考察这是否以及多大程度上是真的。因此我们可以说,他的结果是建立在不可靠的经验证据基础之上的。

我所主张的,既不是基于假定做检验总是比忽略假定做检验好,也不是

第三章 假定：不能被假定掉

在最开始检验一个新理论时所有检验都必须要基于假定。有时候，在最初检验一个新理论时不检验核心假定反而是有道理的。例如，如果一个理论的两个变量在某一个特定的假定下被认为是通过一个生成机制而相互关联的，并且测量这两个变量要比测量与该假定有关的变量容易得多。那么，一个比较合算的研究策略是先研究这两个变量之间的关系。如果该关系正如被认为的那样，那么，就可以接着考察和检验该假定；如果并非被认为的那样，则研究可以就此结束。交易成本经济学所遇到的问题，在于在两个变量（例如，资产专用性和层级结构）关系上不断积累经验支持，但却很少有研究者花费时间精力深入地考察关系背后的潜在机制与假定。

核心假定与嵌入在理论的结构和机制之中的其他关系和构念的主要不同之处在于，前者通常与人的态度、信念和感知有着较紧密的关系。要检验这些假定，研究者需要通过直接或间接地联系管理者以收集数据。就交易成本经济学而言，其基于二手数据的定量研究，如 Brouthers 等（2003）、Dhanaraj 和 Beamish（2004）、Hennart（1988）、Hu 和 Chen（1993），等等，不可能提供很多关于核心假定的有意义的信息。当考察"如何"和"为什么"的问题时，案例研究可能是一个更好的选择（Yin，2014）。作为一个开始，对那些做交易成本相关决策的管理者进行深入的非结构化访谈，将特别有助于收集影响决策的关键因素的相关数据。

前面讨论过的 Buckley 和 Chapman（1997，1998）的纵向研究就是一个很好的范例。遵循扎根理论的精神（Strauss，1987），Buckley 和 Chapman 仅仅是让被调查者描述他们是如何做出与交易成本问题相关的决策的，在调查问题中并没有纳入任何交易成本经济学的构念。他们的访谈尽可能地使用管理者而非访谈者的词汇。也就是说，他们让数据讲述它们自己的故事。这种方法使得研究者能够观察到事件是如何自然展开的，并且理解管理者实际上是如何行动的。这种数据为特定的交易成本经济学假定的现实性提供了有效的初步检验。依赖于调查研究的本质，其他涉及管理联系人的研究方法，如问卷调查（如 Lyons，1995）和实验研究（如 Pilling et al.，1994）可能也是合适的。特别地，Lam（2010）建议了两个方法——实验—因果链（the experimental causal chain）和过程调节变量设计（the moderator-of-process designs)，这些方法可能会改善某些情形下对假定进行检验的严谨性。

思考一下交易成本经济学之外的例子。有关经济决策制定的经典理论假定经济人是完全理性的。一个标准的经济学方法论是，通过对聚合现象的预测来检验理论，这是一种典型的忽略假定的方法。Simon（1979）于1934年和1935年在密尔沃基市（Milwaukee）的一项关于公共娱乐设施管理的田野调查过程中，注意到完全理性的假定是站不住脚的。紧接着，他和他的同事进行了几项"人类学"田野调查，观察了特定的决策事件过程，并引出了针对决策程序的描述。这些研究使得Simon的研究取得了突破性的进展，其用有限理性替代了完全理性来作为决策理论的前提假定。

除了之前提到的通过管理联系人收集数据的要求，检验假定并不要求特殊的研究设计。诚然，检验一个核心假定并不容易，但是也并不比检验交易成本经济学理论中所认定的其他关系（如资产专用性与治理模式选择之间的关系）更困难。从操作化上来看，例如，对机会主义的操作化会是一项挑战（见 Wathne and Heide，2000）；对资产专用性进行操作化也不容易（见 Nooteboom，1993）。同样，Blaug（1992：96）坚持认为"获得有关假定的直接证据不一定比获得用于检验预测的市场行为数据更困难"。

结　论

> 在安排研究日程和报告研究方法上，没有什么比我们如何看待研究行为背后的人类本质更为基础。这对我们的研究策略很重要，可以说非常重要……（Simon，1985：303）

理论的核心假定通常涉及人类本质的根本性问题。更准确地说，这类假定构成了理论的机制性解释的基础，应该在理论开发中起到关键作用。不切实际的核心假定将会导致不切实际的机制性解释，进而产生有缺陷的理论。假定在多大程度上符合实际必须凭经验决定。

我已经讨论了基于假定与忽略假定的理论检验之间的区别。为了在理论开发的早期打下一个稳固根基，研究者应当偏爱基于假定的检验方法。这种方法需要通过直接或间接联系管理者的方式来收集数据，使得研究者

第三章　假定：不能被假定掉

能够评估效度并澄清假定的概念域，可能也会为加强理论开辟新机遇。对于所有交易成本经济学的理论和方法论问题，我并不认为基于假定的检验是一种万灵药，而是主张基于假定的检验会显著地改善理论开发。

交易成本经济学的经验研究历史表明，忽略假定的理论检验一旦占据主导地位将如何减缓理论发展。因为简化模型通常受限于另外的机制性解释，理论的总体经验支持是被削弱的，这导致了关于机会主义假定的不必要的争论。此外，尽管 Crook 等（2013：73）对 143 项研究的元分析表明"大多数交易成本经济学的核心预测被现有证据支持"，但是仍然没有证据表明管理者在选择治理结构时是以交易成本节约的基本原理，即整个理论所依赖的基础假定为依据的。

到目前为止，我只是用交易成本经济学来说明我的论点，但是我的分析也适用于其他理论。以一个重要的组织理论——代理理论为例。与交易成本经济学类似，从一开始经验研究就偏向于忽略假定的检验（如 Amihud and Lev，1981；Walking and Long，1984）。代理理论的一个核心假定是代理人在制定决策时表现出风险规避的行为（Eisenhardt，1989）。这一假定很少被代理理论学者检验，尽管该理论之外的早期研究表明个体在风险承担方面的态度差异很大（MacCrimmon and Wehrung，1986；March and Shapira，1988）。正如 Wiseman 和 Gomez-Media（1998）、Wright 等（2001）的理论观点所建议的，经验性地考察代理人的风险态度是如何实际影响委托人—代理人关系的这一做法将会极大地丰富该理论。

正如 Wallace（1971）的科学过程模型所显示的，理论检验是该过程不可或缺的部分。通过经验研究，理论得以被验证或被推翻。从核心假定在理论开发中的关键角色这一点来看，检验这些假定是很重要的，尤其是在理论检验的早期阶段。不幸的是，对于管理理论来说，忽略假定的检验是常态，而不是例外。本章的一个目标即将基于假定的检验带回经验研究的重要位置。总结来说，在设计一项新理论的经验检验时，研究者应当问自己："我们是否在不经意间把理论的核心假定视为当然，进而把它们给假定掉了？"

注　释

1. 这场争论的重要性除了反映在已出版的文章的数量上(其中的一些讨论发表在经济学顶级期刊上),还反映在其时间跨度上。例如,Long(2006)是这场争论的一个较新的贡献,它出版于 Friedman(1953)发表半个多世纪之后。实际上,《经济学方法论期刊》(*Journal of Economic Methodology*)在2003年第10卷第4期出版了 Friedman 一文发表50周年的纪念特刊。

2. 为了讨论方便,"模型"和"理论"二词在这里是交替使用的。Bunge(1998:125)在理论与模型之间提出了一个有用的区分:

> 模型在两个方面与理论不同。第一,模型比理论的范围(或指称类)更窄;用 Merton 的表述来说,模型是"中层理论"……第二,与理论不同的是,模型不需要明确包含任何法则声明。

3. Goeree 和 Holt(2001:1403)对艾伯特·塔克创作的囚徒困境的故事情景有一个简练的描述。

4. 在此我采用真理的对应观,即真理是陈述的一种属性,指的是该陈述与现实世界之间的对应关系。因此,一个陈述"p",如"第二次世界大战结束于1945年",只有在 p 是事实的情况下才是真的(Moore,1959;Russell,1906)。

5. 这里的结构模型与简化模型的区分不同于 Masten(1996)的观点。Masten 的简化模型被研究者用来解决方法论问题,即交易成本对于未选择的治理结构实际是无法被观察到的。该模型与这里展示的模型本质上完全不同。但他的简化模型有一个类似问题:简化形式的估计"不允许识别假设中潜在的结构化关系"(Masten,1996:51)。Williamson(1991)也使用"简化形式分析"一词,就此意义而言,"治理成本被表示为资产专用性,以及一组外生变量的函数"(p.282)。他没有提到任何有关简化形式检验的问题,但是推荐"发展支撑简化形式的更深结构——通过以一种更微观分析的方式明确契约不完全性及其结果,以及更明确地发展内部组织的官僚成本结

第三章 假定：不能被假定掉

果——是一项有野心但很重要的事业"(p.282)。虽然他似乎认识到结构化模型的重要性,但是他的评论与检验核心假定的需求无关。

6. 这一论点是基于企业的知识基础观的,由 Conner 和 Prahalad(1996)、Kogut 和 Zander(1992,1996)、Madhok(1996,1997)提倡,其明确否认了机会主义假定的必要性。之后一些学者如 Heiman 和 Nickerson(2002)、Nickerson 和 Zenger(2004)试图通过纳入机会主义假定来进一步发展知识基础观。

7. 正如 Coase(1992:718)所评论的,"用于治理市场与层级的混合体的相互关系……非常复杂",我这里的目的并不是说明检验假设 1c 可以解决与交易成本经济学经验研究相关的所有问题,而是相较于假设 1b,我认为假设 1c 给了我们一个由 Monteverde 和 Teece(1982a)提出的机制性解释的更稳健的检验。

8. 一个尽管有点粗糙的但简单的方法是,向两位汽车工程师详细解释研究中的机会主义导向的重新签约与准租金占用这两个概念,然后让他们对每个部件的机会主义导向的重新签约和准租金占用风险进行评价。

9. 第六章提到,一些早期交易成本经济学研究是建立在 Monteverde 和 Teece(1982a,1982b)的基础之上的,之后形成了一系列制造产业中纵向一体化焦点领域的复制性研究。这一系列复制性研究有助于积累有关焦点领域的知识,但是复制不能解决与简化模型相关的问题。无论一个简化形式的研究被重复多少次,这些检验都是针对相同简化模型来做的,也就是说,结果可能被同一个替代性的机制性解释加以说明。为了解决这一问题,就需要基于假定的理论检验。

10. 另外一种可能是他们确实问了类似性质的问题,但是没有在文章中报告出来。

参考文献

Alchian, A. A. 1950. Uncertainty, evolution, and economic theory. *Journal of Political Economy*, 58: 211-221.

Amihud, Y. and Lev, B. 1981. Risk reduction as a managerial motive for conglomerate mergers. *Bell Journal of Economics*, 12: 605-616.

Beccerra, M. and Gupta, A. K. 1999. Trust within the organization: Integrating the trust literature with agency theory and transaction costs economics. *Public Administration Quarterly*, 23: 177-203.

Blaug, M. 1992. *The methodology of economics: Or how economists explain* (2nd ed.). Cambridge, England: Cambridge University Press.

Boland, L. A. 1979. A critique of Friedman's critics. *Journal of Economic Literature*, 17: 503-522.

Brouthers, K. D., Brouthers, L. E. and Werner, S. 2003. Transaction cost-enhanced entry mode choices and firm performance. *Strategic Management Journal*, 24: 1239-1248.

Buckley, P. J. and Chapman, M. 1997. The perception and measurement of transaction costs. *Cambridge Journal of Economics*, 21: 127-145.

Buckley, P. J. and Chapman, M. 1998. The management of cooperative strategies in R&D and innovation programmes. *International Journal of the Economics of Business*, 5: 369-381.

Bunge, M. 1996. *Finding philosophy in social science*. New Haven, CT: Yale University Press.

Bunge, M. 1997. Mechanism and explanation. *Philosophy of the Social Sciences*, 27: 410-465.

Bunge, M. 1998. *Social science under debate*. Toronto: University of Toronto Press.

Caldwell, B. J. 1980. A critique of Friedman's methodological instrumentalism. *Southern Economic Journal*, 47: 366-374.

Chen, C. C., Peng, M. W. and Saparito, P. A. 2002. Individualism, collectivism, and opportunism: A cultural perspective on transaction cost economics. *Journal of Management*, 28: 567-583.

Chiles, T. H. and McMackin, J. F. 1996. Integrating variable risk preferences, trust, and transaction cost economics. *Academy of Management Review*, 21: 73-99.

Chow, G. C. 1983. *Econometrics*. Singapore: McGraw-Hill.

Coase, R. H. 1992. The institutional structure of production. *American Economic Review*, 82: 713-719.

Conner, K. R. and Prahalad, C. K. 1996. A resource-based theory of the firm: Knowledge versus opportunism. *Organization Science*, 7: 477-501.

Crook, T. R., Combs, J. G., Ketchen, D. J. and Aguinis, H. 2013. Organizing around transaction costs: What have we learned and where do we go from here? *Academy of Management *Perspectives*, 27: 63-79.

David, R. J. and Han, S. -K. 2004. A systematic assessment of the empirical support for transaction cost economics. *Strategic Management Journal*, 25: 39-58.

Dhanaraj, C. and Beamish, P. W. 2004. Effect of equity ownership on the survival of international joint ventures. *Strategic Management Journal*, 25: 295-305.

Eisenhardt, K. M. 1989. Agency theory: An assessment and review. *Academy of Management Review*, 14: 57-74.

Foss, N. J. and Hallberg, N. L. 2014. How symmetrical assumptions advance strategic management research. *Strategic Management Journal*, 35: 903-913.

Friedman, Milton. 1953. *Essays in positive economics*. Chicago, IL: University of Chicago Press.

Gartner, W. B. 2001. Is there an elephant in entrepreneurship? Blind assumptions in theory development. *Entrepreneurship Theory and Practice*, 25(4): 27-40.

Gerbing, D. W. and Anderson, J. C. 1988. An updated paradigm for scale development incorporating unidimensionality and its assessment. *Journal of Marketing Research*, 25: 186-192.

Ghoshal, S. and Moran, P. 1996. Bad for practice: A critique of the transaction cost theory. *Academy of Management Review*, 21: 13-47.

Goeree, J. K. and Holt, C. A. 2001. Ten little treasures of game theory and ten intuitive contradictions. *American Economic Review*, 91: 1402-1422.

Granovetter, M. 1985. Economic action and social structure: The problem of embeddedness. *American Journal of Sociology*, 91: 481-510.

Grant, R M. 1996. Toward a knowledge-based theory of the firm. *Strategic Management Journal*, 17(Winter Special Issue): 109-122.

Hart, O. 1990. An economist's perspective on the theory of the firm. In O. E. Williamson (Ed.), *Organization theory: From Chester Barnard to the present and beyond*: 154-171. New York: Oxford University Press.

Hedström, P. and Ylikoski, P. 2010. Causal mechanisms in the social sciences. *Annual Review of Sociology*, 36: 49-67.

Heiman, B. and Nickerson, J. A. 2002. Towards reconciling transaction cost economics and the knowledge-based view of the firm: The context of interfirm collaborations. *International*

Journal of the Economics of Business, 9: 97-116.

Hempel, C. G. 1942. The function of general laws in history. *Journal of Philosophy*, 39(2): 35-48.

Hennart, J. F. 1988. Upstream vertical integration in the aluminum and tin industries: A comparative study of the choice between market and intrafirm coordination. *Journal of Economic Behavior and Organization*, 9: 281-299.

Hodgson, G. M. 1993. *Economics and evolution: Bringing life back into economics*. Ann Arbor, MI: University of Michigan Press.

Hu, M. Y. and Chen, H. 1993. Foreign ownership in Chinese joint ventures: A transaction cost analysis. *Journal of Business Research*, 26: 149-160.

Johnston, J. 1991. *Econometric methods* (3rd ed.). Singapore: McGraw-Hill.

Kaplan, A. 1964. *The conduct of inquiry*. San Francisco, CA: Chandler Publishing.

Kogut, B. and Zander, U. 1992. Knowledge of the firm, combinative capabilities, and the replication of technology. *Organization Science*, 3: 383-397.

Kogut, B. and Zander, U. 1996. What firms do? Coordination, identity, and learning. *Organization Science*, 7: 502-518.

Koopmans, T. C. 1957. *Three essays on the state of economic science*. New York: McGraw-Hill.

Lakatos, I. 1978. *Philosophical papers, vol. I: The methodology of scientific research programmes*. Cambridge, England: Cambridge University Press.

Lam, S. Y. 2010. What kind of assumptions need to be realistic and how to test them: A response to Tsang (2006). *Strategic Management Journal*, 31: 679-687.

Lehtinen, A. and Kuorikoski, J. 2007. Unrealistic assumptions in rational choice theory. *Philosophy of the Social Sciences*, 37: 115-138.

Lester, R. A. 1946. Shortcomings of marginal analysis for wage-employment problems. *American Economic Review*, 36: 63-82.

Long, R T. 2006. Realism and abstraction in economics: Aristotle and Mises versus Friedman. *Quarterly Journal of Austrian Economics*, 9(3): 3-23.

Lyons, B. R. 1995. Specific investment, economies of scale, and the make-or-buy decision: A test of transaction cost theory. *Journal of Economic Behavior and Organization*, 26: 431-443.

MacCrimmon, K. and Wehrung, D. 1986. *Taking risks: The management of uncertainty*. New

York: Free Press.

Macher, J. T. and Richman, B. D. 2008. Transaction cost economics: An assessment of empirical research in the social sciences. *Business and Politics*, 10(1): 1-63.

Madhok, A. 1996. The organization of economic activity: Transaction costs, firm capabilities, and the nature of governance. *Organization Science*, 7: 577-590.

Madhok, A. 1997. Cost, value and foreign market entry mode: The transaction and the firm. *Strategic Management Journal*, 18: 39-61.

Mäki, U. 2000. Kinds of assumptions and their truth: Shaking an untwisted F-twist. *Kyklos*, 53: 317-336.

March, J. G. and Shapira, Z. 1988. Managerial perspectives on risk and risk-taking. In J. G. March (Ed.), *Decision and organizations*: 76-97. Oxford, England: Basil Blackwell.

Masten, S. E. 1984. The organization of production: Evidence from the aerospace industry. *Journal of Law and Economics*, 27: 403-417.

Masten, S. E. 1996. Empirical research in transaction cost economics: Challenges, progress, directions. In J. Groenewegen (Ed.), *Transaction cost economics and beyond*: 43-64. Boston, MA: Kluwer Academic.

Masten, S. E., Meehan, J. W. and Snyder, E. A. 1991. The costs of organization. *Journal of Law, Economics, and Organization*, 7: 1-25.

Mathews, J. A. 2006. *Strategizing, disequilibrium and profits*. Stanford, CA: Stanford Business Press.

Monteverde, K. 1995. Technical dialog as an incentive for vertical integration in the semiconductor industry. *Management Science*, 41: 1624-1638.

Monteverde, K. and Teece, D. J. 1982a. Supplier switching costs and vertical integration in the automobile industry. *Bell Journal of Economics*, 13: 207-213.

Monteverde, K. and Teece, D. J. 1982b. Appropriable rents and quasi-vertical integration. *Journal of Law and Economics*, 25: 321-328.

Moore, G. E. 1959. *Philosophical papers*. London: Allen and Unwin.

Musgrave, A. 1974. Logical versus historical theories of confirmation. *British Journal for the Philosophy of Science*, 25: 1-23.

Musgrave, A. 1981. "Unreal assumptions" in economic theory: The F-twist untwisted. *Kyklos*, 34: 377-387.

Nagel, E. 1963. Assumptions in economic theory. *American Economic Review*, 53: 211-219.

Nickerson, J. A. and Zenger, T. R. 2004. A knowledge-based theory of the firm: The problem-solving perspective. *Organization Science*, 15: 617-632.

Nooteboom, B. 1993. An analysis of specificity in transaction cost economics. *Organization Studies*, 14: 443-451.

Pilling, B. K., Crosby, L. A. and Jackson, D. W. 1994. Relational bonds in industrial exchange: An experimental test of the transaction cost economic framework. *Journal of Business Research*, 30: 237-251.

Priem, R. L. and Butler, J. E. 2001. Is the resource-based "view" a useful perspective for strategic management research? *Academy of Management Review*, 26: 22-40.

Rindfleisch, A. and Heide, J. B. 1997. Transaction cost analysis: Past, present, and future applications. *Journal of Marketing*, 61(4): 30-54.

Robins, J. A. 1987. Organizational economics: Notes on the use of transaction-cost theory in the study of organizations. *Administrative Science Quarterly*, 32: 68-86.

Rothbard, M. N. 1957. In defense of "extreme apriorism". *Southern Economic Journal*, 23: 314-320.

Russell, B. 1906. On the nature of truth. *Proceedings of the Aristotelian Society*, 7: 28-49.

Sayer, A. 1992. *Method in social science: A realist approach* (2nd ed.). London: Routledge.

Shadish, W. R, Cook, T. D. and Campbell, D. T. 2002. *Experimental and quasi-experimental designs for generalized causal inference*. Boston, MA: Houghton Mifflin.

Shelanski, H. A. and Klein, P. G. 1995. Empirical research in transaction cost economics: A review and assessment. *Journal of Lam, Economics, and Organization*, 11: 335-361.

Shugan, S. M. 2007. It's the findings, stupid, not the assumptions. *Marketing Science*, 26: 449-459.

Shugan, S. M. 2009a. Commentary-Relevancy is robust prediction, not alleged realism. *Marketing Science*, 28: 991-998.

Shugan, S. M. 2009b. Rejoinder-Think theory testing, not realism. *Marketing Science*, 28: 1001-1001.

Simon, H. A: 1979. Rational decision making in business organizations. *American Economic Review*, 69: 493-513.

Simon, H. A. 1985. Human nature in politics: The dialogue of psychology with political science. *American Political Science Review*, 79: 293-304.

Simon, H. A. 1991. Organizations and markets. *Journal of Economic Perspectives*, 5(2): 25-44.

Strauss, A. L. 1987. *Qualitative analysis for social scientists*. Cambridge, England: Cambridge University Press.

Stuckey, J. A. 1983. *Vertical integration and joint ventures in the aluminum industry*. Cambridge, MA: Harvard University Press.

Tsang, E. W. K. 2009a. Commentary-Assumptions, explanation, and prediction in marketing science: "It's the findings, stupid, not the assumptions". *Marketing Science*, 28: 986-990.

Tsang, E. W K. 2009b. Rejoinder-Robust prediction and unrealistic assumptions. *Marketing Science*, 28: 999-1000.

Vahlne, J. E. and Johanson, J. 2014. Replacing traditional economics with behavioral assumptions in constructing the Uppsala Model: Toward a theory on the evolution of the multinational business enterprise (MBE). *Research in Global Strategic Management*, 16: 159-176.

Walking, R. and Long, M. 1984. Agency theory, managerial welfare, and takeover bid resistance. *Rand Journal of Economics*, 15: 54-68.

Wallace, W. 1971. *The logic of science in sociology*. Chicago, IL: Aldine Atherton.

Wathne, K. H. and Heide, J. B. 2000. Opportunism in interfirm relationships: Forms, outcomes, and solutions. *Journal of Marketing*, 64(4): 36-51.

Williamson, O. E. 1975. *Markets and hierarchies: Analysis and antitrust implications*. New York: Free Press.

Williamson, O. E. 1985. *The economic institutions of capitalism: Firms, markets, relational contracting*. New York: Free Press.

Williamson, O. E. 1991. Comparative economic organization: The analysis of discrete structural alternatives. *Administrative Science Quarterly*, 36: 269-296.

Williamson, O. E. 1993. Opportunism and its critics. *Managerial and Decision Economics*, 14: 97-107.

Williamson, O. E. 1996. Economic organization: The case for candor. *Academy of Management Review*, 21: 48-57.

Williamson, O. E. 1997. Hierarchies, markets and power in the economy: An economic perspective. In C. Menard (Ed.), *Transaction cost economics: Recent developments*: 1-29. Brookfield, VT: Edward Elgar.

Wiseman, R. M. and Gomez-Mejia, L. R. 1998. A behavioral agency model of managerial risk taking. *Academy of Management Review*, 23: 133-153.

Wright, P., Mukherji, A. and Kroll, M. J. 2001. A reexamination of agency theory assumptions: Extensions and extrapolations. *Journal of Socio-Economics*, 30: 413-429.

Yin, R. K. 2014. *Case study research: Design and methods* (5th ed.). Thousand Oaks, CA: Sage.

第四章　理论检验：一个看似简单的过程

理论的激增 / 81

证伪与证实 / 82

从事严格的理论检验的障碍 / 85

　　社会现象的本质 / 85

　　理论化 / 86

　　经验研究 / 88

　　迪昂-蒯因论题 / 90

　　理论的不可通约性 / 91

　　职业诱因 / 92

理论检验方法 / 94

　　检验机制 / 94

　　研究设计 / 100

结　论 / 105

注　释 / 106

参考文献 / 108

大多数管理学博士项目都会教授零假设统计检验(null hypothesis statistical testing,NHST)方法,即通过核查在一定的显著性水平上(通常采用 $p<0.05$)零假设是否会被拒绝的方式来检验一个假设(以及它的潜在理论)。[1]然而,尤为重要的是,这个看似直接的理论检验方法的复杂性却很少被人们讨论。[2]在心理学领域,Nickerson(2000:24)强调了这个问题:"我们可能认为一个被整个研究群体信奉的方法在持续使用多年以后,会得到充分理解,并且不会存在什么争议。然而,零假设统计检验却是非常具有争议性的。"事实上,在 2015 年,作为顶级期刊的《战略管理期刊》(*Strategic Management Journal*)率先取消将零假设统计检验作为一种呈现经验发现的方法(Bettis et al.,2016)。

很大程度上以统计为基础的零假设统计检验仅仅是更具广泛性和哲学性的理论检验范畴的一个方面。Rosenthal(1979)所称的"文件柜问题"①就是一个例子,虽然"文件柜问题"显著不同于零假设统计检验的问题,但与之关系密切。研究者即使取消了零假设统计检验,在评审与发表的过程中,他们仍然会犹豫是否投递没有显著性结果的手稿(不管"显著性结果"是如何被定义的)。[3]这种发表偏见反过来与在研究者之中盛行的检验理论的证实主义立场相关联。这种存在缺陷的理论检验方法(几乎没有尝试证伪)导致了管理理论的激增。

多样的甚至是相互矛盾的理论的存在,导致了很多概念上和管理上的混乱。这不是一个令人满意的状况,尤其是当管理研究者想要缩小管理学和自然科学之间的地位差距时。与 Pfeffer(1993)提倡范式共识不同,我认为应该淘汰那些屡次未通过经验检验的理论。本章识别了与检验管理理论相关的实际的及哲学上的难题,并且从批判实在论视角提出用于提高理论检验严谨性的方法。

---

① 原文为"file drawer problem",指的是仅倾向于发表假设被支持的文稿而拒绝发表假设没有被支持或结果不显著的文稿这一偏见。——译者注

第四章 理论检验：一个看似简单的过程

理论的激增

管理研究者付出了大量的关注和努力来建立理论（例如，Lewis and Grimes，1999；Locke，2007；Pentland，1999；Weick，1989），却很少投入精力去证伪理论。Davis 和 Marquis（2005：340）精练地总结了这一现状："以20世纪70年代的理论为例，人们继续坚持独立的经验性证实工作，而在证明结果不成立方面努力不足且效果不好。据我们所知，从来没有组织理论曾被'拒绝'（这与'被证伪'截然相反）"。未能证伪并不局限于管理学科。比如，在心理学领域，Greenwald 等（1986：223）曾痛惜："历史证据表明证伪方法更多得到的是口头支持，而很少被真正使用；很多研究者将他们的活动描述为是寻求证伪的，但实际上反而是有力地投入于理论构建的各种微妙活动之中。"同样，著名的经济学方法学家 Mark Blaug 认为，经济学主要的弱点是其很多理论是不可证伪的。事实是，经济学家们鼓吹证伪，却并不付诸实践（Anonymous，1998）。

半个多世纪以前，Koontz（1961）采用"管理理论丛林"一词，来描述管理理论的诸多流派（另见 Mintzberg et al.，1998）。如果不剔除任何衰老腐烂的树木，那么伴随新树的不断生长，丛林就会不断扩大。20年后，Pfeffer（1982：1）采用相似且形象的词语大声疾呼："组织理论领域就要成为一片杂草丛，而不是一个被精心照料的花园了。"理论的激增不仅在概念上而且在管理上导致混乱。这些弱理论甚至错误理论的持续存在会阻碍好理论的发展（Arend，2006），并且阻碍有助于推动科学进步的领域能力的提升（Pfeffer，1993）。此外，错误的模型可能会误导管理决策（Cohen and Axelrod，1984）。管理者可能对来源于不同理论的完全不同的解释或相互冲突的建议而感到迷惑重重（Koontz，1980）；又或者，他们可能会直接失去对研究者所试图表达的事物的兴趣（Pfeffer and Fong，2002）。简言之，"现代组织理论没有为实践者提供一致的建议，事实上，对组织以及组织如何活下去、如何发展也没有提供一致的故事"（Donaldson，1995：27）。McKinley 和 Mone（1998：174）曾用一种讽刺的语调评论道："对于组织的本质，组织员工和其他组织参与者之间甚至比组织理论家之间更能达成共识。"

科学方法的哲学性讨论指出了证伪在理论发展中的重要作用,Popper(1959)在探索科学与非科学之间的界限标准时指出:一个理论,当且仅当它可检验时才是科学的。随后,他将可验证性与可证伪性相等同。换句话说,科学与非科学理论的区别在于,前者是可证伪的,而后者不是。Popper 引用了弗洛伊德的精神分析理论作为例子,说明其精神分析理论不能满足他的可证伪标准,因此就不能被看作科学。

Grunbaum(1976)对将可证伪性视为区分科学与非科学的唯一标准持保留意见,他认为研究者不要只关注否定性证据,还要相信那些支持理论的证据。尽管如此,可证伪性应该是科学研究项目的基本特征。如果管理理论不能被证伪,那么它的科学地位就岌岌可危。证实和证伪是科学相互补充的两个方面。

证伪与证实

经验科学的特征是采用归纳推理:构成科学知识的规律和理论是通过归纳经验观察而获得的(Chalmers,1999)。如果所涉及的推理过程从一个具体性陈述(如对被观察事件进行描述)过渡到一个普遍性陈述(如假设),那么这个推断就是归纳的。[4] 假设对实施全面质量管理(TQM)的企业进行研究,研究者发现样本中的所有企业都经历了生产效率的显著增长,基于该证据,研究者可以通过归纳推理构建出一个一般理论,比如,全面质量管理对企业的生产效率总是起积极作用。

然而,这样的推论将受困于 18 世纪哲学家大卫·休谟提出的"归纳难题"。大卫·休谟提出以下问题:从特定的经验或观察中得出一般性结论这一做法恰当吗?大卫·休谟(2000[1739])认为,尽管我们可以出于习惯对个体事例进行概括,但用我们经历的重复事例去推理那些没有经历过的情况,这一点在逻辑上并不合理。[5] 回到刚才提到的全面质量管理的假设研究上,不论研究者收集了多少能够确证该理论的观察证据,都不能证明全面质量管理与生产效率之间关系的一般性命题是正确的。Hawking(1988:10)将

第四章 理论检验:一个看似简单的过程

归纳难题恰当地概括为:"不论多少次实验结果与某理论相一致,你都永远无法确定下一次结果是否就不与该理论相矛盾"。基于对可能情况的有限观察,一个理论永远不会被证明为普遍为真,但却可以被证明是错误的。

Popper(1959)接受了大卫·休谟的关于"归纳难题"的结论,但试图通过提出一种科学的非归纳方法来绕开这个问题。他是这样做的:采用一种证伪主义者的方法来进行科学探索。尽管对未观察到的案例进行归纳推理可能是不合理的,但可以做演绎推理——从具体观察陈述开始,以此为前提,进一步对包含在科学理论中的普遍性陈述进行证伪。例如,在全面质量管理这个研究中,如果一个采用了全面质量管理的企业在生产效率上并没有提升,甚至还下降了,那结论——全面质量管理对生产效率具有普遍的积极影响——就是错的。证实和证伪之间的非对称性是源于普遍性陈述的逻辑形式,普遍性陈述不是从具体陈述中推导出来的,但却可以被具体性陈述反驳。Popper(1959)的推理非常简单——所有的理论必须包含至少一个普遍性陈述(如所有的天鹅都是白色的),正因为如此,即使它是正确的,也永远不会被最终证实,因为,除此之外,还要对过去的、现在的及未来的所有可能情况进行观察。不过,普遍陈述很容易被驳倒,只需要一个反面证据(如看到了一只不是白色的天鹅)。通过建立证伪而不是证实这种科学方法,Popper(1959)宣称大卫·休谟的"归纳难题"对科学探索来说就变得无关紧要了。

证伪主义者不再坚持"存在可观察证据就能证明理论是正确的"这一主张。他们进而将理论理解为研究者试图解释世界上的某些现象而创造出来的推测乃至暂时性的猜想(Popper,1962)。理论一旦被提出,就要通过数据收集和分析来对其进行严格且无情的检验。根据 Popper 的说法,一些伟大的科学家,如伽利略、开普勒、牛顿、爱因斯坦、玻尔等,他们提倡大胆的想法,并对其进行严格的反驳尝试,包括严苛的理论分析和经验检验,这使得知识的飞跃发展成为可能。严苛的检验将一个理论的根基暴露于经验证据之中,如此一来,否定的研究发现会要求对理论进行大规模修改(Losee,2005)。那些经不起严苛检验的理论应该被拒绝,而且应该被进一步的推测猜想取代。如果理论凭借缺乏可证伪证据而被证实,那么就可以暂时接受它们。通过这样一个猜想和反驳的过程,科学得以进步(Popper,1962)。这种对证伪证据的要求将永不停止。如 Agassi(1975:24)的评论,"Popper 的理论把科学展现为一场无休止的争论"。

尽管看起来很有力,Popper 的方法绝不是对大卫·休谟的"归纳难题"的仅有回应。和大卫·休谟同一时代的 Thomas Reid(1764)认为,不论从逻辑上还是从实践上,人们都不可能成为普遍的怀疑论者。在日常生活中,我们很容易将感知经验与外部现实联系在一起。通过把对感知数据的解读理所应当化,我们依赖于对现实本质的未检验假定,借以推测行动结果。人们,包括研究者,并不选择成为严谨的证伪主义者,而是含蓄地采纳证实主义者的立场设想归纳推理的有效性。

研究者对经验证据感兴趣是建立在我们对数据的感知是可以适当显示事物的原本模样这一信念基础上的。"当存在一个对其有利的长期假定,并且没有预先设立的(被理性地证明是合理的)理由阻碍对它的接受时"(Rescher,1992:16),该信念将被证明是合理的。此外,我们使用语言去交流理论和研究结果,假定其他人也将以反映我们想表达的意思的方式来诠释我们的研究(Campbell,1963)。如 Polanyi(1962)指出的,我们不可能同时怀疑所有的信念,我们只会依据我们坚定不移地持有的那些信念来怀疑某些信念。所以,Polanyi(1962)描绘科学家是以"后批判"或信托人视角而非普遍怀疑主义来进行探究的。由于存在未被考察的假定、人类易错性以及对数据的有限获取,我们的结论总是暂时的,概括总是有风险的。虽然如此,研究者们还是敢于大胆宣称他们的研究发现在所研究的情境之外也是适用的。

也就是说,努力对理论进行证伪对管理研究的进步是非常重要的。强调证实多于证伪已经导致了理论的激增,这些理论中包含了无力且相冲突的理论。如果追求证伪,就不用那么担心推测性理论的传播,因为那些没有通过经验检验的理论会被淘汰。然而,管理学科的问题是理论的激增并没有伴随严谨的证伪努力。从科学的规范性和描述性角度来看,证实和证伪是相互支持的。本章选择强调证伪,是为了寻求被过去和现在的管理研究实践忽略的一种平衡。下一节将讨论以严格的方式检验理论时所存在的主要障碍,正是这些障碍导致了证伪的不足。

从事严格的理论检验的障碍

严格检验(rigorous tests)是指能够减少偏差(如与文件柜问题相关的偏差)可能性的那些检验。这个术语与前文中提到的 Popper(1962)的严苛检验(severe tests)的概念是不同的——给定一个假设 H 和基于背景知识 B 的观察现象 O,如果给定 H 和 B,O 发生的可能性比只给定 B 时 O 发生的可能性大,那么这个检验的严苛度就会更大。请注意,术语"严格检验"和"严苛检验"是相关的,在于其都能通过缩减偏差而使得检验更加严苛。

社会现象的本质

考虑到社会现象的开放系统本质,"哪怕该理论是正确的,假定所有相关的观察都与理论保持一致也是不现实的"(Lieberson,1992:7)。相对于自然科学,一些因素让一般意义上的社会科学,特别是管理学中的结论性的理论检验(conclusive theory testing)更加困难。

首先,组织是内在复杂和不断变化的社会现象,它具有分析的多个层面,以及多个权变的因果过程(Fabian,2000)。不同的理论解释组织的不同方面。从理论检验的观点出发,能从不同理论中得到竞争性假设是幸运的,但这种情况在管理研究中由于研究现象的多样性而并不常见。环绕理论的边界条件进一步减少了能够导致竞争性假设的重叠现象。由于没有能力识别所有相关变量,我们通常不能准确描述不同行为所依赖的条件,或者甚至不能准确描述使得特定理论与某种经验情境相关联的权变条件。一旦边界条件是模糊的,我们就不太能确定哪一个假设是直接的竞争性假设。因此,我们倾向于将理论定位为互补而非竞争的。与此相反,自然科学的历史表明了检验竞争性假设是决定不同理论优缺点的有效途径(Losee,2005)。

其次,使严格的理论检验存在困难的另一个因素是人类行为中的个体意愿。尽管人类被习惯、规则、程序和制度制约,但他们有选择自身行动的自由(Downward et al.,2002)。这一信念在管理学领域的某一观点中找到了支持,即战略选择是因果性的而非只是一个附带现象(Child,1997)。在创业型企业的创造力研究中也有类似信念(例如,Alvarez and Barney,2010;Sarasvathy,2001)。诚然诸如环境、科技、运行规模等情境要素对组织有重要影响,但 Child(1972)强调决策制定者并不是被动的,他们行使选择权并采取行动来设定组织环境;此外,战略行为不仅仅是非决定性的,为了获得竞争优势,它们可能是有意具有不可预测性甚至是误导性的。自由意志和创造力的运用减弱了人类行为理论的预测能力。

再次,研究者的活动可能会改变管理者的信念和实践,从而削弱所调查现象的连续性(Numagami,1998)。自我实现和自我挫败预言(self-fulfilling and self-defeating prophecies)所引起的隐忧在自然科学中并不存在。比如,有关行星运动的理论并不会改变行星实际如何运动。相反,管理者可能依据研究者创造的知识而改变行为(Ghoshal,2005)。自我实现和自我挫败预言是研究者需要考虑的非常重要的问题。当然,研究对管理实践的影响程度差异很大,这种影响程度的差异取决于研究所涉及的理论及组织。

最后,研究者和管理者是彼此关联的,表现在研究者有时会是促成组织行动的直接动因(Bradbury and Lichtenstein,2000)。比如,把组织中正在使用的不直接言明的理论外显化,可以促进组织变革(Argyris and Schon,1978),由此逐渐削弱先前认定的理论解释(的相关性)。反过来,一个错误的理论,如果被大力推销到管理者那里,如果时间够长,也说不定能准确地塑造管理者行为(Brennan,1994)。举例来说,Ferraro 等(2005)认为当经济理论的行为假定变成组织规范时,经济理论会自我应验。一个相关的问题是,与自然科学不一样,在社会科学中理论的证伪并不是永远地淘汰掉一个理论,因为尽管最初支持该理论的历史与制度条件随后会被替代或转换,但也可能随着进一步的历史变迁而再次回来重新支持该理论(Hutchison,1988)。

理论化

理论的不精确性是证伪管理理论的主要障碍之一。Bacharach(1989:501)评论道:管理理论"经常以一种模糊的方式陈述,以至于理论家可以反驳任何诋毁性的证据"。Astley 和 Zammuto(1992:446)简要指出:"尽管语言的模糊性增加了对理论实施经验检验的潜在数量,但同时也降低了这些检验反驳该理论的可能性。"措辞含糊的假设可能无法在逻辑上证伪。例如,Perrow(1994:216)的"不论我们多努力尝试,复杂交互和紧密耦合的系统特征会导致严重失败"这个论点,就最终因其开放的时间范围而不能被证伪。措辞含糊并不是管理研究所特有的。Kuhn(1962)及Lakatos(1970)记录了科学家们倾向于用一种能使他们免于被证伪的方式来陈述和解释理论。

在自然科学中,一个普遍的看法是任何一个特定的现象只有一个真正的理论能够解释。因此,信奉竞争性理论的研究者不仅热衷于提供支持他们理论的证据,还热衷于提供挑战竞争性理论的证据(Chalmers,1999)[6]。相比之下,在管理学中,理论家一般都能接受同样的现象可以被不同的理论解释(Allison,1971;Ghoshal,2005)[7]。如果解释不是相互排斥的,那么就会有更大的空间让研究人员创造出能提供新解释的原创理论。

一些研究者认为不同的理论可以同时和谐共存,提倡通过多种理论视角来考察组织现象(例如,Lewis and Grimes,1999;Nambisan,2002;Rajagopalan and Spreitzer,1996)。比如,Douma等(2006)在研究国外机构股东,以及公司股东对新兴市场企业绩效的不同影响时,采用了代理理论、资源基础理论及制度理论,他们认为多理论方法提供了一个更加整体的视角。事实上,在《美国管理评论》(*Academy of Management Review*)这一只发表概念性论文的顶级期刊上,一篇主编评论指出:"在管理学领域,发展多视角解释的需求在持续增加(Okhuysen and Bonardi,2011:6)。"

从积极的方面看,考虑到组织的复杂性,以及缺乏一般性理论来解释丰富多样的组织现象,多视角这一方法是令人信服的。从消极的方面看,它可能表明研究者不能详述和审查不同理论的假定、解释和意义,以判断这些理论之间到底是相互包容的还是相互排斥的。尽管管理研究者并不完全反对彼此投入于争论之中(Fabian,2000),但这些交流往往停留在理论上,有时甚至是哲学的层面上(de Cock and Jeanes,2006)。例如,Ghoshal和Moran(1996)与Williamson(1996)关于组织如何及多大程度上能够缩减机会主义的争论仍停留在理论层面,几乎没有激发后续的经验研究。相同的情况也出现在Barney(2001)与Priem和Butler(2001a,2001b)关于Barney(1991)的资源基础观的核心看法是否是同义反复的争论上。通过回避对竞争性假设进行清晰陈述及深入挖掘证据,我们理论中的经验主张在这样的争论里将永远没有风险。

经验研究

由于管理理论通常不提供足够精确的指导,以了解我们的模型是否被恰当地以及充分地设定,所以我们无法评估设定误差的性质和程度。比如,理论虽明确了原因和影响,但却很少表明精确的滞后结构(Mitchell and James,2001)。理论可以警示我们在某一个方向上运行的因果关系,但也会忽略在另一个方向上的直接或间接的因果关系。我们的模型很少得自数学特征,至少它可以为避免设定误差而提供某种保证。相反,研究者在选择模型应包含哪些变量及模型的函数形式时通常是自己做的决定。因为理论是不完善的,我们通过给模型增加控制变量来反映理论的替代性解释。在模型设定上行使自主权并不会出现反对证伪的固有偏见,但这会是研究者试图证实而行使机会主义行为的一个有利时机。研究者可能会为了给理论寻求肯定而去搜寻有利于结果的设定(Learner,1978)。

与社会现象本质密切相关的是这样一种事实,即大多时候,研究者并不是在封闭系统条件下对管理理论实施检验的。事件的规律在外界对现象的影响被排除时才得以呈现,而这种封闭条件在非实验性社会科学中很难实现。尽管有可能通过个体和群体层面的实验室研究来推断组织层面的情形,并在推断过程中做出必要的修正,但宏观组织现象仍然不太适合实验室研究。在实验室实验中隔离社会现象的努力可能造成人为干预,而这种人为干预会改变行为反应(Harre and Second,1972)。此外,研究者不太可能明确检验的所有必要初始条件,哪怕在对照组实验中也是如此(Caldwell,1984)。社会系统的开放性意味着所研究的机制将不会单独决定被观察事件的过程(Peacock,2000)。

在开放而非封闭条件下检验管理理论,进一步加剧了从其他混杂效应中隔离出核心关系的困难。实际上,明确理论的边界条件对推进理论检验是非常关键的(Bacharach,1989)。举个例子,在第二章我们讨论过,由

第四章 理论检验：一个看似简单的过程

Johanson和Vahlne(1977)提出的乌普萨拉国际化进程模型认为,随着不断地学习,企业对国外市场的承诺逐步加强。然而,早期模型关于边界条件的陈述是模糊的,即该模型主要适用于市场寻求目标激励下的海外扩张。如果其他动机,如资产寻求是主要的,该模型就不适用了。在很多年里,此边界条件并不清晰,这导致了研究者对该模型多大程度上能得到经验数据的支持而感到困惑重重。

相对于证实的案例,我们从非证实案例中学到更多,但是我们的推理和取样常常存在证实性偏见(Wason and Johnson-Laird,1972)。理论的创始人可能对该理论怀有一种情感,即不自觉地只关注于支持性结果。Chamberlin(1965[1890])在一个多世纪以前就观察到了这一点,因此他提倡用多种工作假设的方法——尝试用尽可能多的视角对所研究现象开发可行的假设,而不只是基于一个理论做经验检验。通过这样的做法,当收集数据并对它们进行分析时,研究者才不太可能被理论影响而产生偏见。

研究者倾向于采用Klayman和Ha(1987)所称的"肯定型检验策略"来检验那些理论被期待成立的情形。"理论证实型研究者坚持通过调整程序直到得到支持预测的结果"(Greenwald et al.,1986:220)。沿着肯定型检验策略的路线,另一些普遍的研究做法则是基于已知结果来做假设。Kerr(1998)创造了"HARKing"(根据结果提出假设)这个词,来表示"事后假设开发"这种做法。除了扎根理论研究方法或案例研究,大部分定量研究都采纳以下呈现方式:由相关的理论首先推导出假设,然后搜集和分析数据,用零假设统计检验方法检验假设。然而,Hempel(1965)提倡的这种实证主义假说-演绎法可能并不代表实际做法。Bettis(2012)讲述了一名二年级博士生对"你在研究什么?"这个问题所做的回答:

> 他回答"我在寻找星号",我听到后当即感到非常困惑。他继续告诉我,他在给两位资深研究人员做研究助理并接受他们的指导时,是如何在一个一般性的话题领域,通过分析几个大的数据库,搜索在某些变量上可能带有星号的(10%或更显著水平上)有趣的回归模型。他找到了这些模型之后,会接着帮助导师在能够被解释的"星号"基础上提出理论和假设(pp.108-113)。

这个学生的回答表明了 HARKing 是真实发生的,它与应该遵循的假说-演绎法正好相反。假设是根据事后推理而形成的,却貌似以事前的方式呈现。HARKing 除了具有伦理上的不当之处(Leung,2011),还有很多有害的后果,如报告了很大程度上被夸大的统计显著性水平,妨碍了对可信的备择假设的识别,以及发展了错误的理论(Bettis,2012;Kerr,1998)。

期刊评审过程偏好那些支持理论的结果,这进一步强化了证实导向(Pfeffer,2007),进而导致文件柜问题(Rosenthal,1979)。Aldrich(1992:36)痛惜管理研究"系统性地侮辱了对科学尝试非常核心的两个过程:对原有发现的复制和对反对结果的发表"。肯定型检验策略显然与证伪原则相冲突,导致了对理论的确证性证据和普适性的过高信心,同时它让我们对未探索的其他可能解释视而不见。

肯定型检验策略的另一个问题关系到"顺应调节"这一方法论问题。Miller(1987:308)认为"当研究者开发一个假设来解释特定数据时,这可能导致如下指责:某种解释的拟合有违假设的基本事实,是开发者基于数据量身设计出来的"。同样,Starbuck(2004:1248)指出"实质上,人类思想有能力对包括那些毫无意义的数据在内的任何数据做出看似可信的解释"。这被 Lipton(1991)称作理论"捏造"。当研究人员看到数据需要被顺应调节时,便有动机去顺应调节并捏造一个理论。同样,研究人员若想要找到理论的预期效果也可能会想尽办法通过"篡改"数据来得到支持性的结果。例如,机会主义的研究者可能忙于模型设定搜寻、删除观测值,以此来提高模型适配度,乃至获得统计上符合预期方向的显著系数。

迪昂-蒯因论题

Popper 的证伪主义受到迪昂-蒯因论题的挑战,迪昂-蒯因论题以第一次提出它的人 Duhem(1954)和重新使用它的人 Quine(1961)的名字命名。这个论题扬言会削弱理论检验的前景。依据这个论题,理论从来不能被单独检验。相反,它们应该连同那些未被检验的其他辅助假设,包括背景假定和推理规则,一起检验。

针对上文提到的全面质量管理研究的例子,当检验全面质量管理和生

第四章 理论检验：一个看似简单的过程

产效率的关系时，不仅要包括论证这个积极关系的理论，还要包括一系列辅助假设，例如，与全面质量管理相关的实践、如何测量生产效率、数据收集方法和统计分析等。理论和它的相关辅助假设一起形成了一个检验系统。若设 H 为来源于一个实质理论的主要假设，A 为一系列辅助假设，O 为由 H 和 A 的结合引起的观察结果，则 $H \wedge A \Rightarrow O$。[8] 观察值"非 O"意味着"非（$H \wedge A$）"而不仅仅是"非 H"。换句话说，是整个检验系统而非主要假设被相矛盾的结果证伪（Grunbaum, 1960），并且辅助假设的存在混淆了主要假设的检验。当结果没有支持一个理论时，人们可以认为问题存在于不能对理论的某些条件加以控制上，而非在于理论本身（Nootboom, 1986）。

迪昂-蒯因论题提出的关键问题是当一个证伪的例子出现时，仅凭逻辑并不能分辨出检验系统的哪些元素应对证伪负责。假设研究者发现全面质量管理对生产效率具有负向影响，这与原有理论预测相反，此时，研究者不能简单地下结论说该理论已经被证伪。调整辅助假设可能会使理论在不做任何更改的情况下仍然成立。不充分决定性（underdetermination）的问题在社会科学中是非常严重的，研究者们对于某些辅助假设应该如何独立检验几乎缺乏共识（Meehl, 1978）。例如，研究者就以下问题可能无法达成一致：什么是一个真实可信、有效的测量生产效率的方式？以及各种全面质量管理实践构成的是一个单一构念还是多维构念？

理论的不可通约性

Donaldson（1995）认为不同的管理理论面向不同的分析层次，对组织和管理者有着不同的价值评估，并具有不同的语言和方法论。对于每个理论，都有一个专注的学者团队致力于检验得自理论的假设这一工作。为了在学术领域建立他们的独特领地，这些研究团队会强调他们的理论是如何区别于其他理论的（Mone and McKinley, 1993）。久而久之，理论家群体之间的边界变得不可逾越（Aldrich, 1992）。当研究者感知到理论是不可通约的，且与其他理论提倡者停止对话时（Mahoney, 1993），理论间的整合即使并非没有可能，也是非常困难的（Jackson and Carter, 1991）。[9]

理论间的不可通约性也使理论检验问题变得复杂。不可通约这一观点被管理研究者以一种"松散且不精确的方式"使用着（Weaver and Gioia, 1994:584）。Hintikka(1988:25)将两个理论的可通约性定义为"（相对于一系列给定的问题）两个理论所共享的答案的整体信息占把它们整合在一起产生的答案的总体信息的比率"。也就是说，对于一个特定现象，如果两个理论给予的解释几乎没有重合，那么它们在解释这一现象上就是高度不可通约的。更一般地，不可通约性是指由于不相容的假定（如本体论和认识论）和词汇（如中立的观察语言的缺失），理论对于局外人所表现出的不可理解性。不可通约性最常见的感知结果是没有共同点，在不同框架下进行研究的理论家们几乎不可能进行有意义的交流。

例如，在 Amihud 和 Lev(1999)、Denis 等(1999)及 Lane 等(1999)之间曾有过一个关于资产所有权结构与企业多元化战略之间关系的有趣交流，其中就出现了代理理论（一个被财务学研究者充分理解的理论）和战略管理理论方法之间的不可通约性问题。两个领域的研究者测量关键构念的方式是不同的，并且使用了完全不同的推理来陈述和诠释经验证据（Lane et al., 1999）。这些不同的辅助假定导致了这样的感知，即两个研究流派不能相互理解，而且过去的研究证据还阻碍它们之间达成一致。Lane 等(1999)认为，代理理论和战略管理理论代表了不同的世界观。这个不可通约性的主张意味着，不论是从逻辑上还是从经验上，比较不同理论的优劣并且排除那些局外人所进行的理论检验，都是非常困难的。简言之，不可通约性使得理论免受竞争（Jackson and Carter, 1991）。

职业诱因

证实偏见的问题可能是由研究者面对的职业诱因导致的："考虑到职业发展更多的是依据一个人在理论上的成功，而非在证伪他人理论上的成功，所以很少有研究者能被激励而投身于证伪的努力"（Greenwald and Ronis, 1981:136）。Stinchcombe(1986)更进一步表示，那些自称为理论家的人通常宁愿接受经验性空无（empirical emptiness）（提出在经验上没有调查意义的理论），也不能认真对待与他们理论相矛盾的竞争理论所产生的研究结果动向。简言之,游戏规则表现为"目光短浅地聚焦于论证自己理论的可信度"这一做法大受追捧,而"忽略竞争性解释及其经验证据"的做法几乎未受惩罚。与某一个理论有密切关系的研究者更有兴趣看到理论被支持,而且更倾向于只出版证实性结果,这种态度肯定是不科学的。如著名的诺贝尔物理学奖得主 Richard Feynman 于1974年在加州理工学院毕业典礼演讲上所提到的,"假如你想创造一个理论,并宣扬它、展示它,那么你也必须记下所有与它相符及不符的事实"(Feynman,1985:341)。

在顶级期刊上发表论文是评估学者绩效的重要指标。满足审稿人和编辑的偏好是成功发表的关键因素。正如许多期刊政策中明确规定的那样,期刊评审过程强烈偏好对理论的创新贡献。研究者就此做出回应,从而导致了那些极少得到检验的理论或理论观点的激增。以至于到了这种程度:理论确实得到了检验,但作者通常希望经验数据能够证实源于这些理论的假设,这也是文件柜问题的具体反映。同样,审稿人和编辑一般都偏爱那些支持了假设的经验结果。而且,由编辑选择的审稿人(因为他们是学科专家)都耽溺于自己的理论。除非作者能就被拒绝的假设提供某些充分的理论解释,否则审稿人和编辑通常不赞成否定性的结果。[10]

总结来说,现状就像 Arend(2006:149)坦率描述的学术版传销:

> 那些更早进入的研究者从进一步的经验支持中获得了更多的引用和合法性。而那些加入金字塔的人从遵守这个规则中获三个潜在好处:更简单的情境阐述和假设生成;由于评审人了解并支持该理论,所以其接受相关文章的可能性更大;考虑到援引理论的流行度,文章未来被引用的可能性更大。

这种激励体系的一个后果是,管理研究者放弃了提供能够指导实践的理论这一职责:"支持和援引一个流行理论的好处是巨大的,而这一理论对实践者来说到底有利还是有害,(对研究者来说)影响是非常小的(Arend,2006:417)。"成本—收益的不对称激发了以证伪为代价的证实。下一节将从批判实在论者的角度,讨论能够解决部分障碍的理论检验方法的问题。

理论检验方法

大多数研究者都采纳一种隐含的经验主义本体论,其将经验领域和实在领域相混合;而非采纳一种实在主义本体论,其反映于 Bhaskar(1978)对实在、实际和经验的(the real,the actual,and the empirical domains)三个领域所做出的区分。研究者经常使用方差设计方法(Mohr,1982),以相关性的表示方式来研究经验规律,而非直接考察因果解释。尽管研究方法训练让我们对封闭和开放系统的区别很敏感,但我们的理论和经验检验只在有限程度上反映了批判实在论者所强调的"结果是源于权变的机制联结"这一观点。

一些批判实在论者认识到批判实在论对科学哲学的贡献度与这一文献领域中缺乏方法论指导的程度二者之间仍存在着差距(例如,Wuisman 2005;Yeung,1997)。这种情况在不断得到改善,但开始缩小这一差距的那些人选择了首先以产生和证实理论为目的,而非以证伪理论为目的。[11] 现在有必要通过进一步明确检验理论的方法来扩充批判实在论者的成果,而所提出的方法本身应该尽可能地解决已经被早期研究者确认的理论检验障碍。

这一节得出了评估理论特别是管理理论的实践指南——这将会促进理论检验。首先提出了理论检验的四步法,然后介绍了组合宽度和深度设计的研究程序。

检验机制

在批判实在论中,进行理论化就是提出能够解释事件的机制。研究者为了确认机制会使用溯因推理,它超出了被科学哲学强调的两种传统意义上的推理形式,即演绎和归纳(Wuisman,2005)。我在第一章中曾简单地提到,溯因推理是推断性推理的模式,它重构了一个经验现象的发生条件(Danermark et al.,2002)。溯因推理寻求识别超越当下情境现象但又对该现象的发生至关重要的产生机制。我们为了从具体的经验情形中抽象出机制,会尝试对偶发的和非本质的条件(如虚假效应)与一般的和本质的条件进行区分,通常是后者支撑了该现象的发生。

第四章 理论检验：一个看似简单的过程

在批判实在论方法所涵盖的内容里,较少强调在检验所假定的机制时需要一个互补过程。Sayer(1992)提倡直接检验机制,而不是检验它们的可观察行为表现。这个观点反映了从检验经验相关性到真实机制的一种分析转变。尽管相关分析能够评估理论的预测性意义,但它并不能直接证明或否定理论的因果性解释,也不能排除可替代性解释。如果机制是真正具有解释性的,它们必须能够经得起直接检验(Bromiley and Johnson,2005)。然而,批判实在论者的讨论确认了对检验解释形成巨大障碍的两个属性：(1)机制可能无法被直接观察；(2)它们的影响是权变的。如果批判实在论者既进行理论生产又进行理论检验,那么他们必须克服这两个障碍,并针对下述问题提供解决方案：(1)确认和测量发生于某一个情景下的相关机制；(2)检验机制的联结,将其作为经验性结果的解释。

在管理研究领域的其他一些地方也有提及对无法观察的机制这一问题的担忧。Godfrey 和 Hill(1995)区分了两种构念类型：一种是测量无法观察型的(例如,不存在被适当地标准化的工具)；另一种是状态无法观察型的(例如,观察扰乱了状态)。对于第一种类型,应该将重点放到发展测量上。而对于第二种类型,应该在不引人注目的数据收集技术上做出努力。上述两个无法观察类型并不是批判实在论研究所独有的,即使不能保证成功地克服它们,起码解决这些挑战的方法也已经很成熟。从研究者的角度看,机制是无法观察的,然而对研究场景中的参与者来说它却可能是显而易见的。因此,询问参与者(采用访谈或问卷的形式)可以直接引出有关机制的证据,由于自我报告型的测量容易受制于各种偏差,因而必须加以谨慎对待(Schwarz et al.,1998)。

管理研究趋向发生了变化,从原来的由理论观点驱动多个假设,直接转变为采用多元模型纳入多个理论变量和控制变量的替代变量来检验理论。这样的研究旨在使用方差(也就是相关性)方法来检验全部的理论体系。增强该方法的使用会产生如下顾虑：达不到完整设定的回归模型会产生有偏见的估计系数。多元相关方法的运用应该是值得赞扬的,但是仅仅有它们并不能满足批判实在论的迫切要求。特别地,多元相关方法忽略了因果机制检验是证实或证伪理论过程中的一部分。直接考察机制需要增加研究步骤,包括细化被假设机制,检验这些机制是否存在,确定它们是否如假设那样发挥作用。这三步,连同检验完整的理论体系,一起构成了理论检验的四步法。

第一步

第一步包含了识别因果机制,它被认为能够解释研究中的假设关系。这一步需要在理论和所研究的经验情境的交互界面上进行诠释工作。研究者必须解决理论中的模糊性,并推导出它们对特定场景的意义。其目标是为解释的属性与过程提供一个情境化的界定,这些属性与过程是所假设的因果关系的基础。因为一个理论可能提出不同机制来解释不同的现象,所以研究者需要选出他们认为运行于特定研究场景中的那些机制。不止一种机制与一个给定的因果关系有关,对于一个假设关系,不同机制之间可能会相互补充或相互矛盾。为了表明识别所有相关机制的重要性,Bromiley 和 Johnson(2005)以高层管理团队多样化影响企业绩效为例,阐述了其多变且相互矛盾的情形。

以一个简单的理论为例:变量 x_1 和 x_2 共同决定了 y。图 4-1 的第一步展示了这个理论体系的路径图。在第一步中,所假设的机制 m_1 和 m_2 分别连接了 x_1 与 y,x_2 与 y。其中,将 x_1、x_2 对 y 的参数(在第四步中被称为 β_1 和 β_2)与机制 m_1、m_2 加以区分是非常重要的。包围路径图的圆圈代表内隐的或外显的其他条件保持不变,并设定封闭的理论体系。根据图 4-1 的第一步来设定模型给理论家带来两个挑战:澄清理论机制(Anderson et al., 2006)和澄清边界条件(Bacharach, 1989)。

第二步

检验理论的下一步是考虑机制是否确实存在于经验情境中。图 4-1 的第二步的重点是去证实因果机制的存在。如果未能证实该机制的存在或未能确认其本质,那么就为反驳该理论提供了有力证据。这种对机制进行优先检验,而非直接对因变量的假设关系进行检验的做法,与管理研究中的惯常做法是相反的(Bromiley and Johnson, 2005)。

第一步：识别假设机制

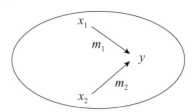

第二步：在经验情景下，检验机制的存在（m_1 和 m_2）

第三步：检验孤立的因果关系

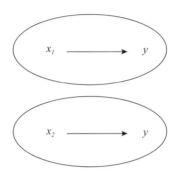

第四步：检验理论体系

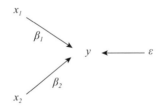

图4-1 批判实在论方法检验理论的步骤

检验机制的存在可能涉及寻找该机制超出理论预测的附带意义（Goldthorpe，2001）。即使一个特定的机制不能被直接观察到，但是如果在逻辑上可归因于该机制的可观察效应越多，那么该机制存在的理由就越充分。例如这样一个论点：企业与联盟伙伴的合作经验会导致企业更愿意在特定资产上进行投资，原因是不断加深的信任程度。联盟伙伴之间的信任并不能被直接观察到，但它会对谈判、合同及协调过程产生诸多显而易见的影响。在这个例子中，多个可观察指标为一个不可观察机制的存在提供了间接支持。这种推理方式与结构方程模型中对潜在构念的多重指标的使用是相似的,但这里所研究的构念是一种因果机制。

Bhaskar(1998)认为人们的"理由"运作为成因,其反过来会促进或抑制变化。人类的有意图行为为检验理论机制提供了机会。追溯意图既依赖于参与个体对真实信息的披露、对相似情景的其他人的观点的概括,又依赖于研究者自己的意图在研究对象上的投射。为了能推断出原因并评估研究对象所信奉的理由,我们启发性地利用自我理解来寻求对他人不可观察意图的洞见。我们的共同人性和经历而非客观立场促成了推断他人行为意图的诠释行动(Gadamer,2002;Ricoeur,1981)。

第三步

如果已有证据证实了理论机制是存在的,那么接下来就要检验它们的因果效应。尝试在一个开放情境中证实或证伪一个整体理论体系之前,一个先行步骤是在被控制的环境中检验二元的或更复杂的关系子集。在图 4-1 的假设例子中,我们在隔离其他影响的情境下来检验 $x_1 \rightarrow y$ 和 $x_2 \rightarrow y$ 的关系。图 4-1 的第三步描述了这些检验。如果这样做,我们必须从最终所考察的经验情境的开放系统转移到实验的或准实验的场景里去。

尽管对外部效度不利(Guala and Mittone,2005),实验室中的实验允许在与封闭系统相似的条件下检验机制的影响。由于干预是随机分配的,实验室实验一般比非实验设计更能提供强有力的证据来支持或拒绝假设。很多理论引出由一个事件导致另一个事件的因果关系链组成的机制,实验帮助隔离并检验这些联系。此外,实验设计使研究者能够评估竞争理论的优劣,比如,可以通过检验这些理论提出的竞争性中介关系(Shadish et al.,2002)来实现。尽管实验研究在心理学和组织行为学中已经是一个非常流行的研究方法,但是在管理研究的宏观领域(如战略),却很少运用实验研究来协助对机制的检验(Croson et al.,2007)。一个值得注意的例外是,由Sutcliffe和Zaheer(1998)实施的研究不同类别的不确定性对纵向一体化的可能性影响的实验,另外一个是 Schweppes 等(1989)的实验,他们让管理者通过参与到辩证探究法(dialectical inquiry)、魔鬼代言人(devil's advocacy)、共识手法(consensus approach)等活动中来制定团队战略决策。

行为模拟是指在一个被建构的场景中,个体模仿一个自然发生的组织

第四章 理论检验：一个看似简单的过程

情景中的关键方面。所建构场景的现实性是区分行为模拟和实验室实验的关键特征。在一个互动行为模拟中，研究者对模拟情境进行控制，并观察参与者之间彼此互动之后产生的行为和决策。这种方法特别适合战略过程研究（Dutton and Stumpf，1991）。例如，Hugh 和 White（2003）利用一个互动行为模拟研究了环境动态性对决策全面性与决策质量二者关系的调节作用。Gist 等（1998）报告称，互动行为模拟在管理研究中仍然很少见，即使在组织行为学期刊发表的文章中也是如此。

准实验具备实验室实验的某些特征，但它们发生于实地场景之中，研究者对影响效果的分配和时间表进行不完全控制（Shadish et al.，2002）。因此，准实验因其能提供近似随机分配的干预条件而具有某些优势。与实验室实验不同的是，准实验为获取外部效度而舍弃了某些控制（Grant and Wall，2008）。除少数例外，组织行为学领域以外的管理研究者同样很少采用准实验设计。Szulanski 和 Jensen（2004）是一个例外，他们基于八年的纵向案例研究调查了范本在组织惯例复制中的作用，该研究采用了一种自然地发生和重复干预的准实验形式。

宏观领域中的管理研究者应该进一步探索实验室实验、行为模拟及准实验在严格检验理论关系方面的潜力。因为上述方法超出了战略或国际商务博士项目通常的训练范围，宏观领域的管理研究者有机会与上述方法占据主流的组织行为学和心理学的学者进行合作。

第四步

如果经验数据确认了一个理论的多个机制及其效应，那下一步就是去联合考察这些机制的意义。这一步是把分析从隔离机制转到整个理论体系，因此，给评估程序增加了复杂性。在这一阶段，我们感兴趣的是，是否所有的理论机制都是必要的，以及它们能否在一起充分地解释结果。对一个复杂的管理理论来说，在单独的研究中去检验所有机制可能是行不通的。在这样的情况下，次优选择是设计机制的子集检验，这样就不会因漏掉的理论变量而产生偏误，通过选择一定的研究场景，那些不能被测量的变量可以被假定为不变或不相关。

社会系统的开放性使得共同检验一个理论的多个假设变得复杂。尽管理论系统是封闭的（见第一步），但组织和产业的经验情境却不是。图 4-1 的第四步描述了开放的理论系统，在这个系统中，来自外界的影响引起了未得到解释的方差被移交到误差项 ε 里。这里，误差项来源于与经验情境相关但超出理论自身范围的被遗漏变量。未能做到对某些相关机制加以说明会降低一个模型所能解释的方差比例，从而潜在地影响理论变量的估计效应以致产生偏差。与最初的理论模型（第一步）不同，第四步聚焦于可估计的偏相关（β_1 和 β_2）而忽略生成性机制（m_1 和 m_2）。这种从机制到相关性的转变适应了已获确认的多元方法。而使经验数据匹配一个多元模型这种做法会把生成因变量的过程当作一个黑箱来处理。由此，相关分析只能补充而不能替代其他直接检验机制的研究。

研究者潜在地认识到了相关的外界权变因素的作用，于是选择进行大样本考察，尝试纳入控制变量来解释在理论及交互之外的效应。然而，这种情况可能导致"互动主义的倒退"（"interactionist regress"）①（Sayer，1992：189），表现为，把结果解释为权变的联结机制将导致概念上难以理解同时经验上难以检验的复杂交互。大样本分析方法要求简化有关权变因素影响观测值的假定，而案例研究则可以识别并纳入特殊的可能性（Nash，1999）。下文将讨论不同的研究设计是如何有助于理论的检验的。

研究设计

批判实在论在经验研究方法方面是非常多元化的。因为不同的方法关注现实的不同方面，而在研究项目中结合几种方法可以产生对所研究现象的丰富理解（Mingers，2001）。批判实在论者区分了宽度设计和深度设计，认为二者都是必要的，并且是相互补充的（Danermark et al.，2002；Sayer，1992，2000）。宽度研究检验跨越不同案例的经验一般性，常常采用定量方法。深度研究尝试揭示与特定案例相关的解释性机制，往往与定性分析模式相联系。混合设计同时结合宽度设计与深度设计，因此可以利用它们互补的优势，规避劣势。批判实在论者鼓励用混合设计来设法解决所研究现象的复

---

① 经查阅 Bhaskar（2008）和 Sayer（1992）等有关批判实在论的原著，另一个可能的译法是"互动主义的追溯"。——译者注

杂性,这种复杂性可能是在任何单一设计方法下都很难被发现的(Mingers,2006)。

宽度设计

批判实在论者关于宽度设计的担心围绕以下内容展开:(1)聚焦于经验性相关,而非详述解释性机制;(2)假定模型的稳定性和封闭性;(3)依赖于显著性的统计检验(Mingers,2004)。Sayer(1992:194)表达了类似担心,他观察到:

> 考虑到机制和事件之间的脱节,一个强相关性(或某些其他的定量关联)并不一定表明因果关系,或者一个弱相关也不必然意味着缺乏因果关系或结构关系。如果理论是帮助解决这类问题的,那么它必须假定出因果机制,而不能仅仅指定因变量上的总体变化是如何可能量化地相关于自变量的变化的。

其至Starbuck(2006)将效应值(etfect size)优先于数据显著性的做法也漏掉了通过识别机制及周边权变因素来实现解释这一目的。只有在模型就反映复杂关联机制的权变关系进行详述的情况下,所估计的效应值才能捕获因果影响的价值。

然而,Ron(2002)提供了不同意见来讨论上述问题。他指出开放系统并不必然削弱经验规律,并且规律的发生能够为所运行机制提供洞见。从批判实在论视角出发,研究者可以使用回归分析来说明被假设的因果机制的影响,前提是要控制住可能影响结果的其他机制。Ron(2002)认为研究者对回归模型的重复再设定表明他们正在致力于探索性地寻找影响经验结果的机制。这种对回归分析的探索性利用,旨在回顾性地解释经验模式,并且对于开放系统,研究结果不能被当作一个预测模型来诠释,与此同时,用于评估"理论—决定模型"中回归系数的统计显著性的传统标准也不适用。如果我们的意图是去证伪理论,研究者应该寻求逐渐削弱被假设关系的模型再设定,而不只是寻求支持理论的事后再设定(Caudill and Holcombe,1987,1999;Kennedy,2005),或者为了匹配结果而对理论观点做出调整,如同HARKing的实践者所做的那样。

Manicas(1987,2006)提出如下担忧,即在批判实在论研究中,所假设的影响不是线性累加的,从而违背了回归建模的关键假定。这种批评忽略了批判实在论研究中应用多元建模的可能性。例如,研究者可以采用带交互项的回归模型来检验权变效应。如果被假设效应在因变量的取值范围区间发生变化,那么就可以使用曲线函数。运用回归分析,适合经验检验的关系主要包括了直接效应和较低层面(lower-level)①的(两方或三方)曲线效应,而非更复杂的权变关系。多层线性模型允许回归系数随其他分析层次的调节和中介效应的变化而变化(Hofmann et al.,2000;Zhang et al.,2009),也因此成为批判实在论者检验干预机制影响理论关系的另一种工具。

对带有复杂和动态联结的模型,计算机仿真建模提供了一种从理论观点转换到经验检验的途径。带有仿真模型的试验为反映多个变量对特定结果产生影响的响应面(response surface)生成数据。这些数据允许进行一个代数函数的估算——通常被称作元模型(meta-model),它能够获取一组自变量对因变量的影响。响应面方法用于估计一个多元方程,近似于由复杂仿真模型产生的关于解释变量对结果变量的函数关系(Law and Kelton,2000)。如果相关的经验数据是可得的,那么就可以检验一个可估计的元模型了。将复杂系统的仿真建模结合进来,可以产生经验上可检验的回归模型,使得研究从复杂(非线性)动态系统转向使用既定方法进行实证检验。该方法可以促进诸如组织结构和学习研究领域内的经验检验,在这些研究领域里,仿真研究已经增强了我们对相关机制的理解(例如,Lin and Hui,1999;Rahmandad,2008)。

深度设计

在开放系统中,如果经验结果来源于多个机制的联结,此时,深度研究通过解决人们可以预料到的案例间的差异来对宽度研究进行补充。深度设计背后的目的是确认和描述在特定案例中运行的生成机制,而在宽度设计中这一般是不可行的。深度设计强调在一个或多个案例内收集详细数据,这些数据通常是定性的,分析方法也是定性的。案例研究、民族志、历史编

---

① 我们理解这里的参照系不是直接效应,而是更复杂的效应。——译者注

第四章 理论检验：一个看似简单的过程

纂学(将在第七章讨论)及行动研究中的已有方法都可以指导深度设计。

批判实在论者采用这些方法的一个独特性是强调溯因推理。当考虑到干预性和对抗性的情境机制时，对案例的深入调查给我们提供了一个独特的机会，即评估理论所提出的多个机制是否如预期的那样共同影响着经验结果。Easton(2000:212)总结如下：

> 若想主张实在主义哲学，应该以不同的方式实施案例研究：保持好奇，寻根究底，解开复杂性并且概念化、再概念化，检验和再检验，既严谨又富于创造性，以及最重要的，透过隐藏真相的厚厚的面纱探究出深藏的事实。

例如，Porter(1993)关于种族主义如何影响医院里医生和护士的职业关系的民族志研究，即采用了批判实在论视角来识别种族主义事件的产生机制，并且，他们发现专业主义的普遍主义者－成就精神(universalist-achievement ethos of professionalism)是与种族主义倾向归属性本质相反的一个机制。

如果深度设计是为了提供证据来证实或证伪理论主张，那么有意图的取样便是其中重要的一步。对照案例可以提供证据证明源于自然实验的有关机制是如何在不同条件下运行的。通过对同一案例进行跨时期的重复研究和比较，可以揭示出机制中的连续性和非连续性以及情境是如何对结果产生影响的(Harrison and Easton, 2004)。此外，病态或极端案例可以揭示出机制遭受破坏或机制畅通无阻的条件(Danermark et al., 2002)。如 Collier(1994:165)解释的那样："就工作正常需要哪些条件这一问题，通过观察某些事情是如何出问题的要比观察正常工作状态发现的更多。"

辅助假设

前面提到的迪昂－蒯因论题告诉我们如何检验机制和理论体系。因为辅助假设(A)的存在混杂了对任何理论假设(H)进行的检验，所以在一组辅助假设下接受一个给定的理论假设，而在另一组辅助假设下拒绝这一假设，是可能的。尽管迪昂－蒯因论题所暗指的混杂效应不能被排除，但 Sawyer 等(1997)建议了两种评估辅助假设影响的方法。

第一种方法是进行敏感性分析,在这种分析中,辅助假设是被修改的。例如,研究者可以抽取不同的样本,采用不同的测量方式,改变模型设定,或者使用不同的统计方法来匹配和评估模型。使用替代性的辅助假设得到的相一致的证伪或支持证据相比使用替代性的辅助假设产生的对立结果更令人信服。定量研究中典型的稳健性检验就属于这种方法。

第二种方法是直接检验辅助假设。如第三章所讨论的,Maki(2000)区分了理论的核心和外围假定:核心假定表明理论提出的主要影响因素,而外围假定是次要影响因素。尽管理论检验是围绕核心假定的,但对外围假定进行直接检验也可以提供该理论合格的进一步证据,并且能够阐明辅助假定。

扩展先前研究的复制型检验也可以通过聚焦于每一次检验系统的一部分来帮助研究者考察替代性辅助假设的意义。设想研究结果不支持检验系统,$H \wedge A$。推测是一定的辅助假设导致了这个结果,研究者采用替代辅助假设(A')来重复这个研究,同时保持检验系统的其他部分不变。结果支持了新的检验系统,$H \wedge A'$,证实了研究者的推测。[12]如果系统仍然不被支持,研究者需要考虑是否应该拒绝 H。与此类似,Soberg(2005)提出通过使用一系列的实验来定位证明假设不成立的证据源头。

临界检验

临界检验需要额外的数据,它使研究者能够判断竞争性理论的相对优势(Stinchcombe,1968)。这种方法涉及在特定领域内寻找不同的理论,它们可以做出相互矛盾的经验预测。研究者应该寻找机会进行两类临界检验:(1)检验不同的解释机制;(2)检验替代性理论的矛盾影响。

作为第一类研究的例子,Gimeno 等(2005)对不同理论提出的战略模仿的竞争性和非竞争性理由进行了经验研究。作为第二类研究的例子,即检验不同理论相矛盾的经验影响,Singh(1986)认为组织绩效和风险承担之间存在负相关关系,但也指出基于自大或无聊的理论观点会预示二者具有相反关系。这种构想使他的经验证据成为这些可替代预测之间的临界检验。相对于检验单个理论的影响然后调用替代的那个作为对未预料结果的事后解释,对相矛盾的理论预测设置直接的经验检验能够提供关于它们的相对优势的更完整证据。尽管这两个例子都是基于宽度设计,但是临界检验也可以在深度设计下进行。第五章中 Sagan(1993)关于古巴导弹危机的案例研究就是一个范例,它检验了解释危险高科技组织中发生事故的两个主要理论,即常态意外理论(Perrow,1999)和高可靠性理论(La Porte and Consolini, 1991;Roberts,1989)所提出的竞争机制及其影响。

结　论

竞争性理论的激增有助于科学进步(Kuhn,1962;Lakatos,1970)。在管理领域内,March(2004)强调相异信念的适应性价值。管理研究的交叉学科性质和组织的多面性本质使得多元主义成为优势。问题不是我们拥有太多理论,而是我们很少淘汰已有理论。

在这里提倡的方法既不是证伪主义也不是证实主义。科学必须包括这两种立场,因为它们在逻辑上和实践上是相互补充的。然而,管理理论的激增表明领域内的现有实践更偏好以证伪为代价的证实。为了修正这种状况,本章提议通过更严格的检验理论来加强在证伪方面的努力。

为了成功地检验理论,管理研究者必须克服一系列难以对付的实践和哲学上的障碍,例如,社会现象的复杂性和权变性、社会系统的开放性、远未被精确阐述的理论及研究设计的局限等。职业生涯和专业方面的考虑(比如保护自己理论的可信度)有时也会妨碍严格的理论检验。

这一章讨论了检验管理理论的四个互补的步骤:(1)识别被假设的机制;(2)在经验场景中检验机制的存在;(3)采用实验或准实验设计检验孤立的因果关系;(4)采用相关方法检验理论体系。尽管对这些步骤及其涉及的方法都有分散的讨论,但是并没有人尝试将它们组织到一个整合性的研究里。

管理学中的大部分经验研究,尤其是基于宽度设计的那些,旨在识别表示为相关性的经验规则,也正因为如此,它们只做了四步法中的第四步。很多研究会涉及第一步,但却忽略了第二步和第三步。在没有直接考察因果机制的情况下,很难评判与经验结果相矛盾的解释。即使面对不断积累的但大部分是验证性的经验结果,忽略对机制存在和因果影响的检验会将理论解释置于被怀疑的境地。实际上,宽度设计和深度设计都可以提供这些检验。

识别和检验因果机制要求更多地使用来自社会科学其他领域的最常见的设计与方法,比如通过实验室实验、行为模拟、准实验、历史编纂学、民族志或基于田野场景的扎根理论方法来产生数据。交叉学科的合作,以及从其他学术领域的方法文献中获得指导,都能够促进这样的研究设计。因为这四步中的每一步都需要特定的研究技巧,但没有研究者能精通所有的技巧,因此就需要专业化,即不同的研究者聚焦于不同的步骤,开发潜能,协调序列步骤或在多个步骤中共同工作。

最后但同样重要的是,研究者应该听从 Locke(2007:887)的建议"从来不要将你的自尊(自我)与理论的正确性联系在一起",而且,当证据要求新思想时,应该做好调整甚至放弃原有理论的准备。Raymond Vernon 在他的产品生命周期理论中表现出的那个转换是一个值得称赞的例子。在最初的阐述中,Vernon(1966)假定了企业连续的参与过程——从国内市场作为创新产品来源开始,接着通过出口来参与国外市场,最后对外直接投资。在他后来的文章中,Vernon(1979)认识到了很多多国公司偏离了他最初理论中提出的母国导向,而表现为在多个国家市场同时推出产品。他指出这些证据证伪了连续市场推出这个有关多国公司行为的一般理论,并提出了使该理论仍然适用的一些权变条件。作为科学共同体的一员,我们不需要在整个职业生涯期限里做始终一致的结论。承认思想上的变化表明了我们一直在学习,并且我们的领域在不断进步。

注　释

1. Nickerson(2000:242)区分了零假设的两种不同含义——"通过统计手段,一旦无效,将作为证据支持一个特定备择假设的假设"及"两组数据在一些参数上无差异的假设"。在前一种含义下,一个零假设有可能陈述也有可能不陈述"无差异"。注意,管理研究者通常采纳前一种含义,也是本章所

第四章　理论检验：一个看似简单的过程

使用的含义。

2. 至少,这是20世纪90年代我在英国贾吉管理研究所(现在是剑桥贾吉商学院)修习博士课程时的情况。我自己和(据我所知)我的同学在研究中把零假设统计检验视为理所当然。事实上,零假设统计检验在某种意义上已经被制度化了,表现为在进行统计分析时,它在大多数软件包中随时可得,"大多数研究人员只是盲目地检验'没有差异'或'没有关系'的零假设,因为大多数统计软件只检验这些假设"(Thompson,1998:799)。

3. 随着零假设统计检验的撤销,《战略管理期刊》(*Strategic Management Journal*)开始欢迎没有显著结果的研究报告投稿(Bettis et al.,2016)。

4. 这只是归纳推理的一种形式。第五章给出了有关归纳的正式定义,也讨论了归纳推理的其他形式。

5. 解释大卫·休谟的归纳难题的本质超出了本书范围。感兴趣的读者可以参考Tsang和Williams(2012)对此做出的一个非技术性处理。

6. Chalmers(1999:92—101)讲述了亚里士多德世界观的支持者们是如何提出各种各样的证据来败坏哥白尼学说的名声的。

7. 这个对比在一定程度上与自然现象和社会现象的本质有关。例如,如果一个理论提出地球是围着太阳转的,另外一个理论提出了相反的观点,从逻辑上讲,这两种理论描述不可能都是正确的。与此相对,一家公司决定内部制造某种组件而不是从市场上购买,可能部分出于交易成本的考虑(交易成本经济学解释),部分出于合法性考虑(制度解释)。这样的解释并不是相互排斥的,管理者可以同时包含这两个动机。Ghoshal(2005:86)指出在社会科学中,"很多不同的甚至相互矛盾的理论可以解释相同的现象,并且其解释程度非常相似"。

8. 逻辑运算符号"∧"及"⇒"分别表示"和"及"意味着"的意思。

9. 与已经讨论过的其他障碍相比,这个实在是再明显不过了。Kuhn在他1962年的里程碑式的自然科学史著作中提出了不可通约范式的概念,但即使是他,后来也承认不可通约性并不一定排斥在不同范式下工作的研究人员之间富有意义的沟通和相互理解(Kuhn,1990)。同样,Laudan(1996:9)认为,不可通约性的问题并不像某些人断言的那样严重:"20世纪60年代早期不可通约性开始流行时,它在寻找实例化方面就一直是一个哲学难题。"Hunt(1991)以一种更强硬的语调坚持认为,范式的不可通约性在哲学上已经被彻底否定了。相似地,Hintikka(1988:38)总结道,"试图利用科学理论的绝对或相对的不可通约性,来论证科学理论达不到纯粹科学(理性的)是非常荒谬的"。换句话说,理论是可通约的,并且可以依据共同的标准被公平比较和评价(Losee,2005)。根据这些对不可通约性的批评,一些管理研究者将不可通约性作为"不去尝试理解或调和不同理论的借口",这是非常不幸的(Donaldson,1998:269)。本书第六章讨论了不可通约性和观察的理论负载性(theory-ladenness of observation)的关系。

10. 我希望能够提供一些大样本数据来支持这一说法,但是现在我只能利用我自己及同行们在期刊评审过程中经历的逸闻趣事来说明。例如,一位顶尖管理期刊的副主编曾经告诉我,他曾负责处理一篇大部分假设没有被支持的稿子,一位审稿人强烈建议以这一事实作为主要的拒稿理由。

11. Edwards 等(2014)在其最近编辑的一本书里,收录了许多从批判实在论者角度讨论各种研究方法和技术的论文。这些论文很好地揭示了一个观点,即学术界在针对理论产生与理论证实的问题上是存在偏见的。

12. 这里的一个假定是,为了考察相关的辅助假设,必须要重复这项研究;也就是说,对先前数据的简单再分析是达不到这个目的的。比如,当该辅助假设是关于问卷调查中的某个特定变量的测量时,这种情况就会发生。此时,需要针对该变量进行一个包含不同测量题项的新调查。

参考文献

Agassi, J. 1975. *Science in flux*. Dordrecht, the Netherlands: D. Reidel Publishing.

Aldrich, H. E. 1992. Incommensurable paradigms? Vital signs from three perspectives. In M. Reed and M. Hughes (Eds.), *Rethinking organization: New directions in organization theory and analysis*: 17-45. London: Sage.

Allison, G. T. 1971. *Essence of decision: Explaining the Cuban missile crisis*. Boston, MA: Little, Brown and Company.

Alvarez, S. A. and Barney, J. B. 2010. Entrepreneurship and epistemology: The philosophical underpinnings of the study of entrepreneurial opportunities. *Academy of Management Annals*, 4: 557-583.

Amihud, Y. and Lev, B. 1999. Does corporate ownership structure affect its strategy towards diversification? *Strategic Management Journal*, 20: 1063-1069.

Anderson, P. J. J., Blatt, R., Christianson, M. K., Grant, A. M, Marquis, C., Neuman, E. J., Sonenshein, S. and Sutcliffe, K, M. 2006. Understanding mechanisms in organizational research: Reflections from a collective journey. *Journal of Management Inquiry*, 15: 102-113.

Anonymous. 1998. The problems with formalism: Interview with Mark Blaug. *Challenge*, 41(3): 35-45.

Arend, R J. 2006. Tests of the resource-based view: Do the empirics have any clothes? *Strategic Organization*, 4: 409-422.

Argyris, C. and Schön, D. A. 1978. *Organizational learning: A theory of action perspective*. Reading, MA: Addison-Wesley.

Astley, W. G. and Zammuto, R. F. 1992. Organization science, managers, and language games. *Organization Science*, 3: 443-460.

Bacharach, S. B. 1989. Organizational theories: Some criteria for evaluation. *Academy of Management Review*, 14: 496-513.

Barney, J. 1991. Firm resources and sustained competitive advantage. *Journal of Management*, 17: 99-120.

Barney, J. B. 2001. Is the resource-based "view" a useful perspective for strategic management research? Yes. *Academy of Management Review*, 26: 41-56.

Bettis, R A. 2012. The search for asterisks: Compromised statistical tests and flawed theories. *Strategic Management Journal*, 33: 108-113.

Bettis, R. A, Ethiraj, S., Gambardella, A, Helfat, C. and Mitchell, W 2016. Creating repeatable cumulative knowledge in strategic management: A call for a broad and deep conversation among authors, referees, and editors. *Strategic Management Journal*, 37: 257-261.

Bhaskar, R. 1978. *A realist theory of science* (2nd ed.). Hassocks, England: Harvester Press.

Bhaskar, R. 1998. *The possibility of naturalism: A philosophical critique of the contemporary human sciences* (3rd ed.). New York: Routledge.

Bhaskar, R. 2008. *A realist theory of science: With a new introduction*. New York: Routledge.

Bradbury, H. and Lichtenstein, B. M. B. 2000. Relationality in organizational research: Exploring the space between. *Organization Science*, 11: 551-564.

Brennan, M. J. 1994. Incentives, rationality, and society. *Journal of Applied Corporate*

Finance, 7(2): 31-39.

Bromiley, P. and Johnson, S. 2005. Mechanisms and empirical research. In D. J. Ketchen Jr. and D. D. Bergh (Eds.), *Research methodology in strategy and management*, Vol. 2: 15-29. Amsterdam, NL: Elsevier.

Caldwell, B. J. 1984. Some problems with falsificationism in economics. *Philosophy of the Social Sciences*, 14: 489-495.

Campbell, K. 1963. One form of scepticism about induction. *Analysis*, 23(4): 80-83.

Caudill, S. B. and Holcombe, R. G. 1987. Coefficient bias due to specification search in econometric models. *Atlantic Economic Journal*, 15: 30-34.

Caudill, S. B. and Holcombe, R. G. 1999. Specification search and levels of significance in econometric models. *Eastern Economic Journal*, 25: 289-300.

Chalmers, A. F. 1999. *What is this thing called science?* (3rd ed.). Maidenhead, England: Open University Press.

Chamberlin, T. C. 1965 [1890]. The method of multiple working hypotheses. *Science*, 148 (3671): 754-759.

Child, J. 1972. Organizational structure, environment and performance: The role of strategic choice. *Sociology*, 6: 1-22.

Child, J. 1997. Strategic choice in the analysis of action, structure, organizations and environment: Retrospect and prospect. *Organization Studies*, 18: 43-76.

Cohen, M. D. and Axelrod, R. 1984. Coping with complexity: The adaptive value of changing utility. *American Economic Review*, 74: 30-42.

Collier, A. 1994. *Critical realism: An introduction to Roy Bhaskar's philosophy*. London: Verso.

Croson, R, Anand, J. and Agarwal, R. 2007. Using experiments in corporate strategy research. *European Management Review*, 4(3): 173-181.

Danermark, B., Ekström, M., Jakobsen, L. and Karlsson, J. C. 2002. *Explaining society: Critical realism in the social sciences*. London: Routledge.

Davis, G. F. and Marquis, C. 2005. Prospects for organization theory in the early twenty-first century: Institutional fields and mechanisms. *Organization Science*, 16: 332-343.

de Cock, C. and Jeanes, E. L. 2006. Questioning consensus, cultivating conflict. *Journal of Management Inquiry*, 15: 18-30.

Denis, D. J., Dens, D. K. and Sarin, A. 1999. Agency theory and the influence of equity ownership structure on corporate diversification strategies. *Strategic Management Journal*, 20: 1071-1076.

第四章 理论检验：一个看似简单的过程

Donaldson, L. 1995. *American anti-management theories of organization*: A critique of paradigm proliferation. Cambridge, England: Cambridge University Press.

Donaldson, L. 1998. The myth of paradigm incommensurability in management studies: Comments by an integrationist. *Organization*, 5: 267-272.

Douma, S., George, R and Kabir, R. 2006. Foreign and domestic ownership, business groups, and firm performance: Evidence from a large emerging market. *Strategic Management Journal*, 27: 637-657.

Downward, P., Finch, J. H. and Ramsay, J. 2002. Critical realism, empirical methods and inference: A critical discussion. *Cambridge Journal of Economics*, 26: 481-500.

Duhem, P. 1954. *The aim and structure of physical theory*. Princeton, NJ: Princeton University Press.

Dutton, J. E. and Stumpf, S. A. 1991. Using behavioral simulations to study strategic processes. *Simulation and Gaming*, 22: 149-173.

Easton, G. 2000. Case research as a method for industrial networks: A realist apologia. In S. Ackroyd and S. Fleetwood (Eds.), *Realist perspectives on management and organisations*: 205-219. London: Routledge.

Edwards, P. K., O'Mahoney, J. and Vincent, S. (Eds.) 2014. *Studying organizations using critical realism*: A practical guide. Oxford, England: Oxford University Press.

Fabian, F. H. 2000. Keeping the tension: Pressures to keep the controversy in the management discipline. *Academy of Management Review*, 25: 350-371.

Ferraro, F., Pfeffer, J. and Sutton, R I. 2005. Economics language and assumptions: How theories can become self-fulfilling. *Academy of Management Review*, 30: 8-24.

Feynman, R. P. 1985. "Surely you're joking, Mr. Feynman!": *Adventures of a curious character*. New York: W. W. Norton and Company.

Gadamer, H. 2002. *Truth and method* (2nd revised ed.). New York: Continuum.

Ghoshal, S. 2005. Bad management theories are destroying good management practices. *Academy of Management Learning and Education*, 4: 75-91.

Ghoshal, S. and Moran, P. 1996. Bad for practice: A critique of the transaction cost theory. *Academy of Management Review*, 21: 13-47.

Gimeno, J., Hoskisson, R. E., Beal, B. D. and Wan, W. P. 2005. Explaining the clustering of international expansion moves: A critical test in the U.S. telecommunications industry. *Academy of Management Journal*, 48: 297-319.

Gist, M. E., Hopper, H. and Daniels, D. 1998. Behavioral simulation: Application and potential in management research. *Organizational Research Methods*, 1: 251-295.

Godfrey, P. C. and Hill, C. W. L. 1995. The problem of unobservables in strategic management research. *Strategic Management Journal*, 16: 519-533.

Goldthorpe, J. H. 2001. Causation, statistics, and sociology. *European Sociological Review*, 17: 1-20.

Grant, A. M. and Wall, T. D. 2008. The neglected science and art of quasi-experimentation: Why-to, when-to, and how-to advice for organizational researchers. *Organizational Research Methods*, 12: 653-686.

Greenwald, A. G. and Ronis, D. L. 1981. On the conceptual disconfirmation of theories. *Personality and Social Psychology Bulletin*, 7: 131-137.

Greenwald, A. G., Pratkanis, A. R., Leippe, M. R. and Baumgardner, M. H. 1986. Under what conditions does theory obstruct research progress? *Psychological Review*, 93: 216-229.

Grünbaum, A. 1960. The Duhemian argument. *Philosophy of Science*, 27: 75-87.

Grünbaum, A. 1976. Is falsifiability the touchstone of scientific rationality? Karl Popper versus inductivism. In R. S. Cohen, P. K. Feyerabend and M. W. Wartofsky (Eds.), *Essays in memory of Imre Lakatos*: 213-252. Dordrecht, the Netherlands: D. Reidel Publishing.

Guala, F. and Mittone, L. 2005. Experiments in economics: External validity and the robustness of phenomena. *Journal of Economic Methodology*, 12: 495-515.

Harré, R and Second, P. F. 1972. *The explanation of social behavior*. Oxford, England: Basil Blackwell.

Harrison, D. and Easton, G. 2004. Temporally embedded case comparison in industrial marketing research. In S. Fleetwood and S. Ackroyd (Eds.), *Critical realist applications in organisation and management studies*: 194-210. London: Routledge.

Hawking, S. 1988. *A brief history of time: From the big bang to black holes*. New York: Bantam Books.

Hempel, C. G. 1965. *Aspects of scientific explanation*. New York: Free Press.

Hintikka, J. 1988. On the incommensurability of theories. *Philosophy of Science*, 55: 25-38.

Hofmann, D. A., Griffin, M. A. and Gavin, M. B. 2000. The application of hierarchical linear modeling to organizational research. In K. J. Klein and S. W. J. Kozlowski (Eds.), *Multilevel theory, research, and methods in organizations: Foundations, extensions, and new directions*:467-511. San Francisco, CA: Jossey-Bass.

Hough, J. R and White, M. A. 2003. Environmental dynamism and strategic decision-making rationality: An examination at the decision level. *Strategic Management Journal*, 24: 481-489.

Hume, D. 2000 [1739]. *A treatise of human nature*. Oxford, England: Oxford University Press.

Hunt, S. D. 1991. Positivism and paradigm dominance in consumer research: Toward critical pluralism and rapprochement. *Journal of Consumer Research*, 18: 32-44.

Hutchison, T. W. 1988. The case for falsification. In N. de Marchi (Ed.), *The Popperian legacy in economics* 169-181. Cambridge, England: Cambridge University Press.

Jackson, N. and Carter, P. 1991. In defense of paradigm incommensurability. *Organization Studies*, 12: 109-127.

Johanson, J. and Vahlne, J.-E. 1977. The internationalization process of the firm——a model of knowledge development and increasing foreign market commitments. *Journal of International Business Studies*, 8(1): 23-32.

Kennedy, P. E. 2005. Oh no! I got the wrong sign! What should I do? *Journal of Economic Education*, 36: 77-92.

Kerr, N. L. 1998. HARKing: Hypothesizing after the results are known. *Personality and Social Psychology Review*, 2: 196-217.

Klayman, J. and Ha, Y. W. 1987. Confirmation, disconfirmation, and information in hypothesis testing. *Psychological Review*, 94: 211-228.

Koontz, H. 1961. The management theory jungle. *Academy of Management Journal*, 4(3): 174-188.

Koontz, H. 1980. The management theory jungle revisited. *Academy of Management Review*, 5: 175-187.

Kuhn, T. S. 1962. *The structure of scientific revolution*. Chicago, IL: University of Chicago Press.

Kuhn, T. S. 1990. Dubbing and redubbing: The vulnerability of rigid designation. In C. W. Savage (Ed.), *Minnesota studies in the philosophy of science*, vol. XIV: *Scientific theories*: 298-318. Minneapolis, MN: University of Minnesota Press.

Lakatos, I. 1970. Falsification and the methodology of scientific research programmes. In I. Lakatos and A. Musgrave (Eds.), *Criticism and the growth of knowledge*: 91-196. Cambridge, England: Cambridge University Press.

Lane, P. J, Cannella, A. A. and Lubatkin, M. H. 1999. Ownership structure and corporate strategy: One question viewed from two different worlds. *Strategic Management Journal*,

管理研究哲学

20: 1077-1086.

La Porte, T. R. and Consolini, P. M. 1991. Working in practice but not in theory: Theoretical challenges of "high reliability organizations". *Journal of Public Administration Research and Theory*, 1: 19-47.

Laudan, L. 1996. *Beyond positivism and relativism: Theory, method, and evidence*. Boulder, CO: Westview Press.

Law, A. M. and Kelton, W. D. 2000. *Simulation, modeling and analysis* (3rd ed.). Boston, MA: McGraw-Hill.

Leamer, E. E. 1978. *Specification searches: Ad hoc inference with non-experimental data*. New York: Wiley.

Leung, K. 2011. Presenting post hoc hypotheses as a priori: Ethical and theoretical issues. *Management and Organization Review*, 7: 471-479.

Lewis, M. W. and Grimes, A. J. 1999. Metatriangulation: Building theory from multiple paradigms. *Academy of Management Review*, 24: 672-690.

Lieberson, S. 1992. Einstein, Renoir, and Greeley: Some thoughts about evidence in sociology. *American Sociological Review*, 57: 1-15.

Lin, Z. and Hui, C. 1999. Should lean replace mass organization systems? A comparative examination from a management coordination perspective. *Journal of International Business Studies*, 30: 45-79.

Lipton, P. 1991. *Inference to the best explanation*. London: Routledge.

Locke, E. A. 2007. The case for inductive theory building. *Journal of Management*, 33: 867-890.

Losee, J. 2005. *Theories on the scrap heap: Scientists and philosophers on the falsification, rejection, and replacement of theories*. Pittsburgh, PA: University of Pittsburgh Press.

Mahoney, J. T. 1993. Strategic management and determinism: Sustaining the conversation. *Journal of Management Studies*, 30: 173-191.

Mäki, U. 2000. Kinds of assumptions and their truth: Shaking an untwisted F-twist. *Kyklos*, 53: 317-336.

Manicas, P. T. 1987. *A history and philosophy of the social sciences*. Oxford, England: Basil Blackwell.

Manicas, P. T. 2006. *A realist philosophy of social science: Explanation and understanding*. Cambridge, England: Cambridge University Press.

March, J. G. 2004. Parochialism in the evolution of a research community: The case of organization studies. *Management and Organization Review*, 1: 5-22.

McKinley, W. and Mone, M. A. 1998. The reconstruction of organization studies: Wrestling with incommensurability. *Organization*, 5: 169-189.

Meehl, P. E. 1978. Theoretical risks and tabular asterisks: Sir Karl, Sir Ronald, and the slow progress of soft psychology. *Journal of Consulting and Clinical Psychology*, 46: 806-834.

Miller, R. W. 1987. *Fact and method: Explanation, confirmation and reality in the natural and social sciences*. Princeton, NJ: Princeton University Press.

Mingers, J. 2001. Combining is research methods: Towards a pluralist methodology. *Information Systems Research*, 12: 240-259.

Mingers, J. 2004. Future directions in management science modeling. In S. Fleetwood and S. Ackroyd (Eds.), *Critical realist applications in organization and management studies*: 164-193. London: Routledge.

Mingers, J. 2006. A critique of statistical modelling in management science from a critical realist perspective: Its role within multimethodology. *Journal of the Operational Research Society*, 57: 202-219.

Mintzberg, H., Ahlstrand, B. and Lampel, J. 1998. *Strategy safari: A guided tour through the wilds of strategic management*. New York: Free Press.

Mitchell, T. R. and James, L. R. 2001. Building better theory: Time and the specification of when things happen. *Academy of Management Review*, 26: 530-547.

Mohr, L. B. 1982. *Explaining organizational behavior*. San Francisco, CA: Jossey-Bass.

Mone, M. A. and McKinley, W. 1993. The uniqueness value and its consequences for organization studies. *Journal of Management Inquiry*, 2: 284-296.

Musgrave, A. 1974. Logical versus historical theories of confirmation. *British Journal for the Philosophy of Science*, 25: 1-23.

Nambisan, S. 2002. Designing virtual customer environments for new product development: Toward a theory. *Academy of Management Review*, 27: 392-413.

Nash, R. 1999. What is real and what is realism in sociology? *Journal for the Theory of Social Behaviour*, 29: 445-466.

Nickerson, R. S. 2000. Null hypothesis significance testing: A review of an old and continuing controversy. *Psychological Methods*, 5: 241-301.

Nooteboom, B. 1986. Plausibility in economics. *Economics and Philosophy*, 2: 197-224.

Numagami, T. 1998. The infeasibility of invariant laws in management studies: A reflective dialogue in defense of case studies. *Organization Science*, 9: 2-15.

Okhuysen, G. and Bonardi, J. P. 2011. The challenges of building theory by combining lenses. *Academy of Management Review*, 36: 6-11.

Peacock, M. S. 2000. Explaining theory choice: An assessment of the critical realist contribution to explanation in science. *Journal for the Theory of Social Behaviour*, 30: 319-339.

Pentland, B. T. 1999. Building process theory with narrative: From description to explanation. *Academy of Management Review*, 24: 711-724.

Perrow, C. 1994. The limits of safety: The enhancement of a theory of accidents. *Journal of Contingencies avid Crisis Management*, 2: 212-220.

Perrow, C. 1999. *Normal accidents: Living with high-risk technologies* (2nd ed.). Princeton, NJ: Princeton University Press.

Petersen, B. and Pedersen, T. 1997. Twenty years after-support and critique of the Uppsala internationalization model. In I. Björkman and M. Forsgren (Eds.), *The nature of the international firm*: 117-134. Copenhagen, Denmark: Copenhagen Business School Press.

Pfeffer, J. 1982. *Organizations and organization theory*. Marshfield, MA: Pitman.

Pfeffer, J. 1993. Barriers to the advance of organizational science: Paradigm development as a dependent variable. *Academy of Management Review*, 18: 599-620.

Pfeffer, J. 2007. A modest proposal: How we might change the process and product of managerial research. *Academy of Management Journal*, 50: 1334-1345.

Pfeffer, J. and Fong, C. T. 2002. The end of business schools? Less success than meets the eye. *Academy of Management Learning and Education*, 1: 78-95.

Polanyi, M. 1962. *Personal knowledge: Toward a post-critical philosophy*. Chicago, IL: University of Chicago Press.

Popper, K. 1959. *The logic of scientific discovery*. London: Hutchinson.

Popper, K. 1962. *Conjectures and refutations*. New York: Basic Books.

Porter, S. 1993. Critical realist ethnography: The case of racism and professionalism in a medical setting. *Sociology*, 27: 591-609.

Priem, R. L. and Butler, J. E. 2001a. Is the resource-based "view" a useful perspective for strategic management research? *Academy of Management Review*, 26: 22-40.

Priem, R. L. and Butler, J. E. 2001b. Tautology in the resource-based view and the implications of externally determined resource value: Further comments. *Academy of Management Review*, 26: 57-66.

Quine, W. V. O. 1961. *From a logical point of view*. New York: Harper and Row.

Rahmandad, H. 2008. Effect of delays on complexity of organizational learning. *Management

Science, 54: 1297-1312.

Rajagopalan, N. and Spreitzer, G. M. 1996. Toward a theory of strategic change: A mufti-lens perspective and integrative framework. *Academy of Management Review*, 22: 48-79.

Reid, T. 1764. *An inquiry into the human mind, on the principles of common sense*. Edinburgh, Scotland: A. Millar and A. Kincaid and J. Bell.

Rescher, N. 1992. *A system of pragmatic idealism, vol. I: Human knowledge in idealistic perspective*. Princeton, NJ: Princeton University Press.

Ricoeur, P. 1981. *Hermeneutics and human sciences: Essays on language, action and interpretation*. Cambridge, England: Cambridge University Press.

Roberts, K. H. 1989. New challenges in organization research: High reliability organizations. *Organization and Environment*, 3: 111-125.

Ron, A. 2002. Regression analysis and the philosophy of social science: A critical realist view. *Journal of Critical Realism*, 1: 119-142.

Rosenthal, R. 1979. The file drawer problem and tolerance for null results. *Psychological Bulletin*, 86: 638-641.

Sagan, S. D. 1993. *The limits of safety: Organizations, accidents, and nuclear weapons*. Princeton, NJ: Princeton University Press.

Sarasvathy, S. D. 2001. Causation and effectuation: Toward a theoretical shift from economic inevitability to entrepreneurial contingency. *Academy of Management Review*, 26: 243-263.

Sawyer, K. R., Beed, C. and Sankey, H. 1997. Underdetermination in economics. The Duhem-Quine thesis. *Economics and Philosophy*, 13: 1-23.

Sayer, A. 1992. *Method in social science: A realist approach* (2nd ed.). London: Routledge.

Sayer, A. 2000. *Realism and social science*. London: Sage.

Schwarz, N., Groves, R. M. and Schuman, H. 1998. Survey methods. In D. T. Gilbert, S. T. Fiske and G. Lindzey (Eds.), *The handbook of social psychology* (4th ed.), Vol. 1: 143-179. Boston, MA: McGraw-Hill.

Schweiger, D. M., Sandberg, W. R. and Rechner, P. L. 1989. Experiential effects of dialectical inquiry, devil's advocacy and consensus approaches to strategic decision making. *Academy of Management Journal*, 32: 745-772.

Shadish, W. R., Cook, T. D. and Campbell, D. T. 2002. *Experimental and quasi-experimental designs for generalized causal inference*. Boston, MA: Houghton Mifflin.

Singh, J. V. 1986. Performance, slack, and risk taking in organizational decision making.

Academy of Management Journal, 29: 562-585.

Søberg, M. 2005. The Duhem-Quine thesis and experimental economics: A reinterpretation. *Journal of Economic Methodology*, 12: 581-597.

Starbuck, W. H. 2004. Why I stopped trying to understand the real world. *Organization Studies*, 25: 1233-1254.

Starbuck, W. H. 2006. *The production of knowledge: The challenge of social science research.* New York: Oxford University Press.

Stinchcombe, A. L. 1968. *Constructing social theories.* New York: Harcourt, Brace and World.

Stinchcombe, A. L. 1986. *Stratification and organization: Selected papers.* Cambridge, England: Cambridge University Press.

Sutcliffe, K. M. and Zaheer, A. 1998. Uncertainty in the transaction environment: An empirical test. *Strategic Management Journal*, 19: 1-23.

Szulanski, G. and Jensen, R. J. 2004. Overcoming stickiness: An empirical investigation of the role of the template in the replication of organizational routines. *Managerial and Decision Economics*, 25: 347-363.

Thompson, B. 1998. In praise of brilliance: Where that praise really belongs. *American Psychologist*, 53: 799-800.

Tsang, E. W. K. and Williams, J. N. 2012. Generalization and induction: Misconceptions, clarifications, and a classification of induction. *MIS Quarterly*, 36: 729-748.

Vernon, R. 1966. International investment and international trade in the product cycle. *Quarterly Journal of Economics*, 80: 190-207.

Vernon, R. 1979. The product cycle hypothesis in a new international environment. *Oxford Bulletin of Economics and Statistics*, 41: 255-267.

Wason, P. C. and Johnson-Laird, P. N. 1972. *Psychology of reasoning: Structure and content.* Cambridge, MA: Harvard University Press.

Weaver, G. R. and Gioia, D. A. 1994. Paradigms lost: Incommensurability vs structurationist inquiry. *Organization Studies*, 15: 565-590.

Webb, E. J., Campbell, D. T., Schwartz, R. D. and Sechrest, L. 2000. *Unobtrusive Measures* (revised ed.). Thousand Oaks, CA: Sage.

Weick, K. E. 1989. Theory construction as disciplined imagination. *Academy of Management Review*, 14: 516-531.

Williamson, O. E. 1996. Economic organization: The case for candor. *Academy of Management Review*, 21: 48-57.

Wuisman, J. J. J. M. 2005. The logic of scientific discovery in critical realist social scientific research. *Journal of Critical Realism*, 4: 366-394.

Yeung, H. W. C. 1997. Critical realism and realist research in human geography: A method or a philosophy in search of a method? *Progress in Human Geography*, 21: 51-74.

Zhang, Z., Zyphur, M. J. and Preacher, K. J. 2009. Testing multilevel mediation using hierarchical linear models problems and solutions. *Organizational Research Methods*, 12: 695-719.

第五章 概括：一个有争议的尝试

归纳的分类　/ 123
　　概括的五种类型　/ 127
　　统计三段论和归纳类比　/ 129
　　对经验研究的启示　/ 130
哲学如何影响有关概括的观点　/ 131
　　经验性概括　/ 132
　　理论性概括　/ 133
对概括的误解　/ 134
　　分析性概括　/ 135
　　作为自然科学实验的案例研究　/ 136
　　自然主义的概括　/ 136
　　概括的不可能性　/ 137
　　理论的普适性　/ 138
　　理论检验的不可能性　/ 139
案例研究的比较优势　/ 140
　　理论构建　/ 140
　　理论检验　/ 143
　　经验性规律的识别　/ 145
　　总结　/ 146
注　释　/ 147
参考文献　/ 149

第五章 概括：一个有争议的尝试

社会科学的一个关键目标是说明和表达社会生活的共性（Danermark et al.，2002；Hägg and Hedlund，1979）。特别地，在管理研究中，Mintzberg（2005：361）巧妙地评论道："如果在数据之外没有概括，就没有理论。没有理论，就没有洞见。如果没有洞见，我们为什么要做研究？"事实上，根据美国人类学科研究办公室（U.S. Office of Human Subjects Research）的定义，科学研究是"一项系统的调查，包括研究的开发、检验和评价，旨在发展和贡献一般性的知识"（美国联邦法规，第45编，第46部分，2009年1月15日修订）。

概括的概念可能看起来比较简单，但实际上是复杂的，并且经常引起混乱。一个佐证是我和我的同事与两位著名的信息系统研究者之间的一个争论，该争论关乎概括和归纳的概念及它们的区别（Lee and Baskerville，2003，2012；Tsang and Williams，2012；Williams and Tsang，2015）。Lee 和 Baskerville（2003，2012）使用了"概括"这一术语并将其定义为，概括是指从样本点（如群体中个体的高度）到样本统计（如群体的平均高度）的推论。一个明显的问题在于样本统计是从样本点演绎而来的而不是归纳出来的。演绎不是归纳，而概括是归纳的一种形式。[1]

概括的问题在定性研究中显得尤为突出。比如，案例研究经常被批评因为小样本的问题而不能把其发现推广到其他情形中（Gerring，2007；Hillebrand et al.，2001；Sharp，1998；Steinmetz，2004；Stoecker，1991）。Gibbert 等（2008）回顾了1995—2000年在十种顶级的管理期刊上发表的所有案例研究，考察了案例研究者如何讨论关于评估田野研究严谨性的四个通用标准程序，即内部效度、构念效度、普适性（外部效度）和信度。他们发现相较于其他三个标准，案例研究更愿意提供有关普适性的汇报。这个发现表明作者、编辑和评审人对案例研究结果的普适性较为担忧，也支持了 Mjøset（2009：51）的观点："案例研究如何贡献一般知识？这是定性研究方法论普遍争论的一个经典问题。"

案例研究者自身对案例研究结果的普适性持有不同观点。普遍观点是案例研究的普适性比较弱。例如，Ferner 等（2005）研究了英国市场上的六家美国多国公司的多元化雇佣政策的跨国转移问题。他们"愿意承认小样本研究的局限性，即其无法得出关于因变量发生模式的广泛概括"（p.311）。

另一个例子,de Rond 和 Bouchikhi(2004)基于一项生物技术联盟的纵向案例研究,调查了战略联盟的辩证法(dialectics)并得出结论:"案例研究并不能轻易地对概括做出贡献"(p.68)。

另一方面,一些案例研究者对于研究结果的普适性问题持有非常不同的观点。Kochan 和 Rubinstein(2000)在研究 Saturn 公司时提到,"尽管工会看起来是 Saturn 公司的一个特殊属性,但实际上工会的功能是可概括的,其意义远远超出这种特定类型的利益相关者组织"(p.383)。事实上,Gerring(2004)更将案例研究定义为"对某一个单元进行的深度研究,旨在在更大的单元集合中进行概括"(p.341)。

一个比较极端的观点是拒绝将普适性看作评价案例研究的合法标准(Lincoln and Guba,1985)。这里有一个基本前提,即"概括既没有可能也不被向往"(Halkier,2011:787)。例如,Chreim 等(2007)研究了一家加拿大健康诊所的专业角色认同的再建构这一议题。在此研究中,他们以下方式挑战了反对单案例研究设计的通常警告:

> 我们的研究是基于一个案例。尽管有人可能认为这是一个局限,阻碍了普适性,应该指出的是,自然主义的案例研究不应该是基于普适性,而应该是根据可迁移性和可比较性来判断的(p.1535)。

这些例子说明了三个主要观点:(1)案例研究的结果不能很好地被推广;(2)研究结果可以很好地被推广;(3)普适性与案例研究是不相关的。关于案例研究结果普适性的观点的冲突表明这个重要的方法论议题是有争议的,而且已经产生了越来越多的混乱的争论。

本章有以下三个目标:(1)清晰地定义概括和归纳,并提出归纳的分类;(2)消除对概括的主要误解;(3)驳斥案例研究在普适性上较弱这个流行观点。前两个目标是受以下事实驱动的:导致对案例研究结果的普适性产生不同看法的一个主要因素是概括这一概念本身经常被误解,另一个因素是研究者持有的哲学视角。由此,我比较了从案例研究结果进行概括的实证主义、解释主义和批判实在论视角的不同观点。对于最后一个目标,我认为案例研究在以下几个方面优于定量研究方法:理论的概括性,识别证伪案例,以及为评估结果的经验普适性提供有效信息。然而,我的立场并不意味着案例研究绝对优于定量方法,而是说前者在推广研究结果的特定方面比后者有些优势,其中有一些优势甚至连案例研究者自己都没有充分地认识到。

在继续之前,有必要给"案例研究"一词下一个定义,因为不同的研究者脑海中的案例研究方法可能会不一样。我遵循 Yin(2014)对案例研究的定义:"一种在实际社会情境之中深入地研究当代现象(即案例)的经验性考察,尤其是当现象和情境的边界不是很明显时(p.16)。"因为案例研究经常涉及深入地研究自然主义情境中的单案例或小数量的案例(Piekkari et al.,2009),很可能有比数据点更多的被研究变量。因此,研究经常依赖于"证据的多种来源,其数据也需要以三角测量方式进行聚合"(Yin,2014:17)。一方面,将自然主义的情境考虑进来,可能会导致在识别案例的精确边界方面出现困难。另一方面,正如接下来要讨论的,情境提供了丰富的信息,可以帮助研究者开发对所研究现象的理论解释。案例研究有多种类型,一些关注识别变量之间的关系,而另一些关注随时间发展的动态过程。

尽管案例研究偶尔包括对定量数据的搜集和分析(例如,Eisenhardt and Bourgeois,1988),但在方法论意义上,案例研究通常被认为是定性研究的一种,其由一组非统计性的研究实践构成,目的是捕获行动者归因于研究现象的实际意义及诠释(Johnson et al.,2006)。本章关注案例研究而不是定性研究这一广泛领域,部分原因是定性研究中的一些方法(如民族志)在管理研究中是相当少见的,也有部分原因是案例研究是管理研究者使用最多的定性研究方法(Welch et al.,2013),并且也越来越受到社会科学家们的欢迎。[2]

归纳的分类

我遵循 Schwandt(1997:57)对概括的定义:"从对特殊的观察中做推断而得到一般性的陈述或命题。"[3]对概括的这一描述与逻辑学家所提出的观点相一致,如 Cohen 和 Nagel(1934)、Copi 和 Cohen(1990)、Hurley(2003)。

在经验研究中,概括是一种从具体的、观察到的事例(如案例场景中的)到一般性陈述的推理行动。

正如接下来要讨论的,概括有时容易与归纳这一紧密相关的概念混淆,后者是指从被观察到的事实去推理没有被观察到的事实(*Cambridge Dictionary of Philosophy*,1999:745)。归纳比概括有着更广泛的意义,因为概括表示从某些特定事物到某些更一般性事物这一方向的推断,而归纳则不是。至少有两种形式的归纳不是概括,其中一个是逻辑学家所称的"统计三段论(statistical syllogism)"(Gresler,2001),例如:

推论 1　在英国,几乎所有的高级财务经理都有大学学位。

推论 2　Tom 是在英国的一位高级财务经理。

结　论　Tom 有大学学位。

这个推理是归纳的,因为它是从被观察到的事实(推论 1 和推论 2)推出未被观察到的事实(结论)。然而,该推理是从一个一般性前提和一个特定的前提到一个特定的结论,因此,它不是概括。

另一种形式的归纳推理是逻辑学家所称的"归纳类比"(Copi and Cohen,1990;Hurley,2003),例如:

推论 1　Dan 是男性,成年人,说日本话,已经接受了跨文化沟通的训练,并具有文化敏感性。

推论 2　Tim 是男性,成年人,说日本话,已经接受了跨文化沟通的训练,并具有文化敏感性。

推论 3　Dan 在日本做外派经理时,几乎没有经历文化冲击。

结　论　Tim 在日本做外派经理时,几乎没有经历文化冲击。

这个推论也是归纳的,因为它也是从观察到的事实(推论 1、推论 2 和推论 3)推出未观察到的事实(结论)。但是,该推理是从特定的前提到特定的结论。因此,它也不是概括。

为了对归纳分类,有必要先区分两个层面的研究活动,即经验的和理论的。在经验层面上,研究者通过观察来收集数据;而在理论层面上,研究者基于在经验层面上收集的数据、纯粹的猜想或将两者结合来发展理论。图 5-1 展示了上述分类,其中箭头代表了推理。图 5-1 中存在五种基本类型的概括:(1)理论性概括;(2)群体内概括;(3)群体间概括;(4)情境性概括;(5)时间性概括。其中,理论性概括贯穿于经验层面和理论层面,其余的则落在经验层面内。整体分类也包括上述两种不属于概括范畴的归纳推理,即统计三段论和归纳类比,两者都是在经验层面上的。为便于参考,表 5-1 列出了对每一种归纳类型的定义。

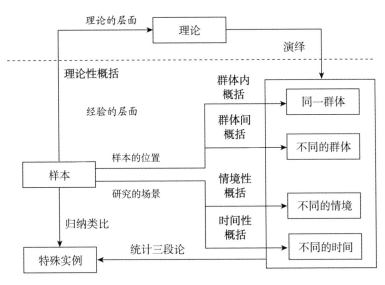

图 5-1 归纳的类型

表 5-1 归纳类型的定义

归纳的类型	定义
理论性概括	从研究结果到理论的概括
群体内概括	从样本的特征到相应群体的特征的概括
群体间概括	从群体中的样本到另一个群体的成员的概括,两个群体都存在于相似的情境和相似的时间段之中
情境性概括	从群体中的样本到另一个群体的成员的概括,两个群体存在于显著不同的情境中,但存在于相似的时间段里
时间性概括	从一个时间点上的群体中的样本到另一个时间点上的同一或不同群体成员的概括,假定情境或多或少是相同的

（续表）

归纳的类型	定义
统计三段论	一个形式推理 推论1　Fs 的 N% 是 Gs 推论2　X 是一个 F 结　论　X 是一个 G 这里，N 表示一个精确或模糊的统计区间，如在"大多数"或"几乎所有"的区间内
归纳类比	一个形式推理 推论1　X 有 a,b,c,… 和 z 的属性 推论2　γ 有 a,b,c,… 的属性 结　论　γ 有 z 的属性

五种类型的概括都有自己的文献根基。我们先从这里开始：Gomm 等（2000）和 Sharp（1998）将概括划分成了两种主要类型——理论性概括和经验性概括。我们进一步将经验性概括分为四种类型。群体内概括和群体间概括关注的是处于概括所瞄准群体内部或外部的样本的情形。有关这两种概括之间的类似区分也可以在其他文献中找到。例如，Maxwell（1992）区分了定性研究中的内部和外部普适性，分别对应于群体内概括和群体间概括。相似地，Schofield（1990：201）说明，"在教科书中通常已经受到大部分关注的外部效度和对该概念的其他处理就是进行群体内概括和群体间概括"。[4] 情境性概括和时间性概括出自 Nagel（1979）有关社会现象的"空间-时间"限制的精辟评论。在文献中有关这两种概括类型的讨论是零散的。例如，Lucas（2003）讨论了对应于情境性概括的跨场景概括。Cronbach（1975）认为社会科学中的概括随时间的推移会相当快地衰减，这与时间性概括有关。

在接下来的讨论中，我用 Gefen 和 Straub（1997）的研究来对这五种分类进行说明。该研究通过考察性别在技术接受模型（Davis,1989）和随后的附加模型（Straub,1994）情境下的影响，对信息技术实施和传播的研究做了拓展。作者分别从一家美国航空公司、一家瑞士航空公司和一家日本航空公司的电子邮件系统中收集数据，通过问卷让员工自己回答邮件的使用情况、感知到的易用性、有用性及社会存在感等问题。

第五章 概括：一个有争议的尝试

概括的五种类型

理论性概括是指从研究发现中概括出理论。科学研究的一个传统认识是从收集到的经验世界的数据中得到理论（Chalmers，1999）。Gefen 和 Straub 的研究就是一个很好的例子。他们发现男人和女人对同一种沟通模式的感知可能会不同，所以提出纳入性别的影响来扩展技术接受模型。换句话说，他们将研究结果推广成了一个修正后的理论模型。

群体内概括，等价于被普遍使用的"统计性概括"，是指从样本特征到相应群体特征的概括。在这里，使用"群体内概括"而不是"统计性概括"是为了和群体间概括做对比。要进行群体内概括，研究者首先需要清晰地说明研究的预期群体，然后遵循一个允许从样本特征到群体特征做统计推断的抽样程序。不幸的是，研究"入口"的困难常常使得研究人员难以确认他们的发现在多大程度上是具有统计概括性的。尽管如此，研究人员至少应该清楚地描述取样程序。Gefenhe 和 Strub 的研究在这方面是不足的。他们将问卷分别发给了一家美国航空公司、一家瑞士航空公司和一家日本航空公司的电子邮件系统的使用者，但并没有提到每一家航空公司的员工数量。有关取样框的唯一信息是这句话，"样本包括了管理、专业和技术序列的员工"（Gefen and Straub，1997：395）。也就是说，每一家航空公司的这三种序列员工构成了一个群体。尽管他们汇报了每一家航空公司的样本回应率，却没有汇报从每家航空公司抽取的样本量。更大的样本量通常会提升研究结果的群体内概括能力。

群体间概括是指从一个群体中的一个样本到另一个群体的成员的概括，两个群体存在于相似的情境和相似的时间段内。假设 Gefen 和 Straub 把他们的数据分解成三个部分，每部分包含从一家航空公司收集的数据。在这种情况下，群体间概括是把一家美国航空公司（Gefen 和 Straub 收集的数据）的结果推广到在同一时间段收集数据的另一家美国航空公司身上。这两家公司的运营情境是相似的，因为它们处于同一个行业和同一个国家。请注意，定义一个群体的不同方式会引出不同种类的群体间概括。假设 Gefen 和 Straub 只在三家航空公司中的一家做了研究，而且只把航空公司的男性员工作为样本,那么这个群体将是男性员工的集合,一类群体间概括将表现为把针对男性群体的研究发现推广到这个公司的女性群体身上。正如 Gefen 和 Straub 的研究实际发现的那样,女性和男性在对社会存在感和电子邮件有用性方面的感知是不同的。因此,从男性到女性员工进行群体间概括是有问题的。

通过比较社会科学和自然科学,Nagel(1979:459)观察到,"不像物理和化学定律,社会科学的概括至多有一个被严格限制的范围,局限于发生在特殊制度场景内的,相对短暂的历史时期的社会现象"。这一观察意味着社会科学家不得不研究他们从某一时空场景下得到的研究发现能否被推广到其他明显不同的时空场景中。换句话说,就是这些发现到底是不是具有情境的和时间的可概括性。

在情境性概括中,研究者从一个群体中的一个样本到另一个群体的成员进行概括,两个群体存在于明显不同的情境中,但存在于相似的时间段里。一些学者呼吁把情境化作为"一种做研究的方式,即有关场景的知识要被考虑进设计和实施的决策之中"(Roussea and Fried,2001:6)。通过更加关注情境,研究者会在一个更好的立场上评价研究发现的情境概括性。例如,Gefen 和 Straub 在他们的结构方程中特别地加入了文化差异的影响,并发现这个影响是显著的。这表示把他们的发现推广到其他文化情境将是有局限的,因为除了文化或国家情境,还有其他类型的情境。Gefen 和 Straub 在航空行业开展了研究,他们的发现能否被推广到另一个行业取决于新的行业情境是否显著影响人们对电子邮件的感知和使用。

时间性概括是指从一个时间点上的一个群体中的样本到另一个时间点上的同一或不同群体成员的概括,这里假定情境或多或少是相同的。时间性概括在文献中是最少被讨论的。然而,它隐含地存在于任何形式的概括中,因为概括的行为和被概括的结果必然是发生在不同时间中的。时间性概括在社会科学中比在自然科学中更重要。大自然不会受到科学研究的影响。比如地球围绕太阳转的事实不会被提出的理论改变。然而,管理研究者的活动可能会改变管理者的信念和实践,被调查现象的稳定性也因此被逐渐削弱(Numagami,1998)。当尝试把由很久之前的研究得出的结论推广到当前情景时,时间性概括就是一个非常重要的问题。Gefen 和 Straub 的研究是在二十年前做的,他们的发现能够被推广到今天的美国航空公司吗?请注意,美国的航空业在"9·11"恐怖袭击事件之后发生了显著变化,行业内无比严格的安全控制可能会影响电子邮件系统的构造方式,以及邮件的使用和监督方式。

经验层面的概括经常涉及以上讨论的四种基本类型中的某些类型的组合。例如,如果研究者尝试把 Gefen 和 Straub 的发现概括到今天的德国航空公司,这就涉及群体间概括、情境性概括和时间性概括。这里的一个主要问题是,如果这种概括后来被发现是错误的,那么很难确定导致失败的原因是群体的因素、情境的因素,还是时间的因素。

如图 5-1 所示,理论或理论知识的集合可以通过演绎推理来给经验层面的四种概括类型提供一些有用信息。例如,Gefen 和 Straub 重点利用了 Hofstede(1980)研究中"男性化—女性化"的文化维度。他们开展实地研究的那三个国家,日本、瑞士和美国都是男性化程度高的国家。在这些国家中,性别角色有清晰的定义和培育。所以,把 Gefen 和 Straub 研究中发现的性别影响推广到男性化程度低的国家(如斯堪的纳维亚半岛上的国家),效果就比较差。简言之,"男性化—女性化"的文化维度为他们研究发现的情境性概括提供了启示。

统计三段论和归纳类比

图 5-1 显示,在统计三段论中,研究者基于一个概括得出关于一个特定实例的结论。Gefen 和 Straub 的发现支持了这一命题,即女性比男性能感知到更高的社会存在感并认为邮件更有用。假定我们对 Gefen 和 Straub 收集数据的美国航空公司中特定的男性和女性员工之间对电子邮件的不同看法感兴趣,我们可以使用统计三段论,并得出女性员工感知到的社会存在感更高且也觉得邮件更有用这个结论。

在归纳类比中,研究人员从特定的前提出发,得出关于某一特定实例的结论。假定 Gefen 和 Straub 分析的是美国某一家航空公司的数据,而我们感兴趣的是美国另一家航空公司中员工群体在电子邮件感知上的性别差异。

管理研究哲学

那么,如果这家航空公司与 Gefen 和 Straub 所研究的航空公司之间,以及这家航空公司的员工与 Gefen 和 Straub 的样本之间有大量相关的相似之处,我们可以下结论,Gefen 和 Straub 的结果可能也反映了另一家航空公司内员工群体的特点。如果 Gefen 和 Straub 能提供更多所研究的航空公司和员工方面的信息,将更有利于进行归纳类比。

对经验研究的启示

当前的分类有助于管理研究者明白自身研究的局限性。因为有不同种类的概括,那么,当研究者讨论研究发现的普适性时,具体说明所考虑的概括种类非常重要。但实际情况通常不是这样的。一个典型的例子是:"作为单案例研究,它不可避免地具有普适性的局限(Maguire et al.,2004:675)。"一个相关的问题是:普适成什么?上述分类强调了当研究者讨论研究结果的普适性时,需要思考他们所讨论的概括类型。这将有助于研究者描述研究的局限性,并指出可以解决这些局限的具体的未来研究方向。

Gefen 和 Straub 的讨论是一个极好的说明:

> 从外部效度的角度来看,本研究所收集的数据来源于三个国家中同一行业的三家公司,这必定限制了结果的普适性。也有其他可能,例如,航空业存在的系统性偏差限制了把研究结果推广到其他行业的能力。此外,在日本,处于管理、专业或技术位置上的知识型员工绝大多数是男性,这很可能解释了为什么我们的样本中日本女性数量相对较少(p.397)。

实际上,Gefen 和 Straub 有关航空业的讨论涉及在不同产业情境之间进行概括这一问题。对日本特质的强调似乎表明他们对将日本案例进一步推广到其他国家的公司的情境性概括的能力有所顾虑。进一步的研究可以从这些方向出发来设计,以检验研究结果的普适性。

在五种概括类型中,时间性概括总是被忽视。当原始研究情境存在某些显著的结构变化时,研究者通常会意识到它们。例如,研究者会犹豫是否把苏联时期关于劳动关系的研究结果(如 Filtzer,2002)推广到现在的俄罗斯。然而,当变化的进程是渐进的,时间性概括也可以成为一个议题。二十年前所做的人们对网络购物态度的研究可能过时了,因为近二十年网络购物已经越来越安全也越来越受欢迎了。简言之,管理研究者在引用之前的研究时,需要更加注意时间性概括。

哲学如何影响有关概括的观点

正如之前提到的,研究者对于案例研究结果能在多大程度上被概括这个问题持有各种各样的观点,而这些观点是基于不同的哲学视角的。这一部分我将从批判实在论视角讨论如何将案例发现在经验和理论两个层面上进行概括,并与实证主义和解释主义的观点进行对比(表5-2),之所以与后两者的观点进行比较是因为它们在文献中有比较直接和普遍的说明。

表5-2 对实证主义、解释主义和批判实在论从案例发现中进行概括的比较

	实证主义	解释主义	批判实在论
经验性概括	经验性概括是被低估的,因为它经常被等同于统计性概括,而案例发现是不能进行统计性概括的	经验性概括与解释主义者的观点不一致。后者对事实的解释是动态的,可能随着时间推移而发生变化。自然主义的概括实际上是归纳类比,而不是概括	一个代表性的案例有助于识别案例所属群体的准规则特征。这一知识为后续的理论构建提供了原材料
理论性概括	强调理论性概括是对"案例研究在普适性方面较弱"这一观点做出的反应。案例应该被当作自然科学实验来对待,以此来尝试佐证理论性概括	一些解释主义者(如 Klein and Myers, 1999)认为案例发现可以被概括成理论,也有人(如 Denzin, 1983)并不这么认为	案例研究为有关假设机制如何在一系列权变条件下运行这一问题提供有用信息。研究者做出相关的机制性解释

我在第一章对实证主义已经做了简要介绍,作为一种后现代主义思潮的解释主义,也在第一章中有所涉及。解释主义者"根据他们自己的主观参考框架来阐释行动者的意义和行动"(Williams,2000:210),他们采取相对主义者的立场,认为"存在各种不同的意义影响着人们如何理解和回应客观世界"(Gephart,2004:457)。有意图的现象因而变得有意义,就"它们是什么"这个问题,答案依赖于参与人自己的诠释。

经验性概括

经验性概括关注案例研究结果是只在该案例被抽取的群体中具有典型性,还是在其他群体中也具有典型性。因此,它仅限于经验领域,并排除了深层事实结构的范畴(Danermark et al.,2002)。经验性概括有时是产生理论性概括的第一个阶段。然而,这既不是说理论性概括之前必然进行经验性概括,也不是说经验性概括之后必然跟着理论性概括。任何一种概括都可以独立存在。群体内概括是经验性概括的一种常见形式。经验性概括的关键目标是确定群体中是否存在研究人员感兴趣的某种经验性规律,而不是为经验性规律提供解释。

从实证主义的视角看,案例研究是基于一个非常小的样本,因此对建立法则般关系的贡献是微不足道的,而且,实证主义对案例研究的讨论一直聚焦于理论性概括而牺牲了经验性概括(Eisenhardt and Graebner,2007;Yin,2009)。例如,Yin(2009)的研究是基于这样一种前提,即"调查者努力将一系列特定结果概括到更广泛的理论上去"(p.43)。这是对当前流行的案例研究概括性较弱这一观点的本能反应,这种概括性通常被认为是指群体内概括。

解释主义者强调要根据行动者自己且可能独特的参考框架来解释意义和行动,这一点与经验性规则的理念并不能很好地匹配,因为"随着时间的推移,对事实的解释可能由于环境、目标和利益群体发生变化而改变"(Orlikowski and Baroudi,1991:14)。因此,经验性概括得不到解释主义者的普遍认可。Stake和Trumbull(1982)的"自然主义的概括"和经验性概括多少有点关系,源于它是关于一种经验场景和另一种经验场景的比较。然而,

第五章 概括：一个有争议的尝试

如下一节所详述的，自然主义的概括实际上是归纳类比而不是概括。总之，Orlikowski 和 Baroudi（1991）评论认为，"从一种场景（通常只有一个或少量的田野现场）推广到一个群体并不是解释主义研究所追求的目标"（p.5）。

尽管科学研究的最终目标是发展出能够解释经验现象的理论（即理论性概括），但批判实在论的确意识到了经验性概括的作用。

由于社会世界中准规则性的存在（见第二章），管理研究者基于经验性概括来做出某种主张是有意义的。研究人员可能会把识别准规则性作为探究存在于实在域的可能性机制的第一步（Manicas，2006），这一步可能会揭示后续案例研究中收集定性资料所需要的数据和分析（Zachariadis et al.，2013）。

批判实在论者认为，尽管将案例发现统计性地概括到案例所属群体是不可能的（Cavaye，1996），但如果我们考虑更广泛的经验性概括域，案例研究确实会有某些贡献。实际上，一个典型案例可以提供关于案例所属群体某些特征的有用信息。

理论性概括

理论性概括是将案例研究发现概括为理论。在批判实在论视角下，理论一词包括所假定的运行于实在域中的结构与机制。相较于经验性概括，研究者进行理论性概括，发展针对案例研究中观察到的变量间关系的解释（Sharp，1998）。但愿这些解释或适用于案例所属群体，或适用于其他群体（Firestone，1993）。因为人们相信，导致案例场景中被观察事件发生的机制也会导致其他案例场景中相似事件的发生（Zachariadis et al.，2013）。

如前面所提到的，实证主义强调理论性概括，目的是发现嵌在理论中的法则般关系，用来解释某些普遍的经验现象。Yin（2014）强调了案例研究方法的合理性，认为"做案例研究的一个致命缺陷是把统计性概括当作概括案例研究发现的方法"（p.40），因为案例不是抽样单元，应该被当作实验。Yin（2014）的意图似乎是将案例研究与声誉较高的自然科学所采取的实验方法联系在一起。

Denzin（1983：133）认为，"解释主义者拒绝将概括作为目标，并且从来不试图随机抽取人类经验样本"。除了这个比较极端的观点,解释主义者更接受理论性概括而非经验性概括:"解释主义者经常认为他们不是在做经验性概括而是在做理论性推理,也就是要从数据中得出各种现象之间存在的必要关系的结论(Williams,2000:218)。"类似地,在 Klein 和 Myers(1999)提出的关于执行和评估解释主义田野研究的原则中,抽象和概括的原则要求将数据解释所揭示的具体细节与"描述人类理解和社会行动本质的理论性和一般性的概念联系起来"(p.72)。然而,解释主义者在强调理论性概括的同时低估或者甚至忽视经验性概括这一点是有问题的,因为理论的一个主要功能是解释通常在时间和空间上有一定规律性的经验现象。没有经验性概括,仅仅讨论理论性概括是不明智的。

从批判实在论视角来看,科学理论为经验现象提供了机制性解释,即揭露现象的实际的或可能的机制(Bunge,1997)。案例研究者们不仅观察经验域中的事件,同时也致力于理解导致事件发生的实在域中的机制。与基于定量方法研究不同的是,案例研究试图在情境之中调查现象,而不是独立于情境(Gibbert et al.,2008)。案例研究方法是通过探索结构、事件、人类行动及情境互动来识别和解释机制的一种极好方式(Wynn and Williams,2012)。当与诸如问卷调查及档案数据分析这样的定量方法相比时,案例研究更有可能发现"因果的、结构的乃至实质的关系,即连接的关系(relations of connections)"(Sayer,1992:246)。这样的发现通常会有如下文所述的概括的意义。

对概括的误解

尽管案例研究者经常讨论概括的概念,对它的误解却大量地存在于文献之中。[5]本章关注与案例研究有关的一些常见误解,但不意味着要对此进行全面介绍。这些误解并不是源于研究者所基于的哲学视角,更准确地说,这些问题与以下原因有关:否定概括的含义,违反基本哲学原理,存在逻辑上的不一致。

第五章 概括：一个有争议的尝试

分析性概括

罗伯特·K.殷(Robert K.Yin)的《案例研究：设计与方法》(*Case Study Research:Design and Methods*)已经出到第五版,其被广泛地认为是案例研究方面的里程碑作品,它区分了从样本推理群体的"统计性概括"与被他称作从案例发现中推理理论的"分析性概括"(见 Yin,2014:图 2-2)。统计性概括与本章归纳分类中的群体内概括相对应。如前面所提到的,Yin(2014)反对将统计性概括作为概括案例发现的方法,Lee 和 Baskerville(2003)也强调这一点。相反,概括的模式应该是分析性概括,把案例当作实验。Yin(2014)的论点被其他研究者使用借以强化案例研究方法的合理性(例如,Danis and Parkhe,2002;Eisenhardt,1989;Eisenhardt and Graebner,2007)。

问题在于,Yin(2014)并没有清晰一致地定义分析性概括,而分析性概括可能是管理研究者在做案例研究时最常使用的概括类型。在他的书中,分析性概括是指"这样一种逻辑,即基于相似理论概念或原理的相关性,案例研究发现可以被拓展至原案例研究之外的情景"(Yin,2014:237)。[6]这个定义更类似于归纳类比而不是概括,也就是说,案例研究发现适用于另一种情景。

Yin(2010:21)提供了一个明显不同的定义：

> 分析性概括可以被定义为两步。第一步包含一个概念主张,调查者可以据此表明他们的案例研究发现如何与一个特定的理论、理论构念或理论的(不只是实际的)顺序事件有关。第二步是将同样的理论应用于启发其他相似的情景,在那里,相似事件也可能会发生。

第一步是含糊的,因为"与……有关"的含义是不清晰的(尽管它可能意味着理论性概括);第二步是关于理论检验的,而不是概括。Bengtsson 和 Hertting(2014:726)恰当地指出"Yin 不是特别清楚分析性概括的逻辑",而且"他很大程度上没有定义其方法背后的基本原理"。

作为自然科学实验的案例研究

Yin(2014)在案例研究和实验之间的类比得到了诸多文献的回应,甚至研究者有时把自然科学实验当作案例研究作为科学方法的佐证。例如,Flyvbjerg(2006)认为颠覆亚里士多德(Aristotle)重力定律的伽利略(Galileo)的著名自由落体实验"是一个单一实验,也是一个案例研究",并且"不包含大量随机样本的实验物体,在不同风力条件下,从一个广泛且随机的高度下落"(p.225)。他想要说明的是案例研究就像基于大样本的定量研究一样可信。

Lee(1989)也认为案例研究应该被看作自然实验的一种形式。尽管他的论点听起来有道理,但当他试图通过参考自然科学中的实验室实验方式来提升案例研究结果的普适性时,一个严重的问题出现了:"以自然实验方式来操作单个组织的案例研究,不但不能确保比自然科学中的任何单个实验室实验的普适性更强,反而可能更弱(p.135)。"假定社会科学中的案例研究和自然科学中的实验室实验都得到了严格的操作,后者的结果因为自然的一致性,肯定比前者的结果更具有普适性。[7]我们的日常生活实际上依赖于我们对自然的一致性信念,比如,当我们跳进游泳池时,我们相信我们的身体可以浮起来而不是沉底。设想在实验室实验中,铜加热时膨胀,这个发现可以被推广到地球上的所有铜。相反,如果一个案例研究发现一家日本贸易公司对所有员工实行终身雇佣制,该发现不太可能被推广到所有的日本贸易公司,更不用说所有的日本公司了。在社会科学中,"假定所有相关的数据都与理论一致是不现实的,哪怕该理论是正确的"(Lieberson,1992:7)。

自然的一致性不适用于大多数(即使不是全部的)社会现象,这是历史条件和文化决定的(Nagel,1979)。这个简单的事实损害了社会研究结果的普适性,不管是定量研究还是定性研究(见 Hamilton,1981;MacIntyre,2007)。因此,就普适性而言,将案例研究与自然科学实验等同起来是没有意义的。

自然主义的概括

采用与 Yin(2014)类似的策略,Stake 和 Trumbull(1982)区分了两种概

括类型,即形式的概括和自然主义的概括。形式的概括是理性的、命题式的、法则般的,这些特征与实证主义有关。相反,自然主义的概括是更直觉性的、经验主义的,并且基于个人的直接和间接经验,这些特征与解释主义相关。Stake(1995:85)提出了一个定义:"自然主义的概括以个人参与生活事物或通过间接经验的方式获得结论,这些结论被建构得这么好,以至于个人感觉它们就像发生在自己身上一样。"这个定义不仅是模糊的,而且与概括的一般含义也不一致。通常意义的概括是从某些特定事物推理到某些一般事物。实际上,人们从自身经验中得到的结论本质上,并不必然是一般性的。

从解释学的角度来看,案例研究在形式概括方面可能不会有太多贡献,但是案例是建立自然主义概括的强有力的手段:"案例研究常被优先考虑,因为它们在认识论上与读者的经验相吻合,也因此成为个体进行概括的自然基础(Stake,1978:5)。"如案例提供了深描及间接的经验说明,读者能够决定该案例是否以及在多大程度上可以被用来理解新的场景(Stake,1994)。从这个意义上讲,自然主义的概括是读者在个人经验和知识的基础上,对案例和新场景之间的相似性和相异性的隐性认识。用 Stake(1978:7)的话来讲,它的本质是"概括到一个相似案例而不是概括到一群案例"。

简言之,自然主义概括的关键问题是对"概括"这一术语的滥用。自然主义概括的核心观点,即从一个案例推理到一种新场景,类似于归纳类比,而归纳类比实际上并不涉及概括。[8]

概括的不可能性

除了自然主义的概括,事实上,其他研究者使用"可转移性"(Lincoln and Guba,2000),以及"可比较性"与"可翻译性"(Goetz and LeCompte,1984)等术语,来描述定性研究发现适用于另一种情景的程度。例如,Chreim 等(2007)就使用了这些术语来描述他们的案例研究结果。特别地,Lincoln 和 Guba(2000)使用了"可转移性"而不是"概括"这一术语的任一变形,因为他们认为概括在定性研究中是不可能的:"调查的目的是发展一套独特的知识体系。这一知识最好被限制在描述个别案例的一系列'起作用的假设'中。

概括是不可能的,因为现象既非与时间无关,也非与情境无关(Guba and Lincoln,1982:238)。"

不幸的是,他们的这一观点——因为现象既不独立于时间也不独立于情境,所以概括是不可能的——是错误的。在社会科学中,尽管定量研究比定性研究收集的时间或情境信息更少,但在本质上,前者并不比后者更独立于时间或情境。更重要的是,不管是自然科学还是社会科学,所有的经验研究都是不独立于时间或情境的。然而,概括仍然是可能的。事实上,自然科学整个学科就是基于概括的可能性的。[9]无可否认,鉴于自然的一致性不适用于社会现象,以及社会科学研究的开放系统特质(Bhaskar,1978),与自然科学的研究结果相比,社会科学研究结果的可概括性要差一些。正如 Cronbach(1975:125)恰当的评论:"当我们给本地条件以适当的重视时,任何概括都是一个工作假设,而不是一个结论。"然而,薄弱的概括并不等于没有概括。

理论的普适性

另一个误解是普适性有时候被用来描述一个理论,诸如 Lee 和 Baskerville(2003:221)讨论的"信息系统(IS)理论在不同场景下的普适性"。相似地,Eisenhardt 和 Graebner(2007:26)提到了"可普适化的理论"这一术语,并且问到:"如果案例不具有代表性,理论如何普适化?" Winer(1992:352)也提到了同样的事情:"不仅理论可以被复制和推广,经验结果也可以。"事实是,普适性是研究结果的属性,而不是理论本身的属性(Gibbert,2006)。理论包括一般性的陈述而不是具体例证,概括是基于对特定例证的观察而进行的推理行为。因此,理论不是可普适化的,只有研究结果才是。

当研究者讨论理论的普适性时,他们实际上指的是理论是否涵盖了某些经验现象。例如,根据资源基础观(RBV),Wilson 和 Amine(2009)的纵向案例研究调查了在匈牙利运营的全球性和地区性广告服务机构的资源不对称问题。他们认为他们的结果"通过展示资源基础观应用于独特的时间和空间情境中的有用性和灵活性,提高了资源基础观在普适性上的自信"(p.62)。然而,应该使用"适用性"这一术语,因为这里的问题是关于资源基础观是否也适用于匈牙利的现象。当一个理论的适用范围更广时,它

第五章 概括：一个有争议的尝试

也就更一般化了。正如第三章中讨论的，从可忽略性假定转化为领域性假定降低了理论的适用性。

理论检验的不可能性

概括有时候会被不恰当地与理论检验联系起来："尽管案例研究的反对者们接受探索性案例研究，他们仍会感觉案例研究结果不能被用来检验理论，因为那些发现并不能被一般化（Hillebrand et al.，2001：652）。"这里有两个问题。第一个，如果定量研究没有运用概率抽样方法，那么研究结果也一样是不能在统计学意义上被一般化的，详见第六章。然而，很少会有人因此发起挑战并认为定量研究不能被用来检验理论。第二，那些反对用案例研究来检验理论的学者经常持有一种传统的看法，即理论必须要通过大样本的统计分析来检验。这种观点在认识论上是错误的。要检验一个理论是要判断从理论中提取的假设是否与收集的经验数据相一致，不管这些数据是基于一个案例还是一千个案例[见 Bitektine（2008）使用前瞻性案例研究设计（prospective case study design）进行理论检验的讨论]。简言之，一项发现是否可以被推广①和是否可以被用来检验理论是两件完全不相关的事。有关证伪的问题将在下文进一步讨论。

这一误解让人对案例研究产生了一种二等地位的印象，认为案例研究在本质上必然是探索性的，并且为达到理论检验的目的，不得不遵循更"严格的"、大样本类型的研究。一些研究者甚至欣然接受了案例研究"地位不如别人"的看法。例如，Piekkari 等（2009）回顾了 1995—2005 年发表在 4 个顶级国际商务期刊上的 135 篇案例研究，以及 1975—1994 年发表在《国际商务研究期刊》（Journal of International Business Studies）上的 22 篇案例研究，发现超过一半的文章明确说明案例研究具有探索性目的。另一个典型的例子是 Levy（1995）对个人计算机行业中一家单独公司的国际供应链的案例研究结论："这项研究的探索性本质不允许把结果推广到其他公司或行业，但其确实为未来的研究表明了方向（p.356）。"上述观点被简明地反映在以下

---

① "可概括""一般化""可推广"等是根据语境酌情翻译出来的。实际上，它们之间的语义差异很微妙，甚至很难把握。——译者注

陈述中:"批评者和提倡者都表明用案例研究来做超出探索性目的的任何事情都是有风险的(Stoecker,1991:91)。"我认为这一观点本身就是一个严重误解。

总结一下,之前的讨论表明关于案例研究形成概括性结果的能力,争论仍然很大。部分是因为各种各样的误解太多,其中有些甚至为学界著名学者所坚持。对案例研究结果进行概括,要么被混淆于理论检验(如 Yin,2010)、被夸大(如 Flyvbjerg,2006;Lee,1989)、被不恰当地想象(如 Stake,1995),要么被错误地否定(如 Guba and Lincoln,1982)。此外,概括的概念被不恰当地与理论应用(如 Eisenhardt and Graebner,2007;Winer,1999)及理论检验联系在了一起(如 Hillebrand et al.,2001)。下一部分将从批判实在论视角更好地说明案例研究是如何贡献于一般化的结果及理论开发的。

案例研究的比较优势

普遍的观点是案例研究在普适性方面比较弱,但与之相反,案例研究结果在几个重要方面比定量研究结果更具可普适化的能力。比如,案例研究在理论性概括与证伪方面要比定量研究好,这两方面分别与理论构建和理论检验相联系。此外,案例研究在确定所调查人群是否存在某种经验性规律的经验性概括方面完全不次于定量研究。

因为不同的案例研究设计可能影响对概括的优势的看法,接下来的讨论涵盖了划分这些设计的两个主要维度:单/多案例研究,以及截面/纵向案例研究。案例研究文献经常提及这两个维度,实际上,Leonard-Barton(1990)利用它们构建了她的案例研究双重方法论(dual methodology for case studies)。

理论构建

科学研究的一个传统观点是研究者通过观察经验世界来收集数据并以此构建理论(Chalmers,1999)。尽管不太可能从单个的定性或定量研究中发展出一个新理论,但产生出理论框架或启示却是可能的。从案例研究中构建理论或是理论性概括,是"一种逐渐流行和相关的研究策略,成为大量不成比例的有影响力的研究的基础"(Eisenhardt and Graebner,2007:30)。Walton(1992:129)进一步认为"案例研究有可能产生最好的理论"。为什么？因为案例研究有能力提供一个比定量方法更好进行理论性概括的途径。

如上文所述,科学理论提供了经验现象的机制性解释(Bunge,1997)。案例研究允许研究者在寻找机制和有影响的权变因素过程中整理出不断深化的现实层次,并窥探因果关系的黑箱,找出位于关键影响要素及影响结果之间的诸多因子(Brady et al.,2006)。这个过程产生了在抓取"如何"和"为什么"而不只是"是什么"的答案时所必需的深度与细节(Harrison and Easton,2004)。案例研究和定量方法的一个关键区别是前者致力于考察情境中的而非独立于情境的现象(Gibbert et al.,2008)。通过尝试理解丰富情境中的经验事件,案例研究也为假定机制所运行的特定权变条件提供了说明(Tsoukas,1989)。

回顾一下之前提到的 Ferner 等(2005)关于美国多国公司将多元化就业政策转移到其英国子公司的研究。作者仔细描述了所研究的劳动力市场情境,追踪了美国多样化政策的历史渊源和英国的不同侧重点。六家案例公司中的五家尝试把总部的多样化政策转移到英国子公司中。尽管子公司管理层普遍赞同多样化,但他们认为该转移实践是受美国的地方性问题驱动的,而这些问题与非美国环境是不相容的,因此某些政策措施对英国来说并不合适。这为转移实践的实施带来了矛盾:子公司管理层使用可得的权力资源来决定转移政策的内容和影响,导致子公司在顺应政策过程中呈现不稳定状态。简言之,这一研究清晰地描述了产生被观察模式的机制,而且指出了有影响的权变因素的作用,诸如全球运营的一体化程度、产品市场的多样化程度和创始家族的管理哲学。

另一个例子是 Greenwood 和 Suddaby(2006)对加拿大会计行业的制度创业的研究。该研究调查了"嵌入能动性悖论——行动者本身由环境塑造,又如何在塑造他们的环境里催生改变"(p.27)。核心的研究问题是制度创业的一个特定事件:为什么在20世纪八九十年代,五大会计师事务所引入了一种新的多学科实践的组织形式？作者访谈了其中三家会计师事务所的资深合伙人及监管部门,回顾了不同种类的档案数据。研究结果被概括成了一个制度创业模型,剖析了嵌入如何被弱化,以及行动的范围如何被增大的机制。与被忽略的网络位置特征有关,该模型有两个重要的结构要素:边界桥接和边界失调。边界桥接引起了制度冲突并影响了意识,而边界失调导致了资源的不对称并影响了开放度。当边界桥接和边界失调处于绩效表现不佳的权变条件下时,诸如五大会计师事务所这样的精英组织获得了制度创业所必需的动机、意识和开放度。简言之,他们的研究清晰地描述了制度创业这一现象的结构、机制和权变条件。

尽管理论性概括并不必须要多案例的研究设计(Mitchell,1983),"得自多案例的证据却通常被认为是更有说服力的"(Yin,2014:57),主要是因为很难把在一个案例中发现的可被概括的理论性关系与案例相关的特殊性分开。因此,在保持其他事物不变的情况下,多案例研究设计比单案例研究设计为理论性概括提供了一个更强大的基础。

多案例研究在案例选择方面依赖于理论抽样而不是随机抽样(Eisenhardt,1989)。人们之所以选择一个案例是期望预测出:(1)相似的结果;(2)基于已知理论推理出的对比结果或相反结果(Yin,2014)。在第一种情况下,当一个结果出现在多个案例中时,它的普适性就被增强了。第二种情况则有助于建立理论相关的边界条件,理论也因此不会被运用到不恰当的情境之中。以 Ferner 等(2005)关于劳动力多样化政策的跨国转移的研究为例。众所周知,在欧洲国家,工会和集体谈判是支持平等法律框架的核心要素,这反过来会影响公司的劳动力多样化政策。因此,作者将有工会和无工会的公司都纳入样本来增强理论的普适性。一方面,研究者可以操纵案例情境来达到期望的普适化程度;另一方面,因为定量方法较少地依赖于情境,所以并不容易达到这个效果。

在其他条件相同的情况下,在对理论的概括方面,纵向案例研究比横截面案例研究提供了更强有力的证据,因为纵向案例研究能使研究者更有效地追踪原因和影响。例如,Leonard-Barton(1990)关于新技术从开发者转移到使用者的研究中,包括了九个横截面案例(数据是在短时间内根据受访者的回溯性叙述从每一个案例中收集的)和一个长达三年、实时的纵向案例

第五章 概括：一个有争议的尝试

（数据是在转移的过程中收集的）。研究从其中一个横截面案例中观察到可转移的创新性水平与转移成败之间的直接因果联系。然而，纵向案例表明转移的组织与接受的组织在技术和组织方面的相互适应程度是该因果联系的中介因素。作者总结认为，在横截面案例中找不到这一中介因素，可能是因为受访者会基于自己对转移过程中发生的事件存在一定程度的记忆偏差，从而混淆了因果关系的方向。对于纵向案例，当在转移展开的实时过程中观察到相似的事件时，混淆的可能性会被排除。这再一次表明了在自然主义情境中研究案例的优越性，在本例中，它帮助 Leonard-Barton 解释了横截面案例和纵向案例间的不同发现。

高质量的机制性解释不太可能通过依赖档案数据的定量研究获得。尽管定量研究经常讨论假设中所隐含的机制，其"在概念性构念和测量变量之间的差距还是相当大的"（Siggelkow，2007：22）。更重要的是，定量研究经常使用相关性方法，它不直接考察机制的问题（Bromiley and Johnson，2005）。如第三章所讨论的，有关交易成本经济学的经验研究历史一直被定量研究所主导，因此不能排除对所调查现象的可供替代的机制性解释。简言之，尽管定量研究在逻辑上并不排除机制，但案例等定性研究却更易于直接考察机制。

理论检验

理论性概括涉及理论构建，而证伪是关于理论检验的。第四章讨论了检验尤其是证伪管理理论的障碍。案例研究可以通过促进证伪来为管理研究做出贡献。由于理论是通过证实和证伪循环而逐步发展的，案例研究在证伪中的重要角色却为当前文献所忽视，当前的案例研究文献只关注基于案例研究构建理论。

为了说明证伪的原则，以"所有的天鹅都是白色的"这个陈述为例，不管观察到多少只白天鹅，该陈述都不可能被证明是真的，只要观察到一只黑天鹅，就可以证伪该陈述，不管这一观察是否可以被推广到其他天鹅身上。因此，证明研究发现不成立在理论发展中扮演着重要的认识论角色。由于案例研究是揭示解释性机制的深层次调查方法，它非常适合于辨识"黑天鹅"

（Flyvbjerg，2006）。这种否定性的结果可以促进相关理论的边界条件的设定。如果该否定性结果是广泛分布的，那么对应理论本身的效度是受到怀疑的。[10]毫无疑问，多案例设计可以比单案例设计更好地表明否定性发现在多大程度上是一个普遍的现象。第三章讨论的 Buckley 和 Chapman（1997，1998）的纵向案例是有关"黑天鹅"的很好的例子。他们的研究发现挑战了交易成本经济学的核心假定，即管理者用交易成本节约的方式制定合同决策（Williamson，1975，1985）。该发现绝不是对这个假定的结论式证伪，因为可能存在其他影响因素。例如，管理者可能考虑了交易成本，但没有将这种考虑传达给研究者。也就是说，他们的发现表明有必要进一步检验假定。考虑到大部分有关交易成本经济学的经验研究都使用了定量方法，Buckley 和 Chapman 的研究是第一个辨识这只"黑天鹅"的例子也就不奇怪了（David and Han，2004）。

此外，案例研究可以被用来检验竞争性理论提出的机制，借以对"白天鹅"和"黑天鹅"加以区分。Sagan（1993）对古巴导弹危机的研究就是一个范例。有两个主要的竞争理论被用来解释危险品高科技组织意外事件的发生。其中一个是 Perrow 的常态意外理论（normal accident theory）。Perrow（1999）创建该理论主要是根据对三里岛核电意外事件的研究，并以其他高风险系统如石化工厂和空中交通管制的研究作为补充。另一个理论是由加州大学伯克利分校的一个交叉学科学者小组提出的高可靠性理论（high reliability theory）。他们的研究关注航空母舰、空中交通控制系统及电力系统（见 La Porte and Consolini，1991；Roberts，1989）。常态意外理论预测出某些系统事件是不可避免的，而高可靠性理论预测出如果整个组织包括领导层重视安全，那么将会一帆风顺。

Sagan（1993）细致地总结和对比了两个理论的关键机制。然后，他基于古巴导弹危机中美国核武器指挥和控制系统的近距脱靶的研究对这些关键机制进行了评论，这对两个理论来说都是一种新情境，结果支持了常态意外理论。例如，高可靠性理论认为极端的纪律和强烈的社会化会减少意外事件的发生。然而，与常态意外理论的观点相一致，Sagan（1993）发现一系列严重的副作用会显著提高消极的意外事件发生的风险。如果我们考虑

第五章 概括：一个有争议的尝试

Sagan(1993)是他所宣称的对常态意外理论的一个"严厉试验"这一事实——"清晰完善的安全记录、政治领导人对核武器安全的重视程度、存在于专业军事组织中的严格纪律和社会化，这些都会促使一种合乎逻辑的预期，即美国的核武器操作将会异常安全"，那么，该研究结果对常态意外理论的支持将会更为显著(p.252)。总之，Sagan(1993)对两个理论的关键机制的深入探究为理论尤其是高可靠性理论的进一步发展提供了丰富的资料。这两个例子也说明了在其他条件相同的情况下，相较于横截面设计，纵向案例设计能够为研究者得出因果关系提供更强有力的证据。

经验性规律的识别

经验性概括的目标之一是确定在考虑的群体中是否存在某种经验性规律。再一次以Ferner等(2005)的研究为例。他们的发现"表明了子公司适应转移多样性政策时存在不稳定模式"(p.316)。与这六个案例是独特的这一观点相反，这一模式可能是在英国的美国多国公司群体所展现的一种经验性规律。经验性规律可能不会整整齐齐地落入任何已有的理论域，因此不会直接贡献于理论构建。然而，它们可以为进一步的理论构建提供经验性基础(Hambrick, 2007; Helfat, 2007)。

普遍观点是没必要选择能够代表所属群体的案例(Mitchell, 1983)，但与之相反，如果一项研究的目的是产生经验性概括，那么选择具有代表性的案例就更有意义了。[11]换句话说，之前讨论的理论性抽样的逻辑在这里不太适用。而且，多案例设计比单案例设计为经验性概括提供了更强的基础，因为多案例研究可以更好地表明要被概括的事物并不是某一个案例的特质。纵向案例设计可能不一定比横截面案例更强，这取决于所涉及的是因果关系还是相关关系。

遵循之前的观点，即多案例研究设计为经验性概括提供更强的基础。在所考虑的群体中，出自诸如大规模问卷调查的定量研究发现会比案例研究发现更具有可普适化的能力。然而，值得注意的是，调查结果的普适性很大程度上取决于是否使用了概率抽样法来建立一个具有代表性的样本。由于各种各样的实际限制，例如，在抽样过程中很难把人群中的每个个体都包括进来,概率抽样在问卷调查中通常是不可行的。因此,很多调查结果的群体内概括不是更明确了,而是更值得怀疑了,这一问题也被质疑案例研究普适性的学者忽视了(Gobo,2004)。

对于群体间概括来说,实际上没有理由相信调查结果本质上一定比案例结果更具可普适化的能力。这完全取决于问题中两种群体在被概括的特征或关系上的相似程度。例如,对在英国的美国多国公司的广泛就业政策调查的结果不会比 Ferner 等(2005)的更适用于在其他国家的美国多国公司,除非这个国家有和英国相似的劳动立法、种族多样性政策等。因此,认为问卷调查结果总是比案例研究的结果在经验上具有更高的普适性这一观点是没有根据的。

案例研究的一个经常被忽略的优点是,它们为评估结果的经验普适性提供了有效的信息。为了判断一个研究发现是否以及在多大程度上可以被普适化到其他群体中的成员,研究者通常有必要清晰理解研究借以展开的情境。因为,情境对所考虑的关系有直接或间接的影响。案例研究一般比定量方法能提供更多这样的情境信息,所以在这方面案例研究优于定量方法。

例如,Ferner 等(2005)的研究结果指出了特定于英国的某些因素的影响。比如,以种族为基础的歧视是美国公司的主要政策议题,然而少数种族在英国总人口中只占到9%(在美国几乎占据了30%)。因此,种族多样性政策在一些英国子公司中的运用引起了紧张,因为当地管理者认为种族多样性不应该是一个主要的优先事项。该发现不可能被推广到像新加坡和马来西亚这样少数族裔占据大部分人口的国家。将更多的女性提至管理层这一多样性政策也遇到了问题,因为这与英国甚至欧盟的取缔积极歧视的立法不一致。该结果也不能被推广到没有这样立法的国家。简言之,情境的详细描述有助于确定结果的经验普适性。

总结

图 5-2 总结了案例研究在理论开发中扮演的角色。经验性概括的一个主要目标是确定研究事件是否存在经验性规律。存在某种规律是理论创立

的前提,因为一个理论被认为是对一个相当普遍的现象的解释,而非一些孤立的、特殊的事件(见 Runde and de Rond,2010)。案例研究提供的信息可以阐明已有理论,或者为创立新的理论提供经验基础。尽管理想地说,理论性概括应该在经验性概括之后,实际情况却并非如此,因为案例研究很少被用来进行经验性概括。

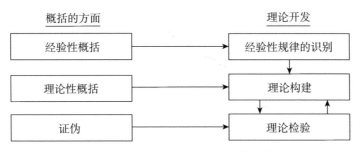

图 5-2 案例研究对理论开发的贡献

正如图 5-2 所示,理论构建和理论检验之间具有错综复杂的关系,不过同时达到这两个目标的案例研究是很少的。理论性概括的一个目标是建立新的理论或修改已有理论,从中可以提出假设供未来研究进行理论检验。除了理论构建,案例研究可以被用来检验已有理论。一旦案例与从理论中推导出来的假设相矛盾,便构成了一个证伪的结果,有助于确立理论的边界条件。然而,通过进一步的研究不断发现否证案例可以对理论进行修正甚至反驳。换句话说,理论构建是理论检验的前提,因为没有理论就没有任何可检验的事物。同时,理论检验的结果将会增强或削弱一个理论的经验性基础,甚至可能颠覆该理论。

注 释

1. 回顾这些争论超出了本章的范围。除了所引用的文献,感兴趣的读者也可以参考 Seddon 和 Scheepers(2015),他们对这些争论的双方立场都进行了总结和评论。

2. 第七章讨论了另一种定性研究方法——历史编纂学,以及该方法下结果的普适性问题。

3. 我厌恶这个看法,即定性研究者应该对"概括"下一个不同于定量研究者的定义,或者不同的哲学视角对概括也应该有不同的定义。这不仅会导致混乱,还会导致沟通失败。概括的概念在逻辑上有一个相当普遍且一致的定义。笼统地说,是指从较不一般的事物到较一般事物的推理,不管他们的方法论或哲学取向是什么,所有的研究者都应该采取这一定义。

4. 在过去三十年里,"外部效度"这一术语有多种定义方式。例如,Cook 和 Campbell(1979:37)相当不精确地将其定义为"那个大概的有效性,有了它,我们可以推断被假定的因果关系可以被推广到并跨越至对原因和影响的另一种测量,以及跨越不同类型的人、场景和时间"。随后,Cronbach(1982)开发了一个详尽的估计系统,包含了四个维度:分析单元、干预、结果和场景。使用这一系统,他区分了内部和外部效度。

5. 我从来没想要否定那些无意中误解概括这一概念的作者们对案例研究做出的有价值的贡献。实际上,我希望通过对这些误解的讨论,案例研究的方法论基础可以被进一步增强。

6. Yin 的第四版书中对分析性概括的定义更令人困惑。在书中的某个地方,他陈述道:"在分析性概括中,调查者力争将一组特定的结果概括为某一个更广泛的理论(Yin 2009:43)。"这一陈述与理论性概括的含义相一致,关乎理论构建。然而,在另一处,他认为分析性概括是一种概括模式:"是把之前开发的一个理论当作一个模板,用以比较案例研究的经验结果(Yin,2009:38)。"这并不是概括,这是理论检验:以案例研究的结果检验之前开发的理论。概括是一种归纳,而理论检验是基于演绎推理的。

7. 由于篇幅限制,我无法讨论有关自然统一性原则的争论,它是由 Mill(1925[1843])首先提出的解决大卫·休谟的归纳难题的方法。感兴趣的读者可以参考 Brennan(1961)。

8. 对于错把归纳类比当作概括的一种可能的解释就是"概括"经常在我们的日常生活中被随意地使用。例如,2003 年美国军队侵犯伊拉克时,可能有人根据越南战争的经验(精确地)预测美国战士将会再次陷入泥沼。一个可能的反应可能是这样的:"嘿,你不能从越南战争概括当前的伊拉克战争。"我们每天谈话中的这种误用是可以被原谅的,因为这并不是一种学术写作。不幸的是,如大量文献所显示的,自然主义概括的概念被广泛应用着。例如,Simons(2015)关于处境中的概括这一概念就是基于自然主义的概括。

9. 在自然科学中,否认概括将产生的灾难性影响并不难想象。例如,如果在实验室中检测的化学物质的效果不能被推广到用来生产药物的相同化学物质的效果,服用任何药物时人们都会犹豫。简言之,自然科学不可能没有概括。这就是大卫·休谟的归纳难题在哲学上占据重要位置的原因。感兴趣的读者可以参考 Chattopadhyaya(1991),这一研究对历代哲学家提出的问题及各种解决方法有一个全面的交代。

10. 不像自然科学,在社会科学中很少发现法则般的现象(Numagami,1998)。正如之前提到的,期望所有相关的数据和理论相一致是不切实际的,哪怕理论是正确的(Lieberson,1992)。然而,这并不意味着管理理论不需要证伪。尽管单独一个否证不能说明理论是错的,但不断累积的否证将会使研究者对理论的效度产生怀疑,并可能有助于最终推翻该理论。

11. Ruzzene(2012)介绍了可比较性的概念,而且提出了案例的代表性(或典型性)应该基于对本案例和目标案例之间在相关因果机制上的比较结果。相似性越高,案例越具有代表性,因此结果越具有普适性。一个问题是,Ruzzene 未能清晰地描述比较的程序。此外,当研究者评估案例的代表性时,他们是要有意识或无意识地进行哪种比较?换句话说,Ruzzene 可能无意地推荐了一些研究者一直在用的做法。

参考文献

Bengtsson, B. and Hertting, N. 2014. Generalization by mechanism: Thin rationality and ideal-type analysis in case study research. *Philosophy of the Social Sciences*, 44: 707-732.

Bhaskar, R. 1978. *A realist theory of science* (2nd ed.). Hassocks, England: Harvester Press.

Bitektine, A. 2008. Prospective case study design: Qualitative method for deductive theory testing. *Organizational Research Methods*, 11: 160-180.

Brady, H. E., Collier, D. and Seawright, J. 2006. Towards a pluralistic vision of methodology. *Political Analysis*, 14: 353-368.

Brennan, J. G. 1961. *A handbook of logic* (2nd ed.). New York: Harper and Brothers.

Bromiley, P. and Johnson, S. 2005. Mechanisms and empirical research. In D. J. Ketchen Jr. and D. D. Bergh (Eds.), *Research methodology in strategy rind management*, Vol. 2: 15-29. Amsterdam, NL: Elsevier.

Buckley, P. J. and Chapman, M. 1997. The perception and measurement of transaction costs. *Cambridge Journal Economics*, 21: 127-145.

Buckley, P. J. and Chapman, M. 1998. The management of cooperative strategies in R&D and innovation programmes. *International Journal of the Economics of Business*, 5: 369-381.

Bunge, M. 1997. Mechanism and explanation. *Philosophy of the Social Sciences*, 27: 410-465.

Cambridge dictionary of philosophy (2nd ed.). 1999. Cambridge, England: Cambridge University Press.

Cavaye, A. L. M. 1996. Case study research: A multi-faceted research approach for IS. *Information Systems Journal*, 6: 227-242.

Chalmers, A. F. 1999. *What is this thing called science?* (3rd ed.). Maidenhead, England: Open University Press.

Chattopadhyaya, D. P. 1991. *Induction, probability, and skepticism*. Albany, NY: State University of New York Press.

Chreim, S., Williams, B. E. and Hinings, C. R. 2007. Interlevel influences on the reconstruction of professional role identity. *Academy of Management Journal*, 50: 1515-1539.

Cohen, M. R. and Nagel, E. 1934. *An introduction to logic and scientific method*. New York: Harcourt, Brace and World.

Cook, T. D. and Campbell, D. T. 1979. *Quasi-experimentation: Design and analysis issues for field settings*. Boston, MA: Houghton Mifflin.

Copi, I. M. and Cohen, C. 1990. *Introduction to logic* (8th ed.). New York: Macmillan.

Cronbach, L. J. 1975. Beyond the two disciplines of scientific psychology. *American Psychologist*, 30: 116-127.

Cronbach, L. J. 1982. *Designing evaluations of educational and social programs*. San Francisco, CA: Jossey-Bass.

Danermark, B., Ekstr m, M., Jakobsen, L. and Karlsson, J. C. 2002. *Explaining society: Critical realism in the social sciences*. London: Routledge.

Danis, W. M. and Parkhe, A. 2002. Hungarian-Western partnerships: A grounded theoretical model of integration processes and outcomes. *Journal of International Business Studies*, 33: 423-455.

第五章 概括：一个有争议的尝试

David, R. J. and Han, S. -K. 2004. A systematic assessment of the empirical support for transaction cost economics. *Strategic Management Journal*, 25: 39-58.

Davis, F. D. 1989. Perceived usefulness, perceived ease of use, and user acceptance of information technology. *MIS Quarterly*, 13: 319-340.

de Rond, M. and Bouchikhi, H. 2004. On the dialectics of strategic alliances. *Organization Science*, 15: 56-69.

Denzin, N. K. 1983. Interpretive interactionism. In G. Morgan (Ed.), *Beyond methods: Strategies for social research*: 129-146. Beverly Hills, CA: Sage.

Eisenhardt, K. M. 1989. Building theories from case study research. *Academy of Management Review*, 14: 532-550.

Eisenhardt, K. M. and Bourgeois III, L. J. 1988. Politics of strategic decision making in high-velocity environments: Toward a midrange theory. *Academy of Management Journal*, 31: 737-770.

Eisenhardt, K. M. and Graebner, M. E. 2007. Theory building from cases: Opportunities and challenges. *Academy of Management Journal*, 50: 25-32.

Ferner, A., Almond, P. and Colling, T. 2005. Institutional theory and the cross-national transfer of employment policy: The case of "workforce diversity" in US multinationals. *Journal of International Business Studies*, 36: 304-321.

Filtzer, D. 2002. *Soviet workers and de-Stalinization: The consolidation of the modern system of Soviet production relations*, 1953-1964. Cambridge, England: Cambridge University Press.

Firestone, W. A. 1993. Alternative arguments for generalizing from data as applied to qualitative research. *Educational Researcher*, 22(4): 16-23.

Flyvbjerg, B. 2006. Five misunderstandings about case-study research. *Qualitative Inquiry*, 12: 219-245.

Gefen, D. and Straub, D. W. 1997. Gender differences in the perception and use of e-mail: An extension to the technology acceptance model. *MIS Quarterly*: 21: 389-400.

Gensler, H. 2001. *Introduction to logic*. London: Routledge.

Gephart Jr., R. P. 2004. Qualitative research and the Academy of Management Journal. *Academy of Management Journal*, 47: 454-462.

Gerring, J. 2004. What is a case study and what is it good for? *American Political Science Review*, 98: 341-354.

Gerring, J. 2007. *Case study research: Principles and practices*. Cambridge, England: Cambridge University Press.

Gibbert, M. 2006. Munchausen, black swans, and the RBV: Response to Levitas and Ndofor. *Journal of Management Inquiry*, 15: 145-151.

Gibbert, M., Ruigrok, W. and Wicki, B. 2008. What passes as a rigorous case study? *Strategic Management Journal*, 29: 1465-1474.

Gobo, G. 2004. Sampling, representativeness and generalizability. In C. Seale, G. Gobo, J. F. Gubrium and D. Silverman (Eds.), *Qualitative research practice*: 405-426. London: Sage.

Goetz, J. P. and LeCompte, M. D. 1984. *Ethnography and qualitative design in education research*. Orlando, FL: Academic Press.

Gomm, R., Hammersley, M. and Foster, P. 2000. Case study and generalization. In R. Gomm, M. Hammersley and P. Foster (Eds.), *Case study: Key issues, key texts*: 98-115. London: Sage.

Greenwood, R. and Suddaby, R. 2006. Institutional entrepreneurship in mature fields: The big five accounting firms. *Academy of Management Journal*, 49: 27-48.

Guba, E. G. and Lincoln, Y. S. 1982. Epistemological and methodological bases of naturalistic enquiry. *Education Communication and Technology Journal*, 30: 233-252.

Hägg, I. and Hedlund, G. 1979."Case studies" in accounting research. *Accounting, Organizations and Society*, 4: 135-143.

Halkier, B. 2011. Methodological practicalities in analytical generalization. *Qualitative Inquiry*, 17: 787-797.

Hambrick, D. C. 2007. The field of management's devotion to theory: Too much of a good thing. *Academy of Management Journal*, 50: 1346-1352.

Hamilton, D. 1981. Generalization in the educational sciences: Problems and purposes. In T. S. Popkewitz and B. R. Tabachnick (Eds.), *The study of schooling: Field based methodologies in educational research erred evaluation*: 227-241. New York: Praeger.

Harrison, D. and Easton, G. 2004. Temporally embedded case comparison in industrial marketing research. In S. Fleetwood and S. Ackroyd (Eds.), *Critical realist applications in organisationand management studies*: 194-210. London: Routledge.

Helfat, C. E. 2007. Stylized facts, empirical research and theory development in management. *Strategic Organization*, 5: 185-192.

Hillebrand, B., Kok, R. A. W. and Biemans, W. G. 2001. Theory-testing using case studies: A comment on Johnston, Leach, and Liu. *Industrial Marketing Management*, 30: 651-657.

Hofstede, G. 1980. *Culture's consequences: International differences in work related values*. London: Sage.

Hurler, P. 2003. *A concise introduction to logic*. Belmont, CA: Wadsworth.

Johnson, P., Buehring, A., Cassell, C. and Symon, G. 2006. Evaluating qualitative management research: Towards a contingent criteriology. *International Journal of Management Reviews*, 8: 131-156.

Klein, H. K. and Myers, M. D. 1999. A set of principles for conducting and evaluating interpretive field studies in information systems. *MIS Quarterly*, 23: 67-94.

Kochan, T. and Rubinstein, S. 2000. Toward a stakeholder theory of the firm: The Saturn partnership. *Organization Science*, 11: 367-386.

La Porte, T. R. and Consolini, P. M. 1991. Working in practice but not in theory: Theoretical challenges of "high reliability organizations". *Journal of Public Administration Research and Theory*, 1: 19-47.

Lee, A. S. 1989. Case studies as natural experiments. *Human Relations*, 42: 117-137.

Lee, A. S. and Baskerville, R L. 2003. Generalizing generalizability in information systems research. *Information Systems Research*, 14: 221-243.

Lee, A. S. and Baskerville, R L. 2012. Conceptualizing generalizability: New contributions and a reply. *MIS Quarterly*, 36: 749-761.

Leonard-Barton, D. 1990. A dual methodology for case studies: Synergistic use of a longitudinal single site with replicated multiple sites. *Organization Science*, 1: 248-266.

Levy, D. L. 1995. International sourcing and supply chain stability. *Journal of International Business Studies*, 26: 343-360.

Lieberson, S. 1992. Einstein, Renoir, and Greeley: Some thoughts about evidence in sociology. *American Sociological Review*, 57: 1-15.

Lincoln, Y. S. and Guba, E. G. 1985. *Naturalistic inquiry*. Beverly Hills, CA: Sage.

Lincoln, Y. S. and Guba, E. G. 2000. The only generalization is: There is no generalization. In R. Gomm, M. Hammersley and P. Foster (Eds.), *Case study: Key issues, key texts*: 27-44. London: Sage.

Lucas, J. W. 2003. Theory-testing, generalization, and the problem of external validity. *Sociological Theory*, 21: 236-253.

MacIntyre, A. 2007. *After virtue: A study in moral theory* (3rd ed.). Notre Dame, IN: University of Notre Dame Press.

Maguire, S., Hardy, C. and Lawrence, T. 2004. Institutional entrepreneurship in emerging fields: HIV/AIDS treatment advocacy in Canada. *Academy of Management Journal*, 47:

657-679.

Manicas, P. T. 2006. *A realist philosophy of social science*. Cambridge, England: Cambridge University Press.

Maxwell, J. A. 1992. Understanding and validity in qualitative research. *Harvard Educational Review*, 62: 279-300.

Mill, J. S. 1925 [1843]. *A system of logic*. London: Longmans, Green and Co.

Mintzberg, H. 2005. Developing theory about the development of theory. In K. G. Smith and M. A. Hitt (Eds.), *Great minds in management: The process of theory development*. 355-372. Oxford, England: Oxford University Press.

Mitchell, J. C. 1983. Case and situation analysis. *Sociological Review*, 31: 187-211.

Mjøset, L. 2009. The contextualist approach to social science methodology. In D. Byrne and C. C. Ragin (Eds.), *The Sage handbook of case-based methods*: 39-68. London: Sage.

Nagel, E. 1979. *The structure of science: Problems in the logic of scientific explanation*. Indianapolis, IN: Hackett Publishing.

Numagami, T. 1998. The infeasibility of invariant laws in management studies: A reflective dialogue in defense of case studies. *Organization Science*, 9: 2-15.

Orlikowski, W. J. and Baroudi, J. J. 1991. Studying information technology in organizations: Research approaches and assumptions. *Information Systems Research*, 2: 1-28.

Perrow, C. 1999. *Normal accidents: Living with high-risk technologies* (2nd ed.). Princeton, NJ: Princeton University Press.

Piekkari, R, Welch, C. and Paavilainen, E. 2009. The case study as disciplinary convention: Evidence from international business journals. *Organizational Research Methods*, 12: 567-589.

Roberts, K. H. 1989. New challenges in organization research: High reliability organizations. *Organization and Environment*, 3: 111-125.

Rousseau, D. M. and Fried, Y. 2001. Location, location, location: Contextualizing organizational research. *Journal of Organizational Behavior*, 22: 1-13.

Runde, J. and de Rond, M. 2010. Evaluating causal explanations of specific events. *Organization Studies*, 31: 431-450.

Ruzzene, A. 2012. Drawing lessons from case studies by enhancing comparability. *Philosophy of the Social Sciences*, 42: 99-120.

Sagan, S. D. 1993. *The limits of safety: Organizations, accidents, and nuclear weapons*. Princeton, NJ: Princeton University Press.

第五章 概括：一个有争议的尝试

Sayer, A. 1992. *Method in social science: A realist approach* (2nd ed.). London: Routledge.

Schofield, J. W. 1990. Increasing the generalizability of qualitative research. In E. W. Eisner and A. Peshkin (Eds.), *Qualitative inquiry in education: The continuing debate*: 201-232. New York: Teachers College Press.

Schwandt, T. A. 1997. *Qualitative inquiry*. Thousand Oaks, CA: Sage.

Seddon, P. B. and Scheepers, R. 2015. Generalization in IS research: A critique of the conflicting positions of Lee & Baskerville and Tsang & Williams. *Journal of Information Technology*, 30: 30-43.

Sharp, K. 1998. The case for case studies in nursing research: The problem of generalization. *Journal of Advanced Nursing*, 27: 785-789.

Siggelkow, N. 2007. Persuasion with case studies. *Academy of Management Journal*, 50: 20-24.

Simons, H. 2015. Interpret in context: Generalizing from the single case in evaluation. *Evaluation*, 21: 173-188.

Stake, R. E. 1978. The case study method in social inquiry. *Educational Researcher*, 7(2): 5-8.

Stake, R. E. 1994. Case studies. In N. K. Denzin and Y. S. Lincoln (Eds.), *Handbook of qualitative research*: 435-454. Thousand Oaks, CA: Sage.

Stake, R E. 1995. *The art of case study research*. Thousand Oaks, CA: Sage.

Stake, R. E. and Trumbull, D. J. 1982. Naturalistic generalizations. *Review Journal of Philosophy and Social Science*, 7: 1-12.

Steinmetz, G. 2004. Odious comparisons: Incommensurability, the case study, and "small N's" in sociology. *Sociological Theory*, 22: 371-400.

Stoecker, R. 1991. Evaluating and rethinking the case study. *Sociological Review*, 39: 88-112.

Straub, D. W. 1994. The effect of culture on IT diffusion: E-mail and FAX in Japan and the US. *Information Systems Research*, 5: 23-47.

Tsang, E. W. K. and Williams, J. N. 2012. Generalization and induction: Misconceptions, clarifications, and a classification of induction. *MIS Quarterly*, 36: 729-748.

Tsoukas, H. 1989. The validity of idiographic research explanations. *Academy of Management Review*, 14: 551-561.

Walton, J. 1992. Making the theoretical case. In H. S. Becker and C. Ragin (Eds.), *What is a case? Exploring the foundations of social inquiry*. 121-137. Cambridge, England: Cambridge University Press.

Welch, C., Plakoyiannaki, E., Piekkari, R. and Paavilainen-Mäntymäki, E. 2013. Legitimizing diverse uses for qualitative research: A theoretical analysis of two management journals. *International Journal of Management Reviews*, 15: 245-264.

Williams, J. N. and Tsang, E. W. K. 2015. Classifying generalization: Paradigm war or abuse of terminology. *Journal of Information Technology*, 30: 18-29.

Williams, M. 2000. Interpretivism and generalisation. *Sociology*, 34: 209-224.

Williamson, O. E. 1975. *Markets and hierarchies: Analysis and antitrust implications*. New York: Free Press.

Williamson, O. E. 1985. *The economic institutions of capitalism*. New York: Free Press.

Wilson, R. T. and Amine, L. S. 2009. Resource endowments, market positioning, and competition in transitional economies: Global and local advertising agencies in Hungary. *International Marketing Review*, 26: 62-89.

Winer, R. S. 1999. Experimentation in the 21st century: The importance of external validity. *Journal of the Academy of Marketing Science*, 27: 349-358.

Wynn Jr. D. and Williams, C. K. 2012. Principles for conducting critical realist case study research in information systems. *MIS Quarterly*, 36: 787-810.

Yin, R. K. 2009. *Case study research: Design and methods* (4th ed.). Thousand Oaks, CA: Sage.

Yin, R. K. 2010. Analytic generalization. In A. J. Mills, G. Durepos and E. Wiebe (Eds.), *Encyclopedia of case study research*, Vol. 1: 20-22. Thousand Oaks, CA: Sage.

Yin, R. K. 2014. *Case study research: Design and methods* (5th ed.). Thousand Oaks, CA: Sage.

Zachariadis, M., Scott, S. and Barrett, M. 2013. Methodological implications of critical realism for mixed-methods research. *MIS Quarterly*, 37: 855-879.

第六章 复制：一个被忽略的必需品

为什么复制研究很少在期刊中发表？ / 161
复制在社会科学中是可能的吗？ / 164
复制的分类 / 167
　　假定 / 168
　　复制类型 / 168
　　分析检查 / 169
　　数据的再分析 / 170
　　精确复制 / 170
　　概念扩展 / 172
　　经验性概括 / 173
　　概括与扩展 / 174
复制的认知意义 / 175
　　顺应调节和预测 / 176
　　理论的证实与证伪 / 177
　　复制研究的局限和创新研究的价值 / 179
复制与知识积累 / 181
　　分散模式 / 182
　　多焦点模式 / 184
　　一个整合 / 187
结　论 / 187
注　释 / 188
参考文献 / 190

日本学界需要这样的警醒：一名年轻、漂亮、有天赋的研究者开发了一种便宜且简单的方式来培养多功能干细胞……出于对研究员小保方晴子（Haruko Obokata）突破性进展的好奇，其他的科学家尝试重复她的结果但却都失败了。同行评议网站指控她篡改数据和图像，导师们被指控疏于管理。30岁的小保方晴子被迫撤回她的科学论文，她所在的由政府资助的研究中心展开了正式调查。这件事在本周发生了更严重的变化，小保方晴子的导师也是她的良师益友笹井芳树（Yoshiki Sasai，是一位著名的科学家）被发现在他办公室附近楼梯栏杆上自缢了（Spitzer，2014）。

这一不幸的事件震惊了世界范围内的干细胞研究学者。[1]然而该事件很好地揭示了一个根本而令人不快的事实——"复制是科学的核心"（Cumming，2008：286）。复制充当"一种对科学与非科学的区分标准"（Braude，1979：42）。正如一位著名的统计学家所说，"科学家开始相信，当他从各种条件下（可能在不同的场所运用不同的工具）进行的实验中获得可重复结果时，他就胜利了"（Nelder，1986：113）。在很多自然科学中，对经验结果进行复制是一种惯例。但复制在一般的社会科学，尤其在管理学中并不是很常见。

表6-1列出了管理学科中14项复制研究，以证实和普适化为目的，总结出复制并没有被充分执行，应该进行更多的复制研究的结论。在所从事的复制研究中，它们的结果通常与原始结果相矛盾，或者最多是部分支持原始结果。管理研究者有时会接受未经证实的研究结果，其效度可能在后来被证实是可疑的。例如，Lawrence和Lorsch（1967）具有里程碑意义的冲突解决结果被广为接受和传播。然而，当Fry等（1980）尝试用管理者样本进行复制时，他们的研究发现严重质疑了Lawrence和Lorsch（1967）用来测量冲突解决模式的量表的效度。

表 6-1 管理学科中的复制研究

文章	考察的学科和期刊	时期	复制研究占总研究的比例	复制研究及原始研究的结果		
				一致	部分一致	不一致
Brown 和 Coney(1976)*	发表在3个营销学期刊的所有文章	1971—1975	13/465（2.8%）	—	—	—
Reid 等（1981）	发表在3个年会论文集和10个期刊的所有广告学文章	1977—1979	30/501（6.0%）	40.0%	20.0%	40.0%
Zinkhan 等（1990）	发表在4个营销学期刊上的实验和问卷调查文章的系统样本	1975—1984	13/263（4.9%）	23.1%	30.7%	46.2%
Hubbard 和 Vetter(1991)	发表在4个金融学期刊上的经验研究的随机样本	1969—1989	55/555（9.9%）	20.0%	20.0%	60.0%
Hubbard 和 Vetter(1992)	发表在3个经济学期刊上的经验研究的随机样本	1965—1989	92/942（9.8%）	19.6%	15.2%	65.2%
Hubbard 和 Armstrong（1994）	发表在3个营销学期刊上的经验研究的随机样本	1974—1989	20/835（2.4%）	15.0%	25.0%	60.0%
Fuess（1996）	发表在《商业与经济学季刊》（Quarterly Journal of Business and Economics）上的所有文章	1984—1994	62/275（22.5%）	30.8%	34.6%	34.6%
Hubbard 和 Vetter(1996)	发表在会计学、经济学、金融学、管理学和营销学领域的18个期刊上的经验研究的随机样本	1970—1991	266/4 270（6.2%）（营销2.9%，金融学9.7%）	27.1%	24.4%	45.5%

（续表）

文章	考察的学科和期刊	时期	复制研究占总研究的比例	复制研究及原始研究的结果		
				一致	部分一致	不一致
Hubbard 和 Vetter（1997）	发表在 12 个金融学期刊上的经验研究的随机样本	1975—1994	144/1423（10.1%）	16.0%	29.1%	54.9%
Hubbard 等（1998）	发表在 9 个管理学期刊上的经验研究的随机样本	1976—1995	37/701（5.3%）	29.7%	43.3%	27.0%
Darley（2000）	发表在 3 个营销学期刊上的所有经验研究	1986—1995	22/970（2.3%）	31.8%	22.7%	45.5%
Evanschitzky 等（2007）**	发表在 3 个营销学期刊上的所有经验研究	1990—2004	16/1389（1.2%）	43.8%	31.3%	24.9%
Evanschitzky 和 Armstrong（2010）***	发表在 2 个预测学期刊上的所有经验研究	1996—2008	78/929（8.4%）	35.3%	45.1%	19.6%
Park 等（2015）	发表在 4 个广告学期刊上的所有经验研究	1980—2012	82/2856（2.9%）	53.7%	39.0%	7.3%

注：*最初 2.2% 的复制研究估计值基于 3 个营销学期刊上发表的所有文章，Hubbard 和 Lindsay（2013）仅基于经验研究重新计算出一个 2.8% 的估计值。

**这是 Hubbard 和 Armstrong（1994）对发表在 3 个营销学期刊上的复制研究调查的一个扩展。作者又加入了 2 个期刊但是没有汇报其中发表的 25(2.5%)个复制研究的支持程度。

***78 个复制研究中有 27 个并不具有充分的信息以供作者判断支持原始研究的程度。相应地，百分比是基于剩下的 51 篇文章得出的。

虽然数十年来反复提倡做更多的复制研究，但是这些号召似乎没被理睬。例如，在市场营销学中，Evanschitzky 等（2007）重复了 Hubbard 和

Armstrong(1994)对 1974—1989 年主流市场营销学期刊上发表的复制研究调查,并将时间段扩展到 1990—2004 年。他们发现这两个时期中复制研究的比例下降了一半,即从 2.4%下降到 1.2%。如果管理学科的研究者们认为自己做的是科学研究的话,那么这个情形实在不尽如人意。正如下文所要讨论的,除了更多的实际困难,复制研究还面临着一些哲学上的挑战。本章将复制研究分为六类,强调它在知识上的重要性,并讨论它在理论开发中的作用。

为什么复制研究很少在期刊中发表?

为了回答这一问题,自然不能回避担任把关人角色的期刊编辑。Neuliep 和 Crandall(1990)调查了社会和行为科学期刊的编辑们。在 79 位编辑的有效回复中,只有 4 位表明编辑部的政策是明确鼓励复制研究投稿的,而大部分编辑则回复说展示新成果的研究比成功或失败的复制型研究更重要。Neuliep 和 Crandall(1990:87)由此得出结论,"编辑不鼓励复制研究,并且没有为复制研究安排足够的版面"。

依据 Neuliep 和 Crandall(1990)的研究,Madden 等(1995)征集了期刊编辑们对所在学科复制研究的态度感知。两个研究中的第一个研究样本是从社会和自然科学中随机选出的期刊,而第二个研究样本是对基本上所有的市场营销学、广告学及相关期刊的一个普查。研究发现,第二个研究样本中的编辑们普遍认为复制研究缺乏创造性,新颖性比"仅仅是"复制更值得褒奖,文章中应当包含一些新的东西才能被发表。有趣的是,编辑们"似乎也表达了负罪感,相信真正的科学确实需要一个对已发表的研究进行独立复制的惯例"(p.84)。简言之,轻视复制研究的一个主要原因是社会科学家更加重视原创性和创新性,而专注于复制的研究被认为是与上述特点相对立的。

最近 Easley 等(2013)复制了 Madden 等(1995)的两个研究。在第一个研究里,针对原始研究与复制研究结果的对比表明,社会科学期刊编辑对复制研究的态度发生了转变,正向自然科学的同行们靠拢。在第二个研究里,对原始研究与复制研究的对比表明,学术活动中复制研究的使用和价值得到了更多的重视。具有讽刺意味的是,上面提到的 Evanschitzky 等(2007)分析了发表在市场营销学期刊上的复制研究,其结果显示了复制研究数年来显著减少。

除了编辑,作者也要对复制研究的贫乏负责任,因为他们很少选择复制型研究结果向期刊投稿。声誉不高是阻碍复制研究的可能原因之一(Earp and Trafimow,2015)。很少有研究者愿意被同行,尤其是被晋升和任职委员会看作自己仅仅是重复了他人的工作;更糟的是,进行复制研究还可能"被看不起,被当作砌砖工,而且被认为并没有增加知识"(Makel et al.,2012:537)。相应地,研究者,尤其是年轻的研究者就会犹豫要不要花时间进行复制研究。

期刊编辑对发表复制研究持有冷淡态度,而作者对进行和提交复制研究又犹豫不决,这两个群体实际上都在担心一个关键的问题,即新颖性。可能很多社会科学研究者在博士训练期间都读过 Davis(1971)著名的文章"那是有趣的!迈向社会学的现象学和现象学的社会学",这篇文章为发展一个高度重视新颖性的研究文化做出了贡献,正如 AMJ 的编辑评论的:"像很多其他顶级期刊一样,AMJ 也强调选题的新颖性(Colquitt and George,2011:432—435)。"[2] Pillutla 和 Thau(2013)分析了 Davis(1971)一文的被引用情况,有趣地发现该文在管理学期刊中被引用得最多(41.7%)。更重要的是,在期刊编辑评论的引用里,管理学期刊占据了更高比例(46.2%)。Daft 和 Lewin(1990:5—6)对此有一段颇具代表性的评论:

> Murray Davis 观察到被认为"有趣"的理论与读者们想当然的世界不一致。有趣的研究会报告反向结果,否证已有理论,质疑已接受的假定。相反地,被认为枯燥乏味的理论往往与已有思维方式相符。由此获得的经验就是:研究者应当尝试那些证明现有观点不成立的理论开发和数据收集工作。

管理学期刊编辑和作者对"有趣"理论和"反直觉"发现的痴迷是没有根据的,因为这些属性在知识层面上并没有太大的意义。爱因斯坦的相对论

第六章　复制：一个被忽略的必需品

之所以代替了牛顿力学,不是因为它更有趣、反直觉或新颖,而是因为它有更大的解释力(见 Boyd,1985 对解释力的一个实在主义讨论)。Pillutla 和 Thau(2013)分析中的另一个值得注意的发现是,对 Davis(1971)文章的引用并没有出现在任何一个自然科学期刊中。就此来看,社会科学家,尤其是管理研究者或许可以从自然科学的同行那学到点什么。

复制研究贫乏的另一个更深的、哲学层面的原因,可能与研究者如何理解科学的本质有关。对复制研究的强调是实证主义公认观点的一部分,在实证主义看来,所有科学的目的就是寻找"每当 F,则 G"的不变法则,其中 F 和 G 代表事件类型,如"当温度达到 100 摄氏度时,水就会沸腾"。对于实证主义者,这也意味着是 F 导致了 G,因为因果关系就是事件之间的恒常联结。复制研究的重要性在于对普遍规律的证实或证伪:我们引发事件 F,然后观察 G 是否会随之发生,如果会,那么所讨论的规律被证实,否则被证伪。

上文看起来像是对物理学的一个合理描述,但是结果的可复制性是否应当是社会科学的核心这一点还是有争议的。作为哲学家的诠释学者们认为可复制性原则不应当被强加在社会科学上,因为社会科学观察本质上是独一无二的(Bleicher,1982;Dilthey,1976;Winch,1958),可复制性原则不会促进反而会阻碍社会科学的发展。因此社会科学家被两种力量相互撕扯:一方面,他们深受实证主义科学理想的影响,并且渴望获得与自然科学家相同的声誉;另一方面,他们又会因诠释学者的洞见而动摇,与此同时受到实证主义者认识扩张的抵制。此外,诠释学者们试图指出:社会科学中几乎不可能出现不变的规律(Rosenberg,2008),实证主义者的理想并不现实。

更进一步来看,针对复制研究似乎还存在着矛盾的态度,复制研究在实践中是被低估的。近数十年间,实证主义哪怕是被当成自然科学的一种形式,已经广受诋毁(见 Brown,1977;Feyerabend,1978;Hanson,1958;Kuhn,1962;Polanyi,1957)。如果在社会科学中寻找普遍规律是不现实的,那么之前复制研究与证实或证伪普遍规律相关的意义自然就会有疑问。然而,实证主义者对复制的强调仍有挥之不去的影响,这点从之前提到的 Neuliep 和 Crandall(1990)调查的编辑们所表达出的负罪感可以看出。实际情况却远不尽如人意。虽然很多社会科学家仍感到复制是重要的,但是并没有把感觉落实到实际行动中来。而且一旦实证主义的理想被舍弃,复制也随即缺少了理论的佐证。一旦我们对实证主义的失败做出过度反应,拒绝任何客观检验(如复制研究)的必要,就会落入相对主义的危险中,否定存在客观真理的可能性。本章提出通过批判实在论来摆脱这种窘境,这可以帮助研究者在原始经验主义的斯库拉与相对主义的卡律布狄斯之间选择一条中间路线。

复制在社会科学中是可能的吗?

正如上文所讨论的,社会科学普遍规律的缺失导致了对复制研究价值的质疑。一个更基本的问题是,复制研究事实上是否可能。这里有一个难以摆脱的猜疑:对社会科学研究来说,复制既不可能,也不相关。反对者往往强调复制以完全相同条件下的实验或研究效果为前提。他们进一步主张虽然在可控条件下进行实验在自然科学中是可能的,但在社会科学中却是不可能的,因为没有两个社会情境是完全一样的(Machlup,1994;Mill,1936)。Kaplan(1964:161)精确地指出,关于"行为科学中的实验研究法是否值得做或是否可能做的问题,被'实验'这一词汇的模糊性蒙蔽了"。如果我们严格解读复制的含义,复制实验在自然科学中也是不可能的,因为在重复一个实验时不可能采用完全相同的条件。例如,仪器的颜色、烧杯的大小、执行实验的时间、实验事件的关系特性(即相对于其他事件的特性)等,都很少是相同的。因此甚至在"最硬"的科学(如物理学)中,完全的封闭也是不可能的。我们至多能做到控制那些被认为可能相关的条件。此外,物理学仅是自然科学的一个分支。如果将一个严格意义的复制可能性作为标准,那么很多自然科学,像天文学、地质学、进化生物学,也不是什么"硬"科学。因此,我们需要一个更适度的复制概念。

Kaplan(1964)对实验法的定义是有帮助的:"实验法……在某种环境下进行观察,如此安排或诠释,我们就有理由来分析得出与特定调查相关的因素(p.162)。"自然科学与社会科学的二分法过于简化。复制的可实现性是一个程度的问题。不可否认,一般而言复制在自然科学中更可行(在物理学

第六章 复制：一个被忽略的必需品

中较可行,在进化生物学中则差些)。然而,如果大多数可能相关的社会条件被控制,那么我们可以说复制研究在社会科学中已实行过了。当然,很多社会性构念非常易变,以至于根本不可能控制大多数相关条件。这里的观点仅仅在于,在很多情况下复制在很大程度上是可行的,但并不是说复制在每一个情形下都是可能的。否认两个研究有时能在相似条件下重复并不合情理,因为虽然没有哪两个社会情境是完全相同的,但也没有哪两个社会条件是完全不同的。认为复制总是不可能的正如认为复制总是可能的一样,都不可信。

Kaplan(1964)也讨论了其他反对意见。他认为"行为科学家不能做实验,因为他们的主题不适用于操控"这一观点是肤浅的。这种看法"低估了物理材料的难驾驭和人类对象的温顺"(p.163)。从社会现象持续变化这一角度,他回应如下：

> 行为科学研究中的事实总是处于变化的状态,这是千真万确的,但是其他科学所研究的事实也是如此。对于知识来说,我们需要的不是永久性,而是持续性;不是一成不变,而是变化的速度够慢或有限,从而使得相关模式可以被识别(pp.166-167)。

还有另一个重要的挑战要面对,很大程度上是因为 Feyerabend(1978)、Hanson(1958)和 Kuhn(1962)的工作,研究者意识到观察并非完全不受理论的影响。甚至那些看来简单的观察也隐藏着"自然的解释"(Feyerabend,1978)。这就引发了对复制在多大程度上是原始研究的客观评估的怀疑,因为原本被假定作为不同理论的中立仲裁者的观察,其本身会受到理论的"污染"。在 Kuhn(1962)的观点的基础上,一些研究者提出不同的理论框架是不具有通约性的(Doppelt,1978;McKinley and Mone,1998),正如第四章所讨论的。这一问题很复杂,本节只能简略地就两个主要原因来描述为什么观察的理论负载性(theory-ladenness)并不会破坏复制所应有的价值。

第一,有必要区分低程度的和高程度的观察。"虽然观察从来不是理论无涉(theory-free)的,但这并不是说拥有各种不同理论框架的人们关于案例事实就一定存在完全的分歧"(Phillips,1992:69)。事实上,很多情况下不同的框架可能得出相似的观察,这对于低程度的观察尤为如此,例如,"组织内层级的数量""一家国际合资企业合作伙伴的国籍"或"某工作流程所涉及的步骤"。从某种意义上来讲,低程度的观察更加客观,研究者的观察超越了他的个人或理论偏见。不可否认,对于较高程度的观察,比如交易成本或代理成本的测量,不同的理论视角可能会有分歧。但这并不意味着那些沉浸在不同理论中的观察者不能展开富有成效的讨论、批判和评价。这是因为,在低程度的观察中,不同理论之间可能存在术语重叠,这构成了沟通的基础。此外,观察者之间往往有机会(至少暂时性地)分享彼此的理论框架(Phillips,1992)。

第二,引导我们去调查一个测量构念的理论与在测量中用到的理论并非一定是同一个理论(Pawson,1989)。按照此观点,Hunt(1994)开发了一个经验检验的实在主义理论。他区分了两种理论类型:解释型和测量型。解释型理论是由观察过程检验的,而测量型理论是在检验解释型理论的过程中或明或暗地被假定的。他也将"观察"一词分为"知觉"和"数据"。知觉,是感知区分与感知识别的直接结果(如调查问卷中的选择标记),其只有在测量型理论的帮助下被解释后,才能成为数据(如某一构念的得分)。只要解释型理论不因对测量型理论有偏见而对检验有预判,那么数据就可以被用来检验解释型理论。意思就是,虽然完全的中立是不可能的,但配对的中立往往是可能的。例如,在 Bedeian 和 Armenakis(1981)的角色冲突和角色模糊对工作相关态度的影响模型中,所有五个构念都是由其他研究开发的工具加以测量的。在下文要讨论的一个复制研究里,Walsh(1988)对信念结构的测量即是借助于人格研究。

第三,虽然观察是理论负载的,但它们并不能免于批判。暗含于观察中的理论可以被抽出和检验。如果研究发现可以经受住批判,那么就可以暂时被接受(Andersson,1994)。因此,理论负载并不意味着要中止理性讨论和批判性审视。

总而言之,这些主张是有争议的,如果篇幅允许的话,很多复杂的方法论问题都应当被更彻底地讨论。不过,现在的讨论也足以展现"社会科学中复制研究是不可能的"这一观点并非毫无争议。社会科学家确实进行了复制研究,从这一事实出发,有理由接受这种态度:"住在边远地区的人被问到是否相信浸礼时,他们回答'是否相信它?嘿,我是看到过的!'"(Kaplan,1964:166)。既然人们用"复制"一词来提及不同性质的研究,下一节就对这一概念进行澄清,并将复制划分为六种类型。

复制的分类

复制本质上是"通过重复某特定过程来验证科学发现的方法"(Schmidt,2009:92)。正如 Rosenthal(1990:5)所指出的,"复制仅在相对意义上是可能的"。严格来讲,相同的研究不可能被不同的研究者,或者甚至相同的研究者所重复(Brogden,1951)。研究对象和研究者都会随着时间的推移而改变(Rosenthal and Rosnow,1984)。批判实在论者将复制看作在相似的权变条件下,对原始研究识别出的结构和机制进行验证的尝试。在其最简单的形式中,复制涉及以相同的方式再次进行相同的研究,从而再检验相同的假设,或者探索相同的问题。然而,这一词也被用于指代这些情况:对不同的研究对象群体、运用不同的数据收集方法、使用不同的数据分析方法等进行研究。

Bahr 等(1983)对《社会科学引文索引》(*Social Science Citation Index*)。中的文章进行了考察,并观察到,"复制"这一词被用来描述在时间、地点、对象和研究方法等方面都广泛不同的研究。这种混乱情况并没有在几十年间得到改善。混淆产生于当"复制"被用来指代多种研究时。例如,Eden(2002:842)主张"尽管不准确,大多数 AMJ 的文章至少都包括部分复制,当然文章并没有标明是'复制研究'"。虽然复制通常在某些方面不同于原始相关研究,正如接下来的分类所展示的,二者应当在假设、数据、测量、分析等方面有一定程度的相似性,否则"复制"一词就失去了它的意义。基于这一标准,那么 AMJ 中很少有文章可以被看作复制研究。[3]

由于重复一个研究可以有多种不同的方式,所以对复制进行分类会促进复制研究的交流。Brown 和 Coney(1976)区分了两种类型的复制:(1)复制;(2)扩展复制。这一粗略分类可能是文献中使用最普遍的,尽管也有其

管理研究哲学

他分类被提出来(如 Fuess,1996;Hendrick,1990;Lindsay and Ehrenberg, 1993;Mittelstaedt and Zorn,1984;Reid et al.,1981;Schmidt,2009)。下文所示的分类更加详细,比现有的分类范围更广。[4]

假定

这里的分类基于两个假定。第一,复制与原始研究使用相同的研究方法。例如,如果原始研究是案例研究,那么复制研究也应当是案例研究。由于不同的研究方法反映了不同的核心本体论假定、基本的认识论立场及关于人类本性的假定(Morgan and Smircich,1980),所以把使用不同研究方法来检验同一理论的经验研究看作不同的研究而非复制研究可能更合适。[5]第二,复制被假定为在原始研究完成之后的一段时间里进行的研究。这一假定排除了研究内复制,即考察"被同样的研究者实施的在同一研究中的结果的再现性"(Park et al.,2015:119)。例如,在组织行为学研究中,研究者有时执行多种实验以检验主效应是否在不同情境下成立。实际上,研究内复制是一种特定的研究方法,而不是一般意义上的复制。

这一分类没有区分由原始研究的研究者进行的复制和非原始研究的研究者进行的复制。与原始研究无关的研究者进行的复制通常被认为更加客观(Monroe,1992;Rosenthal,1990),因为新的研究者可以避免之前研究者的偏见。实际上,复制通常被看作核查这些偏见的手段(Bryman,1988;Kidder and Judd,1986)。

复制类型

复制可以按照两个维度被分为六种类型(见表6-2)。第一个维度关于复制是否采用相同的测量构念和分析数据的方法。有时复制可能改变测量某特定构念的方式,以及/或者使用不同的统计方法来分析结果。第二个维度关于数据来源。复制可能只是在原始研究生成的或使用的数据上进行的,而非从头到尾重复原始研究。复制也可能从相同的或不同于原始研究的研究群体中再次收集数据。简便起见,"群体"这一词在此也指检验理论所在的情境。复制可能在不同于原始研究情境的情境中进行,但是使用同样的研究对象群体。假定一项经验研究和对它的复制是分别在同一家企业的市场营销领域和生产领域检验一个特定的组织学习理论,那么,这两个研究涉及不同的两个群体。两个维度的组合产生了如下文所述的六个不同的复制类型。

表6-2 复制的类型

	同样的测量和分析	不同的测量和/或分析
同样的数据集	分析检查	数据的再分析
同样的群体	精确复制	概念扩展
不同的群体	经验性概括	概括与扩展

分析检查

虽然很多学术期刊有着严谨的审稿流程,但所发表的文章中数据分析的错误仍屡见不鲜。在这种类型的复制中,研究者采用与过去研究完全一样的程序来分析后者的数据集。这在经济学和金融学中很流行,这些学科的研究主要是基于公开的可获得数据库。这种类型的复制的目的在于检查原始研究的考察者是否在分析数据的过程中犯了错。例如,1982年7月,《货币、信贷与银行业期刊》(Journal of Money, Credit and Banking)采纳了一个编辑政策,要求作者提供文章中所使用的程序和数据,并根据其他研究者的需要开放这些资料。Dewald等(1986)尝试利用提交的数据集复制已发表的研究。结果表明"已发表的经验研究文章中由疏忽而导致的错误不仅不少见,反而很普遍"(pp.587-588)。

一个更新的例子是Bakker和Wicherts(2011)对心理学期刊上统计结果误报的考察。以2008年已发表的281个经验研究文章为样本,他们发现18%左右的统计结果被错误地报告了,15%左右的文章"至少有一处统计结果再次计算后被证实是错误的,也就是说,再次计算使原来显著的结果不显著,或者逆转"(p.666)。高影响力的期刊往往比低影响力的期刊错误率要低,这是由于前者的稿件评审可能更严格。该发现表明评审过程起到了重要的把关作用。另外一种解释是向高影响力期刊投稿的作者比向低影响力期刊投稿的作者做的准备更充分。由于超出了研究范围,Bakker 和 Wicherts(2011)没有给出评估这两种解释的相对合理性的更多信息。

数据的再分析

与分析检查不同,这种类型的复制使用不同的程序来重新分析原研究的数据,目的是检测结果是否以及如何受特定的构念测量方法或特殊的数据分析技术影响。复制通常会使用更有力的统计方法,而这些方法在原始研究过程中并未被使用。Franke 和 Kaul(1978)是一个很好的例子,他们重新分析了西方电气公司的霍桑工厂在 19 世纪 20—30 年代进行的开创性的霍桑实验的数据。他们使用了时间序列的计量经济学方法,该方法是在实验完成多年后才开发出来的。结果并没有支持实验原始研究者的观点,即没有证明存在所谓的"霍桑效应"——实验过程中实验对象的行为会被实验对象自己参与实验的意识改变。采用比 Franke 和 Kaul(1978)更全面的数据集,Jones(1992)的分析也得出结论,认为基本上没有证据支持霍桑效应,而证据在实验设计方法论中是占据核心地位的。

进行分析检查和数据的再分析这两种复制要求原始研究数据集是可得的。[6]正如上文所提到的,自从 1982 年《货币、信贷与银行业期刊》施行了公开已发表文章的程序和数据这一编辑政策以来,其他期刊也相继效仿。例如,美国经济学协会(American Economics Association)发表经验研究的官方期刊针对数据和资料的可得性发布了类似政策。美国社会学协会(American Sociological Association)也有政策要求研究者在发表自己的研究之后公开数据。[7]一些社会学家对此仍不满足。例如,Freese(2007)提倡出台一个更透明的政策,为方便在出版期间复制已发表的结果,作者们应该使用独立的网络档案最大限度地存储可能的信息,并且明确那些未提供的必要资料的可获得条件(p.153)。与这些做法相比,管理学领域似乎已经落后了。

精确复制

精确复制是使用基本相同的程序,针对相同群体重复之前的研究,目的是尽可能保持与之前研究相似的权变条件。为了避免"测试—再测试"效应

第六章 复制：一个被忽略的必需品

带来的干扰复杂性，通常会使用一个不同的研究对象群体。主要目的是评估过去的研究结果是可重复的还是"一次性"结果。由此，这种类型的复制"尤其适合在一个研究项目的早期，快速、相对容易且低成本地确定一个新结果是否可以被重复"（Lindsay and Ehrenberg，1993：221）。如果结果被成功复制，那么该复制就支持了此研究的内部效度，以及研究中使用的测量工具（如果有的话）的效度和信度。另一方面，失败的复制对原始结果的稳健性提出质疑，并且表明对该主题的进一步研究可能不会产生丰硕成果。

精确复制很少被发表，部分原因是大家认为进行这种复制"多半是浪费时间"（Hubbard，2016：112）。甚至那些称赞精确复制价值的人，也经常将精确复制视为复制的一种次要形式："它们可能有用，但不能代表复制的最佳状态（Eden，2002：842）。"由于不同类型的复制起着不同的作用，主张一种复制比另一种复制好或差是没有什么意义的。一个学科需要所有复制类型来共同确保它的健康发展。

需要注意的是精确复制不一定适用于某些研究。在社会心理学领域，Stroebe 和 Strack（2014：62）认为，"如实地复制实验的原始条件不能保证研究者能够处理与原始研究相同的理论构念"。例如，Dijksterhuis 和 van Knippenberg（1998）研究发现，对于被事先打上"非常聪明"标签的参与者（比如教授）和被事先打上"不怎么聪明"标签的参与者（比如小流氓），前者比后者在微不足道的任务上表现更好。即使"教授"和"小流氓"这样的字眼被正确地翻译出来，也不会引发在其他文化中关于智力这一构念的相似感知。在这种情况下精确复制的失败不应引发对原始研究的质疑，因为日常用语对意欲研究的理论构念不能很好地进行操作化。不过，这种情况在定量的管理研究甚至在社会心理学领域也并不常见，不是每一个研究都有这种问题。

Hinings 和 Lee（1971）的研究是管理学中进行精确复制的少数几个例子之一。他们采用包括九家制造企业在内的小样本，使用相同的测量工具和访谈程序，复制了有关组织结构的阿斯顿（Aston）研究[①]。两个研究都是从英国中部运营的企业中选择样本的。总体而言，Hinings 和 Lee 的发现表明

[①] 阿斯顿研究是指由阿斯顿大学的学者所做的研究。——译者注

阿斯顿研究的结果是可复制的。需要注意的是，Hinings是阿斯顿组织分析项目的核心研究者，并且积极参与了构成阿斯顿研究的早期经验研究（见Greenwood和Devine,1997）。就这点而论，该复制很可能受到项目方法论偏见（如果有的话）的影响。

概念扩展

概念扩展采用与原始研究不同的程序，但从相同群体中抽取样本。不同的程序涉及测量构念、建立构念之间的关系、分析数据方式等方面。尽管有这些不同，复制仍是基于与原始研究相同的理论的。结果则可能导致理论的修正。

Walsh(1988)复制了Dearborn和Simon(1958)对企业问题识别中的选择性感知的研究。Walsh(1988)的实验程序与原始研究不同。结果并不支持Dearborn和Simon(1958)提出的在解决复杂问题时，职能经验有选择性地引导了经理人的感知。

不一致的结果促使Beyer等(1997)进行了另一个概念扩展。他们首先考察了两个研究的实验程序，并猜想某些关键程序差异可能导致了不一致的结果。Dearborn和Simon(1958)的调查对象被要求去识别出企业在某种情况下所面临的重要问题，而Walsh(1988)的调查对象则被要求去尽可能多地识别出他们认为重要的问题。相比于第二种方法，第一种方法将调查对象限制在一个更有限的观察目标之上(Dweck and Leggett,1988)，所以第一个研究中的管理者可能表现出更多的选择性感知。此外，Beyer等(1997)认为Walsh在分析案例之前询问了调查对象的信念结构，该做法导致的促发效应(Fiske,1993)是一个混杂因素，这在Dearborn和Simon的研究中是不存在的，因为他们并没有测量信念结构。基于这两个考虑，Beyer等(1997)开发和检验了一个比之前两个研究所使用的更全面的模型。该模型提出了职能经验影响选择性知觉的几个不同机制。

这个例子清楚地说明了一项研究是如何基于另一项研究而展开的，可靠的知识积累是如何形成的以及如何引起了有关结构和机制的改进。两个后续研究是第一个研究的复制这一事实确保了该理论发展过程的连续性。

这个例子也显示出对于同一原始研究进行不止一个复制的优势。如果单一复制不能支持原始研究结果,我们并不能确定该失败是由原始研究的不可复制性造成的还是由复制程序的不精确造成的。因此 Rosenthal(1990)推荐应该对原始研究进行至少两个复制研究,最好是其中一个复制尽可能与原始研究相似,而另一个复制则至少存在些许差异。

经验性概括

通过针对不同群体重复一项过去的研究,经验性概括检验了一个研究结果在多大程度上能够被推广到另一个群体(见第五章关于不同概括类型的讨论),做法上表现为紧紧遵照原始研究的研究程序。复制是否应当被看作一个精确的复制或一个经验性概括,取决于原始研究与复制研究的群体是如何被界定的。这一复制类型越来越重要,因为对于在一种文化中开发的管理理论在其他文化中是否适用这一点遭到了质疑(Hofstede,1993;Rosenzweig,1994;Tsui et al.,2007)。

几年前,我复制了 Bettman 和 Weitz(1983)对自我服务归因的研究(见 Tsang,2002)。通过对在1972年和1974年发布的181家美国公司年报中的致股东信件进行内容分析,作者检验了因果归因中的自我服务偏见理论。我严格按照他们的编码方法,分析了发布于1985年和1994年的208家新加坡公司年报中的致股东信件,我还使用了相同的统计分析。我的目标是考察他们的结果是否可以被推广到新加坡(一个华人占多数的社会)的企业。注意,Bettman 和 Weitz(1983)这篇文章是同一时期发表于顶级期刊《管理科学季刊》(*Administrative Science Quarterly*)上的三篇有关公司年报中的因果推理的重要研究之一,另外两篇研究是 Salancik 和 Meindl(1984)及 Staw 等(1983)。尽管这些研究非常重要,我的研究却可能是第一个曾经对其中的一个进行过复制的研究。

我的研究结果识别出 Bettman 和 Weitz(1983)发现的一般自我服务归因模式。然而一个主要的差异是他们的研究数据既没有明确地支持自我服务归因存在的动机性解释,也没有支持信息性解释,而我的复制研究数据清楚地支持了第二种解释。我的发现与跨文化心理学研究中的东亚人在进行因果归因时对情境的影响更敏感这一证据相一致（Choi et al., 1999）。该复制实际上对自我服务偏见理论做出了经验贡献，表明情境影响敏感度的跨文化差异可能是一个显著的调节变量，所以在这一领域对相关结果进行跨文化推广时需要小心。

最近，我和同事基于类似的新加坡企业数据复制了 Barkema 和 Vermeulen（1998）有关荷兰企业的国际扩张研究（见 Tsang and Yamanoi, 2016）。我们发现作者错误地解读了文中假设检验的回归系数，实际上四个假设中只有两个假设得到了检验。对于这两个得到检验的假设，有一个既没有得到原始研究的支持，也没有得到我们的复制的支持；而另一个得到了他们研究的支持，但没有得到我们研究的支持。对于剩下的那两个假设（在他们的研究中并未被检验），我们发现其中一个得到了部分支持。总之，Barkema 和 Vermeulen（1998）宣称所有四个假设都得到了支持，而在我们的复制研究中只有一个得到了部分支持。

我们从事该复制的经验表明当研究被以复制的目的而进行详细检查时，就有更大可能性发现该研究的作者所犯的错误，这是出于文献综述目的的随意阅读做不到的。虽然这听起来很理所当然，但是它强调了复制具有发现错误的功能，这一功能被管理研究者忽略了。该功能还有一个意外结果，就是如果复制在领域内定期执行，研究者会有更大的压力来确保其数据分析和结果解读是无误的，这反过来会提高作为未来研究基础的文献的质量。

概括与扩展

这是管理学中一种很流行的复制类型。与原始研究相比，概括与扩展采用了不同的研究程序，并且从不同的对象群体中抽取样本。正如 Rosenthal（1990）所认为的那样，复制越不精确，如果复制结果支持原始研究结果，那么对于原始发现的外部效度就越有益。另一方面，如果复制结果没有支持原始研究结果，那么也很难辨别到底是结果的不稳定性导致的还是复制的不精确导致的。相反，在精确复制的情况下，不能再现原始研究结果则表明前者的可能性更大。

第六章 复制：一个被忽略的必需品

Klenke-Hamel 和 Mathieu(1990)重复了 Bedeian 和 Armenakis(1981)关于角色冲突和角色模糊对紧张、工作满意度和离职倾向影响的研究。他们使用不同的构念标签和测量方式，从四个不同群体（蓝领、职员、工程师和大学教职人员）中收集数据，而 Bedeian 和 Armenakis(1981)只使用了护士样本。Klenke-Hamel 和 Mathieu(1990)的结果表明 Bedian 和 Armenakis(1981)的模型只适合于职员，对其他三个样本都不适合。

Klenke-Hamel 和 Mathieu(1990)采取不同的方式测量上述某些构念，Bedeian 等(1992)严肃地质疑该研究是否是一个有效复制，或者"只是对不同概念模型的检验"(p.1096)。例如，Bedeian 和 Armenakis(1981)是用 Lyons(1971)开发的 9 题项量表来测量与工作相关的紧张的。相比之下，Klenke-Hamel 和 Mathieu(1990)使用的是 Goldberg(1971)的 20 题项的一般精神健康问卷（一种被特别开发用来检测精神障碍的问卷）。在一次扩展 Bedeian 和 Armenakis(1981)所用模型的尝试中，Klenke-Hamel 和 Mathieu(1990)将员工个人特征（性别、教育、年龄和婚姻状况）引入模型，发现取决于特定的样本，这些变量增强了模型的拟合度。然而，Bedeian 等(1992)提出了对这些变量与抽样之间可能的交互作用的担忧，因为样本在个人特征方面的构成会以未知的方式影响结果。基于上述诸多问题，他们提出质疑，认为该复制"包含可能使其结果可疑的担忧"(p.1093)。

与管理学期刊编辑对创新性的偏爱相一致（见 Colquitt and George，2011），概括与扩展可能是最讨人喜欢的一种复制类型，因为在这六种类型中，概括与扩展包含了最大的变化。在一篇 AMJ 的编辑评论中，Eden(2002：842)坚称，"一个复制研究与原始研究的相似性越小，它的潜在贡献越大"。Klenke-Hamel 和 Mathieu(1990)的复制表明，Eden 的上述说明后面应加上一句话："识别复制失败的原因却越困难。"

复制的认知意义

现有的关于复制的文章（如 Brown and Gaulden，1982；Hubbard et al.，1998；Lindsay and Ehrenberg，1993；Schmidt，2009）通常只关注信度、内部效度

和外部效度(或普适性)的问题。本节不做这些讨论,而是详细阐述首个复制所显示出的预测力上的认知意义。尽管复制不一定会导致理论的结论性证实或证伪,却有助于支持或推翻理论。

顺应调节和预测

假定一位管理研究者从单个经验研究结果中开发了一个理论,之后另一位研究者对其进行了精确复制,检验了从该理论中形成的假设,结果是所有假设都得到了很好的支持。也就是说,在非常相似的权变条件下,复制得出了与第一个研究非常相似的结果。这个复制的目的是什么呢?Lindsay 和 Ehrenberg(1993:220)说过首个复制是"最激动人心的",然而他们聚焦的是复制的概括功能,而该功能在上面这个特定例子里是缺失的。传统的观点很少超出这一评价范围:精确复制的结果加强了第一个研究的内部效度的信心,以及研究中所使用的测量工具(如果有的话)的效度和信度。尽管如此,对一个理论所依赖的研究进行首次复制具有其他重要的认识价值。

在这个假设的例子中,第一个研究者构建了理论来拟合从经验研究中得到的证据,有点类似于第四章讨论的 HARKing(根据结果提出假设),但这是一个顺应调节的例子。当研究被另一个研究者重复的时候,从理论中得来的假设就要接受检验。由于所有假设都得到了很好的支持,所以可以说理论取得了预测方面的成功,理由是"数据是被预测的而不是被顺应调节的,那么,该理论值得拥有更高的归纳信任"(Lipton,1991:133)。这个观点具有直觉上的吸引力。当 Dmitri Mendeleev 构建了周期表理论来解释所有 60 个已知元素时,科学界只是印象有些深刻。相比之下,当他继续使用他的理论来预测两个未知元素的存在,后来这两个未知元素又被独立发现的时候,皇家学会授予了他戴维奖章①(Maher,1988)。

为什么预测有超越顺应调节的特殊价值?第四章提到了 Lipton(1991)所定义的"捏造解释"。当数据需要被顺应调节时,就会产生捏造一个理论

---

① 戴维奖章(Davy Medal)也叫戴维奖,是英国皇家学会设立的一个奖项,以表彰那些在任一化学分支下有卓越的、重要的新发现的人。戴维奖章是以无机化学之父汉弗里·戴维(Humphry Davy)的名字命名的,与奖章一同颁发的还有 1 000 英镑奖金。——译者注

第六章　复制：一个被忽略的必需品

来配合的动机。也就是说,通过观察数据,研究者知道理论会产生什么结果,他可能会不惜一切地去实现这些结果。以这样的特殊条款去进行特定的顺应调节所产生的理论更像一个武断的组合,而非一个统一的解释。另一个问题是,一个与学科大多数背景信念相一致的理论比一个与学科大多数背景信念相违背的理论更值得信赖。顺应调节的需要可能会迫使研究者构建出很难与背景相匹配的理论。简言之,捏造行为会削弱理论。另一方面,在预测的例子上,理论形成于数据之前,从而使捏造变得毫无可能。"所以有理由怀疑那些不适用于预测的顺应调节,这样可以使预测更加有效"(Lipton,1991:140)。

Miller(1987)也做出过相似的论述,"当假设被发展出来用以解释特定数据时,这可能成为一个被指责的理由,即解释的拟合是由于开发者通过'独创的做法'来雕琢假设以与数据契合,其有悖于假设背后的基本真理"(p.308)。然而,如果接下来该假设在复制中被支持,这一指责就无关紧要了,因为"研究者的'独创做法'无法预示世界上任何所谓规律性的存在"(pp.193–194)。

产生验证性结果的精确复制是一个从原始研究的假设有效性推断出来的预测。因此,在适当条件下获得的验证性复制应当可以使理论在可信度上实现飞跃。一个理论所依据的经验研究的首个复制所起到的作用似乎比人们通常所认为的更重要。

理论的证实与证伪

批判实在论者并不认为复制可以提供决定性的理论证实或证伪(Bhaskar,1998;Keat and Urry,1982)。复制的主要目标是在相似的权变条件下考察原始研究所识别出的结构和机制。然而,由于管理研究很少在封闭条件下进行,所以很难确定结构和机制所处的权变条件的本质。因此,用复制验证先前研究发现失败了并不意味着它是一个决定性的证伪(见Popper,1959)。

为了方便讨论,我们假定原始研究与对它的复制在研究程序和数据分析上都没有差错。对于复制结果的失败,一个可能的解释是理论所提出的结构和机制是不正确的,这种情况属于一个真正的证伪。然而,另一个可能的解释是在复制研究中有一个不同的权变条件集,它或者调整了机制,或者激活了先前并不活跃的抵消机制,从而导致研究者观察到一组不同的事件。例如,Wiersema 和 Bird(1993)在日本企业中检验了人口统计学理论。他们考察了高层管理团队构成对团队离职的影响,发现人口统计学的作用与团队离职显著相关。而且,上述影响比在美国进行的类似研究中的影响(如 Jackson et al.,1991;Wagner et al.,1984;Wiersema and Bantel,1993)更强。Wiersema 和 Bird(1993)认为日本有非常不同的民族情境,这种民族情境改变了原有假定于美国情境中高管团队离职的解释机制。

尽管复制不能得出确定的结论,但是这并不代表复制是不值得的,也不代表复制没有认识上的意义。当一个复制成功地验证了原始研究结果,它至少对该理论提供了某种支持。如果这两项研究时间上相隔很远,复制还支持了理论的时间效度。当在不同环境中进行了无数次的复制并反复成功时,如果没有对此成功的另一种非实在性的解释的话,这一理论便很有可能触及了现实世界中的某种真正结构或机制。例如,Hofstede(1980)以 IBM 员工为样本对文化维度进行的研究,已被在具有各种特征的样本上复制过很多次了。Hofstede 的维度所预测的差异在很大程度上得到了证实(Søndergaard,1994),表明这些维度反映了某些真正的民族文化差异。

当支持一个理论的调查结果在反复的复制中均以失败告终时,把该结果看作偶然因素或者情境特质的产物,而不是真正的结构或机制的显现,似乎是更合理的。对复制研究结果进行解读存在困难,这导致了对更严谨的方法的需求。复制的意义应在相关研究和相关因素范围内(而非孤立地)加以考虑。

表 6-2 显示的四种复制类型中,建议从精确复制开始对一个理论进行检验,此时权变条件最接近原始研究。如果得出不同的结果,找出差异的确切原因会比较容易(见 Feynman,1985)。一旦权变条件被确定为"非常相似",结果的差异可能就归因于理论所提出的结构和机制上。如果使用概括与扩展这一复制类型,研究过程和抽样群体的差异会引入很多新变量,这时识别导致结果不一致的因素就变得困难(Lindsay and Ehrenberg,1993)。

第六章　复制：一个被忽略的必需品

Klenke-Hamel 和 Mathieu（1990）对 Bedeian 和 Armenakis（1981）的复制就是一个好例子。通过精确复制、概念扩展和经验性概括确立了理论的经验基础之后，再使用概括与扩展似乎更合适。以这样的顺序进行复制研究，能够使研究者更好地解释先前研究的不一致原因（如果有的话）。令人遗憾的是，很多管理研究的复制是概括与扩展这一类型的，而精确复制是很罕见的。

通过复制，我们也可以看到第四章中讨论的定量研究与定性研究的互补性。定量研究通常通过考察大量组织的方式而专注于建立组织变量之间，或者组织和环境变量之间的类法则关系（Bryman，1988）。相应地，这种方法忽略了被观察的关系所在的更宽泛的情境，而情境特征对于识别这些关系所发生的权变条件而言是有用的。如果复制的结果与原始研究结果相矛盾，则很难评估该矛盾在多大程度上是由两个研究中存在不同的权变条件导致的。例如，Bedeian 和 Armenakis（1981）与 Klenke-Hamel 和 Mathieu（1990）的研究结果之所以难以比较，其中一个原因就是两个研究均使用了问卷调查收集个体研究对象的数据，而对研究对象所工作的组织特征的信息却很少收集，这些情境特征可能影响模型如何显现。

虽然定性研究通常被定量研究者批判"很难对其结果进行复制"（Bryman，1988：38），但有趣的是，它有助于研究者解释重复研究的结果。通过尝试理解情境中的事件，定性研究者能够对假设机制所运行的特定权变条件进行说明（Tsoukas，1989）。这反过来有助于将复制研究与原始研究的结果进行比较。例如，Martinko 和 Gardner（1990）复制了 Mintzberg（1973）很有影响力的管理者工作的研究，前者以学校校长为研究对象，后者以 CEO 为研究对象。两个研究都采用结构式的观察来收集数据。虽然结果相似，但还是存在来自与学校校长工作有关的情境特征的主要差异。

复制研究的局限和创新研究的价值

复制研究除了积极作用，也有局限：可复制性并不意味着决定性的证实；复制失败也不意味着决定性的证伪。所以，过度依赖复制研究的结果是危险的，因为它们可能会被证明是无效的。此外，复制研究不能代替创新研究。因为复制本身既不能提供分析中的新概念,也不能提供解决问题的新方法。以下是关于创新研究与复制研究的更详细的比较。

创新研究通过引入新概念或将一个理论的解释领域扩展到有趣并重要的现象上等方式,对理论发展做出贡献。一些众所周知的管理理论和视角实际上都源于这种开创性的创新研究,如 Hofstede(1980)、Lawrence 和 Lorsch(1967)、Mintzberg(1973)和 Pfeffer(1972)、阿斯顿研究项目,以及霍桑实验。表6-3总结了创新研究的特点,并与复制研究进行了比较。

表6-3 创新研究与复制研究

	创新研究	复制研究
优势	• 引入新概念 • 扩展一个理论的解释域 • 启示新理论的开发	• 发现原始研究中研究者可能犯的错误 • 决定原始研究的信度和效度 • 通过成功的预测提升理论的可信度 • 阐明原始研究所考察的结构、机制和权变条件
局限	• 可能依赖脆弱的经验证据	• 可能重复不良研究 • 产生新理论的可能性比较小 • 被认为缺乏想象力和创造力

表6-3也展示了两种研究的局限。单个创新研究所提供的证据相当脆弱,并且受限于研究所处的情境特质。为了加强证据,就需要复制,复制能够提供针对证据可靠性的最好的经验检验(Sidman,1960)。然而,进行复制研究需要承担某些风险,比如某些研究的原始研究设计和执行很不完善,它们从一开始就不值得做。因此,研究者应当仔细检验原始研究所做出的理论贡献的重要性及其程度,并考虑它是否值得被复制。Sutton 和 Staw(1995)及 Whetten(1989)对这一问题提供了一些有用的建议。另一个评估原始研究影响力的方式是该研究所激起的引用数(见 Baird and Oppenheim,1994;Colquitt and Zapata-Phelan,2007;Tahai and Meyer,1999)。除了有影响的研究,研究者还可以考虑那些能够排除竞争性理论的研究(Lamal,1990)。

第六章 复制：一个被忽略的必需品

复制研究的主要目的是证实先前的发现,其结果很少会产生新理论或新视角。相应地,复制研究经常被认为缺乏想象力和创造力(Madden et al.,1995)。然而,概念扩展及概括与扩展这两种类型的复制研究却常会引入新概念或新的概念关系,这两种复制研究有助于发展理论。例如,在重复Monteverde 和 Teece(1982a)的纵向一体化研究中,Walker 和 Weber(1984)将买方与卖方之间的比较生产引入分析。他们发现这些成本是预测自制或外购决策的最强有力的因素。

此外,当复制研究产生了与原始研究不一致的结果,而研究者尝试提供一个解释或相应地调整模型时,不仅需要分析力,还需要一定的创造力。例如,Walsh(1988)的复制没有成功验证 Dearborn 和 Simon(1958)的"问题识别中的选择性感知"这一证据,促使了 Beyer 等(1997)为解释该不一致而开发和检验了一个模型。此外,原始研究的研究者可能会维护他们的发现,进而与复制研究者进行建设性的对话(如 Geringer,1998;Glaister and Buckley,1998a,1998b),这一活动有助于澄清既包括理论又包括方法论的问题。

很显然,相对于看似平常的复制研究,创新研究能提供更多的智力刺激,然而前者在理论发展上有着不可或缺的作用。复制研究不应该被强调是对其他方式和方法的损害,而应该在研究者的"方法工具箱"中被赋予更重要的位置。之所以如此建议,还因为对复制研究的强调有助于在更牢固基础上建立知识积累的长期模式。

复制与知识积累

在一个学科中,知识的增长是一个不断累积的过程,在此过程中,新的洞见被加入已有知识库。如第四章所指出的,管理研究领域被认为是碎片化的(Engwall,1995;Whitley,1984;Zald,1996),散布着各种各样的理论(Koontz,1961,1980)。与自然科学不同,管理学缺乏连贯的知识系统。虽然这种碎片化的状态可能会持续(见 Cannella and Paetzold,1994;Zald,1996),但是知识积累的现状可以通过鼓励更多的复制研究加以改进。下文提出了知识积累的多焦点模式,并与管理学中常见的分散模式进行了比较。每种模式都借由一个主题在其发展早期的经验研究来说明。

分散模式

分散模式的主要特征就是经验研究很少被复制，而且可能在研究方法、测量工具、核心构念界定、研究对象群体、考察现象的本质等方面大不相同。在这种模式下形成的经验知识体系是由分散的片段组成的。

分散模式存在于很多管理研究流派中。一个很好的例子是组织学习——从20世纪90年代早期开始涌现大量研究的一个领域（Crossan and Guatto,1996）。表6-4展示了一些主要的经验研究。很显然，这些研究使用了各种各样的方法，并在各种国家文化和组织中进行。此外，研究者对组织学习的定义有所差异（Tsang,1997），测量核心构念的方式也有所不同。大多数研究不是建立在先前研究基础之上的，研究发现孤立且脆弱。复制的缺乏导致了支离破碎的、缺乏连贯性的文献。这些研究发现是否反映了真正的结构和机制，还是如Popper（1959）所讲的，仅仅是孤立的巧合，尚不清楚。尽管照例伴随着统计上显著的结果，但是这些未经证实的研究仅为理论发展提供了薄弱的基础（Glaister and Buckley,1998b）。从积极的一面来看，我们确实从中发现了一些创新性的研究。例如，Brown和Duguid（1991）通过引入社群实践（communities-of-practices）这一概念为组织学习研究带来了新的视角，Hamel（1991）从组织学习的角度提供了对伙伴间合作动态的首次分析，等等。

表6-4 知识积累的分散模式

研究	方法	组织	国家	考察的现象本质
Brown 和 Duguid（1991）	民族志	一家大型企业的服务技术人员	美国	在人们工作的实践社群情境中产生的学习和创新
Hamel（1991）	案例研究	国际战略联盟	欧洲和日本	国际战略联盟情境中的伙伴间学习动态
Carley（1992）	模拟	—	—	职员离职对组织学习能力和最终绩效的影响

(续表)

研究	方法	组织	国家	考察的现象本质
Cook 和 Yanow（1993）	民族志	笛子制作工作坊	美国	从涉及组织文化产品的活动中学习
Fiol（1994）	详细的沟通日志分析	一家金融机构的新事业团队	美国	致力于共同理解新的和多样化的信息的集体谈判过程
Chang（1995）	二手数据分析	电子制造企业	日本和美国	日本电子制造商进入美国时在序贯进入过程中所展示的学习行为
Inkpen 和 Crossan（1995）	案例研究	国际合资企业	日本、加拿大和美国	从北美母公司层面的合资企业中所学的经验的整合
Simonin（1997）	问卷调查	战略联盟	美国	企业如何向战略联盟学习
Kim（1998）	纵向案例研究	现代汽车	韩国	先动性地构建内部危机对组织学习的影响
Lane 和 Lubatkin（1998）	专家评估和问卷调查	制药生物技术研发联盟	多个国家	伙伴特征在成功的组织间学习中发挥的作用

注：以组织学习领域的研究为例。

没有恰当的复制，就应当避免对研究结果的笼统概括。在组织学习的例子中，Argyris（1990）以他对西方公司多年的研究和咨询经验为基础，认为他所识别的组织防御模式"对于所有的人类组织都通用，包括私立和公立组织、贸易联盟、志愿组织、大学和学院，以及家庭"（p.63，添加了强调：所有的）。然而，他并没有经验证据支持这一法则般的陈述。即使我们假定组织防御模式在其他文化中有效，其表达形式也可能因为不同权变条件而有所差异。例如，中国人很在意面子（Ho，1976；Hu，1944），面子动态对亚洲的组织行为有普遍且显著的影响（Kim and Nam，1998；Leung et al.，2014）。鉴于使用组织防御的主要目的是保全面子，我们的预期是组织防御惯例在中国组织中比在西方组织中更加根深蒂固和复杂。该预期有多正确只能通过在中国组织中重复 Argyris 的研究来验证。

一些学者可能会认为这一问题可以通过元分析来解决。由于元分析尝试通过对已有的各种研究结果进行比较和合成来确立结果的可重复性,所以对某个研究主题的清楚的综述(如组织学习)即使在这些研究是分散的情况下仍然可以实现。这一说法有其道理,但它至少还有三个局限。第一,对于定性研究的结果(如案例研究)无法进行元分析。第二,元分析是针对某一特定现象的研究结果进行整合的(Easley et al.,2000)。例如,Zhao 等(2004)的元分析是针对交易成本相关因素对基于所有权的进入模式选择的影响的经验结果而展开的。当研究考察多种现象时,如表 6-4 所示,可能没有针对某一现象的足够数量的研究来进行元分析。第三,依据"垃圾进,垃圾出"原则(garbage in, garbage out principle),元分析的质量很大程度上取决于它涵盖的研究的质量,而复制是检验研究质量的一种关键方式。

预想一个元分析与复制之间的共生关系,要比将元分析看作复制的一个替代品(Allen and Preiss,1993)更有意义。一方面,Schmidt(1992)提出元分析可以通过显示针对某一特定现象的进一步研究何时不再有价值,来防御稀缺研究资源被错配。元分析还可以显示哪一类进一步的研究最有可能硕果累累(Eden,2002)。另一方面,具有完善的设计并被良好执行的研究,包括复制研究,都是进行元分析所必需的数据条件。

多焦点模式

在理论发展的最初阶段,经验研究仅集中于少数几个具有常规复制的核心领域。当已有的核心领域被充分研究后,研究逐渐在新的核心领域展开,以进一步检验理论的解释力。复制在某核心领域的积累改善了理论的结构和机制,并且提供了对与该领域相关的权变条件的更深入理解。

对交易成本经济学中纵向一体化的考察提供了这样一个例子。表 6-5 展示了在制造业纵向一体化这一核心领域的主要经验研究。其中一些是以概括与扩展的形式展开的。例如,Hennart(1988)的研究建立在 Stuckey(1983)的研究之上,并将其扩展到锡工业。两个研究共同为纵向一体化的交易决定因素提供了比某个单独研究更强的经验证据。

表 6-5 知识积累的多焦点模式

研究	方法	组织	国家	考察的现象本质
Monteverde 和 Teece (1982a)	案例研究	福特和通用汽车	美国	围绕人力技能的发展和深化的交易成本因素对纵向一体化的影响
Monteverde 和 Teece (1982b)	案例研究	一家汽车供应商	美国	准纵向一体化与交易特定实物资产所产生的可占用准租金之间的关系
Stuckey (1983)	二手数据分析	铝材生产商	多个国家	国际铝业产业企业之间的活动分工
Masten (1984)	案例研究	航空航天系统	美国	影响航空航天业内部和外部供应采购的因素
Walker 和 Weber (1984)	案例研究	一家大型汽车制造商	美国	交易成本对自制或外购部件决策的影响
Walker 和 Weber (1987)	案例研究	一家大型汽车制造商	美国	使用新数据对 Walker 和 Weber (1984) 的结果进行详细说明
Hennart (1988)	二手数据分析	铝材和锡材制造商	多个国家	威廉姆森(Williamson)的纵向一体化理论是否适用于铝业和锡业的上游阶段
Klein (1988)	历史编纂学	通用汽车和费希尔车体厂	美国	导致通用汽车收购费希尔车体厂的因素
Langlois 和 Robertson (1989)	历史编纂学	汽车制造商	美国	美国汽车工业早期几十年的纵向一体化水平的决定因素
Master 等 (1989)	案例研究	克莱斯勒、福特和通用汽车	美国	在实物资本和人力资本上的交易特定投入对纵向一体化模式的相对影响

注:以制造业纵向一体化领域的研究为例。

表 6-5 揭示了一个显著特点,即大部分研究是在美国汽车行业中进行的。可以清楚地看到,后期的研究建立在早期研究之上,形成连贯知识的积累。第三章中讨论的 Monteverde 和 Teece(1982a,1982b)就是一个很好的例子。作为首次检验纵向一体化的契约解释的系统性尝试中的一个,Monteverde 和 Teece(1982a)检验了资产专用性(此处定义为专业的人工技能或"应用工程投入")对自己生产或从外部供应商购买汽车部件这一决策的影响。他们发现应用工程投入在统计上是纵向一体化的显著决定因素。Monteverde 和 Teece(1982b)考察了准纵向一体化现象:"一个下游厂商对专用工具、模具和夹具,以及为更大系统制造零部件所使用的模式拥有所有权(p.321)。"他们发现与某给定零部件相关的可占用准租金和发生准一体化二者之间存在一个统计上的显著正相关关系。

这两个研究说明人力(而非实物)资产在纵向一体化决策中扮演了更为重要的角色;而当交易专用投入存在于实物资产中时,准一体化就足够了。为了检验专用实物资产与人力资产所起的不同作用,Master 等(1989)复制了 Monteverde 和 Teece(1982a,1982b)的研究,并且得到了一个肯定的结果。然而,在另外两个研究中,Walker 和 Weber(1984,1987)将不确定性和比较生产成本作为纵向一体化的决定因素。

这五个研究丰富了我们关于美国汽车行业纵向一体化相关的结构和机制方面的知识。需要指出的是,五个研究均采用了非常相似的研究方法,使用了案例企业提供的一个汽车部件列表,因变量被编码为自制或外购。实际上,Masten(1984)也采用这种方法研究了航空航天业采购的自制或外购决策。

知识可能通过多焦点模式下的扩展来实现增加,而某一核心领域相对完全的解释会被延续到相邻领域(见 Kaplan,1964)。例如,在交易成本经济学中,研究努力从制造业中的纵向一体化扩展到市场营销和分销的未来整合上(如 Acheson,1985;Anderson and Schmittlein,1984;John and Weitz,1988)。当一个理论在几个核心领域里进行检验时,可能会涉及一系列常见构念,这促进了多焦点模式下的知识扩展。在交易成本经济学的案例中,这一系列构念包括:资产专用性、区位专用性、机会主义及各种不确定性。因此,新的核心领域会从旧领域所发展的构念测量中获益,因为这些测量的信度和效度经过了检验,并且得到了旧领域里复制研究的改善。

通过比较几个核心领域所积累的知识,理论的解释力便得到了清晰的阐述。一些理论很好地解释了某个特定现象,但无法解释其他现象,这促进了对理论可能不成立的边界的识别(见 Dubin,1969)。理论边界的相关知识在理论应用于实践时尤为重要。

一个整合

虽然 Glaser 和 Strauss(1967:30)指出"精确的证据对产生理论而言不是那么重要"这一点是正确的,但是精确的证据对于进一步发展一个理论来说非常关键,它会更好地反映真正的结构和机制。多焦点模式的主要优势在于通过系统地重复过去的研究,对产生于几个焦点领域的经验证据进行比较和对比,这会使得相关理论进一步改进,并且有助于识别理论的边界。

与分散模式相比,在多焦点模式下形成的知识更连贯,并依赖更稳定的经验基础。然而,由于分散模式的研究所涉及的现象更广,所以可以在更广范围内产生管理启示。此外,分散模式会促成更充分的复杂性以及调查自由度(Mone and McKinley,1993)。

Popper(1962)将科学发现刻画为一个猜测与反驳的循环。没有大胆的和富有想象力的猜测,科学理论就不会产生,科学的突破就不可能出现。没有反驳的尝试(即对理论的批判性检验),就不能将寻找真理从胡乱猜测中分离出来,科学也就不可能进步。猜测与检验、创造性与严谨都是必需的,整合分散模式和多焦点模式也同样重要。没有前者,我们可能会被稳定但贫瘠的理论困扰;没有后者,我们可能会被众多富于创新但无事实根据的理论淹没。在整合的模式下,重要的研究会得到复制,创新研究会得到鼓励。

结 论

由于可复制性原则经常被认为是真正科学知识的最重要的标准(Rosenthal and Rosnow,1984),所以管理学中缺乏复制是一个严重的亟待解决的问题。这个问题的根源可能在于社会科学家对于复制的矛盾态度。一方面,实证主义赞扬复制的重要性,另一方面,一些哲学视角对复制的作用不屑一顾,二者之间存在着一股张力。这种对立不仅存在于不同的社会科学家之间,甚至存在于一些个体科学家的思想体系内部。本章展示了批判实在论能够调和这些极端的观点,赋予复制在理论发展中一个合适的角色。

对复制可行性的常见异议远无定论。当人们使用"复制"来指代不同性质的研究时会出现混淆,所以前面的讨论澄清了概念,并将复制分为六种类型。已有的关于复制的讨论主要聚焦于信度和内外部效度。与此相反,本章强调了对作为理论基础的首个研究进行复制的认知意义。验证性复制可能使理论的可信度陡增,因为它成功地进行了预测。但由于管理研究很少在封闭条件下进行,复制的失败不应被当作对相关理论的决定性证伪。诚然,定性研究方法的可复制性弱于定量研究方法,它们却可以为假设机制所运行的特定权变条件提供更好的理解。这有助于研究者找到与先前研究结果不一致(如果有的话)的原因。

知识积累的多焦点模式应该与分散模式相整合。整合模式在为理论发展提供更稳定的经验基础方面有明显的优势。分散模式在管理研究中已经很常见,而多焦点模式只有在复制传统被建立之后才能涌现。在过去几十年中,人们提出了很多关于培养这一传统的有价值的建议(如 Brown and Coney, 1976; Dewald et al., 1986; Hubbard, 2016; King, 1995; Singh et al., 2003)。但目前还不清楚研究人员和期刊编辑们对这些建议的重视程度。此外,复制的局限及其与创新研究之间的互补性应当被认识到。然而,管理学科的发展可能已经进入研究者需要解决这一问题的阶段:在鼓励更多创新研究的过程中,我们是否无意中轻视了复制的作用?

注 释

1. 另一个值得注意的例子是 Martin Fleischmann 和 Stanley Pons 于 1989 年的实验中"发现"核物理中的冷核聚变。但是,他们的结果随后被驳回,因为其他科学家没有复制出来(Taubes 1993)。

2. 一个附加说明是概念性文章,如发表在《美国管理评论》(*Academy of Management Review*)的论文,应当具有一定的创新性,否则这篇文章就是"新瓶装旧酒",不值得被发表。

3. Eden(2002)的主张意味着他可能会把相同主题的研究看作复制。例如,关于公司治理如何影响企业绩效的研究至少是对该主题的以往研究的部分复制。然而,他对复制的这一理解太宽泛,不能与其他文献达成一致。

4. 这一分类最早出现在我更早的文章(Tsang and Kwan,1999)中,本章就是以该篇文章为基础的。Hubbard已经广泛调查过发表在各种管理学期刊上的复制文章。他是一位坚定的复制研究的提倡者,在最近出版的著作《腐败研究:重新概念化经验研究的一个案例》(*Corrupt Research*:*The Case for Reconceptualizing Empirical Management and Social Science*)中采用了这一分类。

5. Singh等(2003)提出了一个"足够好"的复制概念——"尽可能有意识地紧密追随原始研究指定的方法论,包括设计、程序、数据收集、分析和结果汇报"(p.538)。一个足够好的复制可以基于与原始研究不同的研究方法(见他们在538—539页上的举例)。照此,他们冒了过度扩展复制范围的风险。

6. 当我与合作者写文章(Blevins et al.,2015)讨论分析计数型因变量的不同统计模型时,我们曾向使用基本泊松模型发表文章的几位作者索要数据,以便可以用不同的模型重新分析数据,并对结果进行比较。然而,我们最终一个数据都没有拿到。

7. 相关政策说明的准确表述如下:

> 社会学者在项目完成或主要出版物发表后应该将数据公开并使其可获得,除非与雇主、承包商或客户之间有专有协议从而排除这种可获得性,或者不可能在共享数据的同时保护数据的机密性或研究参与者的匿名性的时候(如原始田野笔记或民族志访谈的详细信息)。

(https://us.sagepub.com/en-us/nam/american-sociological-review/journal201969#submission-guidelines)

管理研究哲学

参考文献

Acheson, J. M. 1985. The Maine lobster market: Between market and hierarchy. *Journal of Law, Economics, and Organization*, 1: 385-398.

Allen, M. and Preiss, R. 1993. Replication and meta-analysis: A necessary connection. *Journal of Social Behavior and Personality*, 8(6): 9-20.

Anderson, E. and Schmittlein, D. C. 1984. Integration of the sales force: An empirical examination. *Rand Journal of Economics*, 15: 385-395.

Andersson, G. 1994. *Criticism and the history of science: Khun's, Lakatos's and Feyerabend's criticisms of critical rationalism*. Leiden, the Netherlands: E. J. Brill.

Argyris, C. 1990. *Overcoming organization defenses*. Needham Heights, MA: Simon and Schuster.

Bahr, H. M., Caplow, T. and Chadwick, B. A. 1983. Middletown III: Problems of replication, longitudinal measurement, and triangulation. *Annual Review of Sociology*, 9: 243-264.

Baird, L. M. and Oppenheim, C. 1994. Do citations matter? *Journal of Information Science*, 20: 2-15.

Bakker, M. and Wicherts, J. M. 2011. The (mis)reporting of statistical results in psychology journals. *Behavior Research Methods*, 43: 666-678.

Barkema, H. G. and Vermeulen, F. 1998. International expansion through start-up or acquisition: A learning perspective. *Academy of Management Journal*, 41: 7-26.

Bedeian, A. G. and Armenakis, A. A. 1981. A path-analytic study of the consequences of role conflict and ambiguity. *Academy of Management Journal*, 24: 417-424.

Bedeian, A. G., Mossholder, K. W, Kemery, E. R. and Armenakis, A. A. 1992. Replication requisites: A second look at Klenke-Hamel and Mathieu (1990). *Human Relations*, 45: 1093-1105.

Bettman, J. R. and Weitz, B. A. 1983. Attributions in the board room: Causal reasoning in corporate annual reports. *Administrative Science Quarterly*, 28: 165-183.

Beyer, J. M., Chattopadhyay, P., George, E., Glick, W. H., dt Ogilvie and Pugliese, D. 1997. The selective perception of managers revisited. *Academy of Management Journal*, 40: 716-737.

Bhaskar, R. 1998. *The possibility of naturalism: A philosophical critique of the contemporary*

第六章 复制：一个被忽略的必需品

human sciences (3rd ed.). New York: Routledge.

Bleicher, J. 1982. *The hermeneutic imagination: Outline of a positive critique of scientism and sociology*. London: Routledge and Kegan Paul.

Blevins, D. P., Tsang, E. W. K. and Spain, S. M. 2015. Count-based research in management: Suggestions for improvement. *Organizational Research Methods*, 18: 47-69.

Boyd, R. 1985. Observations, explanatory power, and simplicity: Toward a non-Humean account. In P. Achinstein and O. Hannaway (Eds.), *Observation, experiment, and hypothesis in modern physical science*: 47-94. Cambridge, MA: MIT Press.

Braude, S. E. 1979. *ESP and psychokinesis: A philosophical examination*. Philadelphia, PA: Temple University Press.

Brogden, W. J. 1951. Animal studies of learning. In S. S. Stevens (Ed.), *Handbook of experimental psychology*: 568-612. New York: Wiley.

Brown, H. I. 1977. *Perception, theory and commitment: The new philosophy of science*. Chicago, IL: University of Chicago Press.

Brown, J. S. and Duguid, P. 1991. Organizational learning and communities-of-practice: Toward a unified view of working, learning, and innovation. *Organization Science*, 2: 40-57.

Brown, S. W. and Coney, K. A. 1976. Building a replication tradition in marketing. In K. L. Bernhardt (Ed.), *Marketing 1776-1976 and beyond*: 622-625. Chicago, IL: American Marketing Association.

Brown, S. W. and Gaulden, C. F. J. 1982. Replication and theory development. In C. W. Lamb and P. M. Dunne (Eds.), *Theoretical developments in marketing*: 240-243. Chicago, IL: American Marketing Association.

Bryman, A. 1988. *Quantity and quality in social research*. London: Unwin Hyman.

Cannella, A. A. J. and Paetzold, R. L. 1994. Pfeffer's barriers to the advance of organizational science: A rejoinder. *Academy of Management Review*, 19: 331-341.

Carley, K. 1992. Organizational learning and personnel turnover. *Organization Science*, 3: 20-46.

Chang, S. J. 1995. International expansion strategy of Japanese firms: Capability building through sequential entry. *Academy of Management Journal*, 38: 383-407.

Choi, I., Nisbett, R. E. and Norenzayan, A. 1999. Causal attribution across cultures: Variation and universality. *Psychological Bulletin*, 125: 47-63.

Colquitt, J. A. and George, G. 2011. Publishing in *AMJ*-part 1: Topic choice. *Academy of*

Management Journal, 54: 432-435.

Colquitt, J. A. and Zapata-Phelan, C. P. 2007. Trends in theory building and theory testing: A five-decade study of the *Academy of Management Journal*. *Academy of Management Journal*, 50: 1281-1303.

Cook, S. D. N. and Yanow, D. 1993. Culture and organizational learning. *Journal of Management Inquiry*, 2: 373-390.

Crossan, M. and Guatto, T. 1996. Organizational learning research profile. *Journal of Organizational Change Management*, 9(1): 107-112.

Cumming, G. 2008. Replication and *p* intervals: *p* values predict the future only vaguely, but confidence intervals do much better. *Perspectives on Psychological Science*, 3: 286-300.

Daft, R. L. and Lewin, A. Y. 1990. Can organization studies begin to break out of the normal science straitjacket? An editorial essay. *Organization Science*, 1: 1-9.

Darley, W. K. 2000. Status of replication studies in marketing: A validation and extension. *Marketing Management Journal*, 10: 121-132.

Davis, M. S. 1971. That's interesting! Towards a phenomenology of sociology and a sociology of phenomenology. *Philosophy of the Social Sciences*, 1: 309-344.

Dearborn, D. C. and Simon, H. A. 1958. Selective perception: A note on the departmental identifications of executives. *Sociometry*, 21: 140-144.

Dewald, W. G., Thursby, J. G. and Anderson, R. G. 1986. Replication in empirical economics: The *Journal of Money, Credit and Banking* Project. *American Economic Review*, 76: 587-603.

Dijksterhuis, A. and van Knippenberg, A. 1998. The relation between perception and behavior, or how to win a game of Trivial Pursuit. *Journal of Personality and Social Psychology*, 74: 865-877.

Dilthey, W. 1976. *Selected writings*. Cambridge, England: Cambridge University Press.

Doppelt, G. 1978. Kuhn's epistemological relativism: An interpretation and defense. *Inquiry*, 21: 33-86.

Dubin, R. 1969. *Theory building*. New York: Free Press.

Dweck, C. S. and Leggett, E. L. 1988. A social-cognitive approach to motivation and personality. *Psychological Review*, 95: 256-273.

Earp, B. D. and Trafimow, D. 2015. Replication, falsification, and the crisis of confidence in social psychology. *Frontiers in Psychology*, 6: 621.

Easley, R. W., Madden, C. S. and Dune, M. G. 2000. Conducting marketing science: The role of replication in the research process. *Journal of Business Research*, 48: 83-92.

Easley, R. W., Madder, C. S. and Gray, V. 2013. A tale of two cultures: Revisiting journal editors' views of replication research. *Journal of Business Research*, 66: 1457-1459.

Eden, D. 2002. Replication, meta-analysis, scientific progress, and *AMJ*'s publication policy. *Academy of Management Journal*, 45: 841-846.

Engwall, L. 1995. Management research: A fragmented adhocracy? *Scandinavian Journal of Management*, 11: 225-235.

Evanschitzky, H. and Armstrong, J. S. 2010. Replications of forecasting research. *International Journal of Forecasting*, 26: 4-8.

Evanschitzky, H., Baumgarth, C., Hubbard, R. and Armstrong, J. S. 2007. Replication research's disturbing trend. *Journal of Business Research*, 60: 411-415.

Feyerabend, P. 1978. *Against method*. London: Verso.

Feynman, R. P. 1985. "*Surely you're joking, Mr. Feynman!*": *Adventures of a curious character*. New York: W. W. Norton and Company.

Fiol, C. M. 1994. Consensus, diversity, and leaning in organizations. *Organization Science*, 5: 403-420.

Fiske, S. T. 1993. Social cognition and social perception. *Annual Review of Psychology*, 44: 155-194.

Franke, R. H. and Kaul, J. D. 1978. The Hawthorne experiments: First statistical interpretation. *American Sociological Review*, 43: 623-643.

Freese, J. 2007. Replication standards for quantitative social science: Why not sociology? *Sociological Methods and Research*, 36: 153-172

Fry, L. W., Kidron, A. G., Osborn, R. N. and Trafton, R. S. 1980. A constructive replication of the Lawrence and Lorsch conflict resolution methodology. *Journal of Management*, 6: 7-19.

Fuess Jr, S. M. 1996. On replication in business and economics research: The QJBE case. *Quarterly Journal of Business and Economics*, 35(2): 3-13.

Geringer, J. M. 1998. Assessing replication and extension. A commentary on Glaister and Buckley: Measures of performance in UK international alliances. *Organization Studies*, 19: 119-138.

Glaister, K. W. and Buckley, P. J. 1998a. Measures of performance in UK international alliances. *Organization Studies*, 19: 89-118.

Glaister, K. W. and Buckley, P. J. 1998b. Replication with extension: Response to Geringer.

Organization Studies, 19: 139-154.

Glaser, B. G. and Strauss, A. L. 1967. *The discovery of grounded theory*. New York: Aldine de Gruyter.

Goldberg, D. P. 1971. *The detection of psychiatric illness by questionnaire*. Oxford, England: Oxford University Press.

Greenwood, R. and Devine, K. 1997. Inside Aston: A conversation with Derek Pugh. *Journal of Management Inquiry*, 6: 200-208.

Hamel, G. 1991. Competition for competence and inter-partner learning within international strategic alliances. *Strategic Management Journal*, 12(Summer Special Issue): 83-103.

Hanson, N. R. 1958. *Patterns of discovery*. Cambridge, England: Cambridge University Press.

Hendrick, C. 1990. Replications, strict replications, and conceptual replications: Are they important? *Journal of Social Behavior and Personality*, 5(4): 41-49.

Hennart, J. -F. 1988. Upstream vertical integration in the aluminum and tin industries: A comparative study of the choice between market and intrafirm coordination. *Journal of Economic Behavior and Organization*, 9: 281-299.

Hinings, C. R. and Lee, G. L. 1971. Dimensions of organization structure and their context: A replication. *Sociology*, 5: 83-93.

Ho, D. Y. -F. 1976. On the concept of face. *American Journal of Sociology*, 81: 867-884.

Hofstede, G. 1980. *Culture's consequences*. Beverly Hills, CA: Sage.

Hofstede, G. 1993., Cultural constraints in management theories. *Academy of Management Executive*, 7(1): 81-94.

Hu, H. C. 1944. The Chinese concepts of "face". *American Anthropologist*, 46: 45-64.

Hubbard, R. 2016. *Corrupt research: The case for reconceptualizing empirical management and social science*. Thousand Oaks, CA: Sage.

Hubbard, R. and Armstrong, J. S. 1994. Replications and extensions in marketing: Rarely published but quite contrary. *International Journal of Research in Marketing*, 11: 233-248.

Hubbard, R. and Lindsay, R. M. 2013. From significant difference to significant sameness: Proposing a paradigm shift in business research. *Journal of Business Research*, 66: 1377-1388.

Hubbard, R. and Vetter, D. E. 1991. Replications in the finance literature: An empirical study. *Quarterly Journal of Business and Economics*, 30(4): 70-81.

Hubbard, R. and Vetter, D. E. 1992. The publication incidence of replications and critical commentary in economics. *American Economist*, 36(1): 29-34.

Hubbard, R. and Vetter, D. E. 1996. An empirical comparison of published replication research in accounting, economics, finance, management, and marketing. *Journal of Business Research*, 35: 153-164.

Hubbard, R. and Vetter, D. E. 1997. Journal prestige and the publication frequency of replication research in the finance literature. *Quarterly Journal of Business and Economics*, 36(4): 3-14.

Hubbard, R., Vetter, D. E. and Little, E. L. 1998. Replication in strategic management: Scientific testing for validity, generalizability, and usefulness. *Strategic Management Journal*, 19: 243-254.

Hunt, S. D. 1994. A realistic theory of empirical testing: Resolving the theory-ladenness/objectivity debate. *Philosophy of the Social Sciences*, 24: 133-158.

Inkpen, A. C. and Crossan, M. M. 1995. Believing is seeing: Joint ventures and organization learning. *Journal of Management Studies*, 32: 595-618.

Jackson, S. E., Brett, J. F., Sessa, V. I., Cooper, D. M., Julin, J. A. and Peyronnin, K. 1991. Some differences make a difference: Individual dissimilarity and group heterogeneity as correlates of recruitment, promotions, and turnover. *Journal of Applied Psychology*, 76: 675-689.

John, G. and Weitz, B. A. 1988. Forward integration into distribution: An empirical test of transaction cost analysis. *Journal of Law, Economics, and Organization*, 4: 337-355.

Jones, S. R. 1992. Was there a Hawthorne effect? *American Journal of Sociology*, 98: 451-468.

Kaplan, A. 1964. *The conduct of inquiry: Methodology for behavioral science*. New York: Harper and Row.

Keat, R. and Urry, J. 1982. *Social theory as science* (2nd ed.). London: Routledge and Kegan Paul.

Kidder, L. H. and Judd, C. M. 1986. *Research methods in social relations* (5th ed.). New York: Holt, Rinehart and Winston.

Kim, J. Y. and Nam, S. H. 1998. The concept and dynamics of face: Implications for organizational behavior in Asia. *Organization Science*, 9: 522-534.

Kim, L. 1998. Crisis construction and organizational learning: Capability building in catching-up at Hyundai Motor. *Organization Science*, 9: 506-521.

King, G. 1995. Replication, replication. *PS: Political Science and Politics*, 28: 444-452.

Klein, B. 1988. Vertical integration as organized ownership: The Fisher Body-General Motors relationship revisited. *Journal of Law, Economics, and Organization*, 4: 199-213.

Klenke-Hamel, K. E. and Mathieu, J. E. 1990. Role strains, tension, and job satisfaction influences on employees' propensity to leave: A mufti-sample replication and extension. *Human Relations*, 43: 791-807.

Koontz, H. 1961. The management theory jungle. *Academy of Management Journal*, 4: 174-188.

Koontz, H. 1980. The management theory jungle revisited. *Academy of Management Review*, 5: 175-187.

Kuhn, T. S. 1962. *The structure of scientific revolutions*. Chicago, IL: University of Chicago Press.

Lamal, P. A. 1990. On the importance of replication. *Journal of Social Behavior and Personality*, 5(4): 31-35.

Lane, P. J. and Lubatkin, M. 1998. Relative absorptive capacity and interorganizational learning. *Strategic Management Journal*, 19: 461-477.

Langlois, R. N. and Robertson, P. L. 1989. Explaining vertical integration: Lessons from the American automobile industry. *Journal of Economic History*, 49: 361-375.

Lawrence, R. R. and Lorsch, J. W. 1967. *Organization and environment*. Boston, MA: Harvard University Press.

Leung, K., Chen, Z., Zhou, F. and Lim, K. 2014. The role of relational orientation as measured by face and renqing in innovative behavior in China: An indigenous analysis. *Asia Pacific Journal of Management*, 31: 105-126.

Lindsay, R. M. and Ehrenberg, A. S. C. 1993. The design of replicated studies. *American Statistician*, 47: 217-228.

Lipton, P. 1991. *Inference to the best explanation*. London: Routledge.

Lyons, T. F. 1971. Role clarity, need for clarity, satisfaction, tension, and withdrawal. *Organizational Behavior and Human Performance*, 6: 99-110.

Machlup, F. 1994. Are the social sciences really inferior? In M. Martin and L. C McIntyre (Eds.), *Readings in the philosophy of social science*: 5-19. Cambridge, MA: MIT Press.

Madden, C. S, Easley, R. W. and Dunn, M. G. 1995. How journal editors view replication research. *Journal of Advertising*, 24(4): 77-87.

Maher, P. 1988. Prediction, accommodation, and the logic of discovery. In A. Fine and J. Lepin (Eds.), *Philosophy of science association* 1988: 273-285. East Lansing, MI: Philosophy of Science Association.

Makel, M. C., Plucker, J. A. and Hegarty, B. 2012. Replications in psychology research:

How often do they really occur? *Perspectives on Psychological Science*, 7: 537-542.

Martinko, M. J. and Gardner, W. L. 1990. Structured observation of managerial work: A replication and synthesis. *Journal of Management Studies*, 27: 329-357.

Masten, S. E. 1984. The organization of production: Evidence from the aerospace industry. *Journal of Law and Economics*, 27: 403-417.

Masten, S. E., Meehan, J. W. J. and Snyder, E. A. 1989. Vertical integration in the U. S. auto industry. *Journal of Economic Behavior and Organization*, 12: 265-273.

McKinley, W. and Mone, M. A. 1998. The re-construction of organization studies: Wrestling with incommensurability. *Organization*, 5: 169-189.

Mill, J. S. 1936. *A system of logic*. London: Longman.

Miller, R. W. 1987. *Fact and method: Explanation, confirmation and reality in the natural and social sciences*. Princeton, NJ: Princeton University Press.

Mintzberg, H. 1973. *The nature of managerial work*. New York: Harper and Row.

Mittelstaedt, R. A. and Zorn, T. S. 1984. Econometric replication: Lessons from the experimental sciences. *Quarterly Journal of Business and Economics*, 23(1): 9-15.

Mone, M. A. and McKinley, W. 1993. The uniqueness value and its consequences for organization studies. *Journal of Management Inquiry*, 2: 284-296.

Monroe, K. B. 1992. On replications in consumer research: Part I. *Journal of Consumer Research*, 19(1): Preface.

Monteverde, K. and Teece, D. J. 1982a. Supplier switching costs and vertical integration in the automobile industry. *Bell Journal of Economics*, 13: 207-213.

Monteverde, K. and Teece, D. J. 1982b. Appropriate rents and quasi-vertical integration. *Journal of Law and Economics*, 25: 321-328.

Morgan, G. and Smircich, L. 1980. The case for qualitative research. *Academy of Management Review*, 5: 491-500.

Nelder, J. A. 1986. Statistics, science and technology. *Journal of the Royal Statistical Society*, Series A, 149: 109-121.

Neuliep, J. W. and Crandall, R. 1990. Editorial bias against replication research. *Journal of Social Behavior and Personality*, 5(4): 85-90.

Park, J. H., Venger, O., Park, D. Y. and Reid, L. N. 2015. Replication in advertising research, 1980-2012: A longitudinal analysis of leading advertising journals. *Journal of Current Issues and Research in Advertising*, 36: 115-135.

Pawson, R. 1989. *A measure for measure: A manifesto for empirical sociology*. London: Routledge.

Pfeffer, J. 1972. A resource dependence perspective on interorganizational relations. *Administrative Science Quarterly*, 17: 382-394.

Phillips, D. C. 1992. *The social scientist's bestiary: A guide to fabled threats to, and defenses of, naturalistic social science*. Oxford, England: Pergamon.

Pilluda, M. M. and Thau, S. 2013. Organizational sciences' obsession with "that's interesting!": Consequences and an alternative. *Organizational Psychology Review*, 3: 187-194.

Polanyi, M. 1957. *Personal knowledge*. London: Routledge and Kegan Paul.

Popper, K. 1959. *The logic of scientific discovery*. London: Hutchison.

Popper, K. 1962. *Conjectures and refutations*. New York: Basic Books.

Reid, L. N., Soley, L. C. and Wimmer, R. D. 1981. Replication in advertising research: 1977, 1978, 1979. *Journal of Advertising*, 10(1): 3-13.

Rosenberg, A. 2008. *Philosophy of social science* (3rd ed.). Boulder, CO: Westview.

Rosenthal, R. 1990. Replication in behavioral research. *Journal of Social Behavior and Personality*, 5(4): 1-30.

Rosenthal, R. and Rosnow, R. L. 1984. *Essentials of behavioral research: Methods and data analysis*. New York: McGraw-Hill.

Rosenzweig, P. M. 1994. When can management science research be generalized internationally? *Management Science*, 40: 28-39.

Salancik, G. R. and Meindl, J. R. 1984. Corporate attributions as strategic illusions of management control. *Administrative Science Quarterly*, 29: 238-254.

Schmidt, F. L. 1992. What do data really mean? Research findings, meta-analysis, and cumulative knowledge in psychology. *American Psychologist*, 47: 1173-1181.

Schmidt, S. 2009. Shall we really do it again? The powerful concept of replication is neglected in the social sciences. *Review of General Psychology*, 13: 90-100.

Sidman, M. 1960. *Tactics of scientific research*. New York: Basic Books.

Simonin, B. L. 1997. The importance of collaborative know-how: An empirical test of the learning organization. *Academy of Management Journal*, 40: 1150-1174.

Singh, K., Ang, S. H. and Leong, S. M. 2003. Increasing replication for knowledge accumulation in strategy research. *Journal of Management*, 29: 533-549.

Søndergaard, M. 1994. Hofstede's consequences: A study of reviews, citations and replications. *Organization Studies*, 15: 447-456.

Spitzer, K. 2014. Science scandal triggers suicide, soul-searching in Japan. *Time*, August 8 (http://time.com/3091584/Japan-yoshiki-sasai-stem-cells-suicide-haruko-obokata/).

Staw, B. M., McKechnie, P. I. and Puffer, S. M. 1983. The justification of organizational performance. *Administrative Science Quarterly*, 28: 582-600.

Stroebe, W. and Strack, F. 2014. The alleged crisis and the illusion of exact replication. *Perspectives on Psychological Science*, 9: 59-71.

Stuckey, J. A. 1983. *Vertical integration and joint ventures in the aluminum industry*. Cambridge, MA: Harvard University Press.

Sutton, R. I. and Staw, B. M. 1995. What theory is not. *Administrative Science Quarterly*, 40: 371-384.

Tahai, A. and Meyer, M. J. 1999. A revealed preference study of management journals' direct influences. *Strategic Management Journal*, 20: 279-296.

Taubes, G. 1993. *Bad science: The short life and weird times of cold fusion*. New York: Random House.

Tsang, E. W. K. 1997. Organizational learning and the learning organization: A dichotomy between descriptive and prescriptive research. *Human Relations*, 50: 73-89.

Tsang, E. W. K. 2002. Self-serving attributions in corporate annual reports: A replicated study. *Journal of Management Studies*, 39: 51-65.

Tsang, E. W. K. and Kwan, K. -M. 1999. Replication and theory development in organizational science: A critical realist perspective. *Academy of Management Review*, 24: 759-780.

Tsang, E. W. K. and Yamanoi, J. 2016. International expansion through start-up or acquisition: A replication. *Strategic Management Journal*, forthcoming.

Tsoukas, H. 1989. The validity of idiographic research explanations. *Academy of Management Review*, 14: 551-561.

Tsui, A. S., Nifadkar, S. S. and Ou, A. Y. 2007. Cross-national, cross-cultural organizational behavior research: Advances, gaps, and recommendations. *Journal of Management*, 33: 426-478.

Wagner, W., Pfeffer, J. and O'Reilly III, C. A. 1984. Organizational demography and turnover in top management groups. *Administrative Science Quarterly*, 29: 74-92.

Walker, G. and Weber, D. 1984. A transaction cost approach to make-or-buy decisions. *Administrative Science Quarterly*, 29: 373-391.

Walker, G. and Weber, D. 1987. Supplier competition, uncertainty, and make-or-buy decisions. *Academy of Management Journal*, 30: 589-596.

Walsh, J. P. 1988. Selectivity and selective perception: An investigation of managers' belief structures and information processing. *Academy of Management Journal*, 31: 873-896.

Whetten, D. A. 1989. What constitutes a theoretical contribution? *Academy of Management Review*, 14: 490-495.

Whitley, R. 1984. The fragmented state of management studies: Reasons and consequences. *Journal of Management Studies*, 21: 331-348.

Wiersema, M. F. and Bantel, K. A. 1993. Top management team turnover as an adaptation mechanism: The role of the environment. *Strategic Management Journal*, 14: 485-504.

Wiersema, M. F. and Bird, A. 1993. Organizational demography in Japanese firms: Group heterogeneity, individual dissimilarity, and top management team turnover. *Academy of Management Journal*, 36: 996-1025.

Winch, P. 1958. *The idea of a social science*. London: Routledge and Kegan Paul.

Zald, M. N. 1996. More fragmentation? Unfinished business in linking the social sciences and the humanities. *Administrative Science Quarterly*, 41: 251-261.

Zhao, H., Luo, Y. and Suh, T. 2004. Transaction cost determinants and ownership-based entry mode choice: A meta-analytical review. *Journal of International Business Studies*, 35: 524-544.

Zinkhan, G. M., Jones, M. Y., Gardial, S. and Cox, K. K. 1990. Methods of knowledge development in marketing and macromarketing. *Journal of Macromarketing*, 10(2): 3-17.

第七章 历史编纂学：一种被忽视的研究方法

历史性解释的本质 / 204
  演绎-律理模型与机制性解释 / 205
  独特性解释与规律性知识 / 207
通用汽车与费希尔车体厂的一体化 / 208
  流行的观点 / 208
  其他解释 / 211
历史编纂学的优势 / 213
  丰富理论知识 / 214
  提供"前理论"情境 / 216
与传统研究方法的比较 / 217
  案例研究法 / 217
  实验法 / 221
  档案数据分析法 / 222
结　论 / 225
注　释 / 226
参考文献 / 226

二十多年前,Goodman 和 Kruger(1988:315)就认为,"历史编纂学可以对管理研究中的变量选择与评价、理论构建,以及假设生成等做出突出贡献"。[1]几年之后,Kieser(1994)询问"为什么组织理论需要历史分析?",并对历史分析的实施提出了一些建议。几乎同时,Zald(1993:519)号召"发展一种历史视角的组织理论"。尽管有这些敦促,历史编纂学仍然很少被主流管理研究者使用,基于历史编纂学的经验研究也很少出现在顶级管理学期刊上。

历史编纂学作为一种研究方法,与历史在管理研究中的重要性有关。管理研究可以从路径依赖这个最重要的概念中感受到历史的呈现。例如,Schreyogg 等(2011)运用德国贝塔斯曼(Bertelsmann)图书俱乐部的案例,说明了能够把经营史与组织理论联系在一起的组织路径依赖理论。Booth(2003)在路径依赖概念的基础上,讨论了反事实分析如何加深我们对于战略、技术和组织的历史性解读。组织文化也通常是被感知为基于历史的。然而,有关文化的概念可以使得管理研究更具历史性并为经营史提供理论相关性这一预期仍未实现。

最近,Greenwood 和 Bernardi(2014)对于管理研究中的历史相关性还远远没有被普遍接受的现实深感失望。更具体地,Bell 和 Taylor(2013)基于支持性的证据认为:历史编纂学显然是被管理研究方法教科书排斥的。经营史学者进一步宣称自己在管理研究社区中曾被孤立和边缘化。有关被排斥的断言表现在如下四个相关陈述中:

> (1)历史研究尚未在学术争论中获得普遍认可;(2)历史学尚未在各种会议中得到充分体现;(3)教师职位设置很少要求将历史研究或教学作为工作的一部分;(4)历史在用于培养我们领域下一代研究者的教科书中很少被体现(Bell and Taylor,2013:127)。

更强化这种被排斥依据的,是历史编纂学很少进入博士生研究方法论的典型课程里。如果下一代研究者在他们学术生涯之初就没有将历史编纂学作为一种合理的研究方法来接触的话,我们怎么能期待他们在未来岁月中会运用这种方法?历史学家通常不在其工作中进行方法论上的解释

第七章 历史编纂学：一种被忽视的研究方法

(Yates,2014)。Decker(2013:2)指出,"历史学家们不解释他们的方法论,的确缺乏一种与社会科学研究方法相兼容的语言和方式"。与此相反,管理领域的质性研究者总是被期望详细论证他们的方法。这种差异意味着一个典型的历史学论文很难被主流管理学期刊接受,也意味着"历史学研究方法必须被明确地纳入期刊投稿"这一要求存在困难。

我们不仅要探讨历史在管理研究中如何产生影响,而且要探讨历史编纂学作为一种研究方法如何发挥作用。后者非常基础,因此为了促进历史研究,展示使用该方法进行研究的优点是非常重要的。实际上,历史编纂学被管理研究方法教科书排斥的一个主要原因可能是,该方法被认为"没有任何特色或独特性"(Bell and Taylor,2013:129)。在反思呈现的认识论问题时,Rowlinson 等(2014)提出关于组织历史的四种研究策略。本章通过探讨历史编纂学的总体优点,以及其相对于管理研究者们运用的传统方法的独特优势,来对其贡献进行补充。这些优势使得历史研究能对理论开发产生独特的贡献,而这恰恰是管理学期刊评价投稿的主要标准之一(Hambrick,2007)。

与历史的通常概念相近,这里的历史研究是指运用历史资料编纂的方法对于历史事件进行研究。为了讨论方便,本章关注的是组织历史,"它吸取了来自组织理论及更广泛的人文与社会科学概念"(Booth and Rowlinson,2006:12),而且是"一个跨越多个智力领地和大陆的新兴领域"(Carroll,2002:556)。历史事件的界定特征是顺序性、偶发性和异常性(sequence, contingency, and singularity);事件是指"在一个特定的时间和地点,随时间的推移而顺序展开或发展的历史性地异常发生"(Griffin,1992:414)。如 Hammer(2008:185)所言,"在历史中,我们的兴趣和认知能力常常引领着我们进行叙事"。因此,本章将诸如种群生态学研究中主要采用的分析纵向档案数据的定量研究排除在外(例如 Baum and Mezias,1992,Carroll and Delacroix,1982;Lomi,1995),尽管这些研究的确有着比其他管理研究更丰富的历史元素。种群生态学家既不采用历史编纂学也不依赖原始资料进行分析(Leblebici,2014)。典型的种群生态学研究所采用的分析方法,更类似于管理研究中对面板数据的分析(例如 Barkema and Vermeulen,1998),而不是对过去事件构建一个叙事性解释并由此做历史分析(例如 Hassard,2012)。历史研究因其考虑了上文提到的对于事件界定的三种特征,所以它在性质上必定是质性的。

本章首先考察理论的性质,然后说明历史研究如何对管理理论开发做出贡献。在第二章我们讨论过理论的两个功能,即解释和预测(Hempel,1965)。Kaplan(1964:347)坚持认为"如果我们观察实际科学中及日常生活中出现的解释,而不仅仅观察一个理想的解释是什么样的,或者所有的解释'原则上'是什么样的,那么我们似乎经常会产生一些并不能做预测的解释"。类似地,Sayer(1992)也强调,社会科学中理论开发的解释功能应该优先于预测功能,因为预测的效度很大程度上依赖于假设其他条件不变的情况,而这种情况在具有开放系统特征的社会现象中并不成立。因此,本章聚焦于理论的解释功能,基于机制的视角来探讨历史性解释。

本章利用通用汽车与费希尔车体厂发生在1926年的纵向一体化的例子,来说明历史性解释的特征,更重要的是论证历史研究的价值。之所以选择这一历史事件,是因为它是"用纵向一体化解决套牢问题的一个最常被引案例"(Klein,2008:442),因而也是交易费用经济学文献中描述市场失灵的经典例子。作为一个说明型案例,通用汽车与费希尔车体厂的一体化事件,比其他诸如 Chandler(1962,1977)和 Pettigrew(1985)的著名的历史研究更适用,因为它是一个单独事件,具有清晰的边界,而且与事件相关的事实也便于在合适的篇幅内处理。除了介绍历史编纂学,本章还试图说明第二章到第六章中讨论的方法论问题如何被用来评价研究方法,借此反思这些章节中讨论内容的另一个务实之处。

历史性解释的本质

"主流历史学家拥有一个实用主义的实在路径"(Mutch,2014:227),其目标是发现过去的某些事件到底是怎样逐渐展开的。然而,历史研究却"既不是变量对于时间的回归分析,也不是单单的事件记录"(Calhoun,1998:857),其遵循的目标是解释而不是简单报告。要解释某件事,就是要针对

"为什么"的问题给出答案(Megill,2007)。"历史学家的工作是进行判断,并在事实之间建立因果关系,他必须将事实置于某种显著的次序模式中,而不仅仅做一个报告者"(Canter and Schneider,1967:19)。历史解释有几种形成方式(见 Glennan,2010;Tilly,2001;Topolski,1991)。本章讨论其中的两种——演绎-律理模型(D-N 模型)及机制途径(见第二章),这两者跨越自然科学和社会科学,与 Salmon(1998)的"科学解释呈现两种一般形式:普遍规律或一个机制"这一观点相对应。

历史性解释的定义特征是,"通过描述它们是如何形成的,来解释某种特定事件或事物的状态的出现"(Glennan,2010:251)。与此相对的,非历史性解释是将事件当作一个反复出现的现象的例子,并从与事件相关的细节中进行提炼。除了历史学家给出的通常解释,这一定义特征还覆盖了某些自然科学中的解释,例如,特定地貌或太阳系的形成。Nagel(1979)认为,尽管历史学家致力于解释那些独特的、非重复发生的事件,但他们必须能从他们研究的具体现象中抽离出来,在其叙述中使用普遍名称或一般性的描述用语。同样,历史学家假定有各种各样的事件,且有与每一个事件相关的经验性规律把彼此区分开。他的观点可以帮助我们在历史性解释的个别特性与典型科学性解释的普遍本质之间的鸿沟上架起桥梁。

演绎-律理模型与机制性解释

将历史性解释纳入科学解释大伞之下的一个最值得关注的尝试是 Hempel(1942)在其历史研究中对于 D-N 模型的运用。他的方法是"将事件视为可复制,并期望发现那种可被编码成普适甚至定律的持久性规律"(Sayer,2000:144)。在 Dray(1957)的带领下,D-N 模型饱受抨击,尤其在 20 世纪 60 年代后期和 70 年代。[2] Roberts(1996:9)贴切地将这些情绪概括为"普通历史学家发现自己的模型古怪且不切题"。一个主要的反对表现为历史学家实际上并不在自己的工作中使用该模型,另一个相关的反对是这个模型难以识别出某些一般规律来解释历史事件(Murphey,1986)。此外,如 Nagel(1979:574)所观察的,该模型不能解释"那些更加复杂的集体事件",而这些事件又恰好是历史学家要面对的。历史学家很少明确地在一个或多个一般规律的视角下解释复杂事件的发生(Roberts,1996)。因此,本章聚焦于机制途径。

如上所述,顺序性、偶发性和异常性是历史事件的界定特征。评价一种历史解释的重要准则,就是每一种特征应该被相应地包含到解释事件的逻辑之中(Griffin,1992)。机制途径在这方面比 D-N 模型做得更好一些。与 D-N 模型被非历史学家引入历史研究不同,机制途径是由著名的政治科学家和历史学家查尔斯·蒂利(Charles Tilly)所提倡的。他主张社会历史研究应该聚焦于机制性探索,并转向从事件到过程的解释,由此发动了所谓的"机制运动"。基于机制的考虑在事件内部识别相对普遍范围的强大机制,来解释事件的显著特征(Tilly,2001)。基于机制的视角特别适用于"通用-费希尔"的一体化,因为诸如自我强化机制(Klein,2000)及套牢机制(Klein,1988)这些机制概念被用于构建了有关一体化的流行观点,这将在下文进行讨论。

对于一个事件的机制性解释,应该描述导致此事件的因果过程的齿轮啮合(Hedstrom and Ylikoski,2010)。一般意义上的典型机制和独特意义上的社会机制都是无法观察的(Kiser and Hechter,1991),对它们的描述必然包含经验数据所不能涵盖的构念(Bunge,2004)。这部分地说明了有时不同解释可以用来分析同一宗历史事件,如同通用汽车与费希尔车体厂并购案所展示的那样。

自然科学中的机制研究,诸如手表的机制、流行病突发、火山爆发、日食等,其性质通常相当稳定。与此相反,历史研究中的社会机制的典型特性表现为,汇集各种实体相互作用从而引发问题事件的环境本身是瞬息万变的。然而,一旦历史学家识别了这些环境,他们会解释说明,给定这些环境,事件是如何有可能或必然发生的(Glennan,2010)。历史学家试图厘清与事件相关联的因果关系,调查相关机制有利于他们做好因果推理。

在这一点上,Little(1991)将机制与因果关系联系在一起,他提出,当且仅当有一种将 X 与 Y 联系在一起的机制时,X 是 Y 的原因。也就是说,如果我们可以识别一种从 X 到 Y 的机制,那么我们就可以判定 X 是 Y 的一个原因。反之,如果我们有充分的理由相信从 X 到 Y 没有任何机制,那么我们可

第七章　历史编纂学：一种被忽视的研究方法

以判定 X 不是引起 Y 的原因(Steel,2004)。解释一个历史事件往往包含将许多先前事件与焦点事件联系起来的多重机制。为排除一个因果关系,该解释也会说明并没有充分的理由相信事件之间是通过任何机制联系起来的,即通过这种方式来排除先前事件与焦点事件之间的所谓联系。

历史研究中,社会机制的另一个显著特征是这些机制是由带有隐含目的和意图的人类行为产生的。作为社会学的创建人,马克斯·韦伯(Max Weber)同时也被某些人视为历史学家,他对该特征的含义提供了一些重要洞见。历史能动者设想其希望得到的结果,并想办法找出达到这些结果的手段,这就是激励他们行动的机制。Weber(1949)将驱动人们行动的动机视为原因。如同下文通用汽车与费希尔车体厂的一体化案例讨论所展示的,对于一体化的不同解释,很大程度上是基于对可观察行动背后动机的不同解释。Weber(1975:194)将人类行动诠释视为因果分析的一种形式——"对于动机的一个历史的和'诠释'的探究,是与任何具体自然过程的因果诠释具有完全相同逻辑含义的因果解释"。

既然诠释性的理解能使历史学家识别行动背后的动机及行动嵌入的意义情境,那么历史学家就可以追溯联系原因与结果的机制。尽管马克斯·韦伯很少使用"机制"一词,但我们还是可以在他的某些主要著作中找到许多有趣的社会机制,诸如他提出的新教教义与资本主义经济系统之间的联系,这在 Hedstrom 和 Swedberg(1996)的图 2 中有着形象的展示。

独特性解释与规律性知识

与一些批评者的主张相反,"历史研究与理论及普适化并不是对立的"(Lipartito,2014:285)。把现象放到特定历史情境中进行分析的管理学者认为,实际上,"最好的历史学家不会回避抽象的概念和理论"(Murmann,2012:92)。历史学家假定有各种各样的事件,也有与不同事件对应的不同经验规律。与之类似,马克斯·韦伯认为应该在一个普遍性层次上去描述历史研究中的原因与结果,允许把它们与"经验规则"联系在一起。这些规则类似于不完美的经验概括,并且是规律性知识的一种形式(Ringer,2002)。这两种观点有助于弥合历史解释的独特性与试图囊括各种现象的组织理论的规则性之间的分歧。

Weber(1968)进一步提供了一个关于社会学与历史学之间关系的描述,这一描述有利于阐明管理研究与组织历史之间的关系:"社会学构想类型概念,并探求事件流之中的普遍规则,与历史学相反,社会学的目标是对具有文化显著性的个体行动、结构和个性进行因果分析和因果归因(p.19)。"这两个学科之间的差异很小,因为"不论是当前意义的社会学,还是历史学,认知的对象都是行动的主观含义"(p.13)。对马克斯·韦伯而言,社会学是历史研究的一般化形式(Roth,1976),这一观点也完全适合于管理研究和组织史研究。基于传统的独特性—规律性的区分,两者之间的对立虽明显却不真实,它们是有互补性的。一方面,管理研究者创造的理论可以帮助组织史学家探索和构建对特定事件的解释。另一方面,如下节讨论的通用汽车与费希尔车体厂的一体化案例所展现的,这种解释可以对管理理论开发做出贡献。

通用汽车与费希尔车体厂的一体化

本节首先再现此次一体化的流行观点。由于在导致一体化的实际原因方面存在重大分歧,本节列出对该事件的几个不同解释。[3]在开始之前,有必要首先简要概括一下关于分歧各方都能接受的基本事实:在1919年,通用汽车与费希尔车体厂就封闭汽车车体签署了一份供货合同,通用汽车获得费希尔车体厂60%的权益,该合同包含一个排他性交易条款。据此,通用汽车以成本上浮17.6%的价格,从费希尔车体厂购买其实际上全部的封闭车体。在1926年,通用汽车获得费希尔车体厂剩余40%权益,完成了纵向一体化。

流行的观点

Klein等(1978)最先以该事件作为一个套牢的例子来支持交易费用经济学的论证。对该事件的讨论仅仅占其文章的很小一部分,绝不会被当作一个历史性的分析,所采用的历史数据也非常概要。后来的许多出版物采纳了Klein等(1978)的诠释,其逐渐成了主流观点。以下对该事件的描述基

第七章　历史编纂学：一种被忽视的研究方法

于 Klein 等（1978）的诠释,以 Klein（1988）的进一步阐释为补充。在 1919 年通用汽车和费希尔车体厂签订了一份 10 年的大规模金属封闭车体供货合同,以替代过去制造汽车所用的开放大规模木制车体。基于该合同,通用汽车购买费希尔车体厂新发行的 30 万股普通股而获得其 60% 的权益。该合同包括一项排他性交易条款,据此通用汽车基本上将购买费希尔车体厂生产的所有封闭车体,以激励费希尔车体厂做出所需的专用投资。该排他性交易条款明显降低了通用汽车在费希尔车体厂进行专用生产能力投资后采取机会主义行动以压低采购价格的可能性。此外,该条款通过设定车体垄断价格而为费希尔车体厂占通用汽车的便宜创造了机会。相应地,该合同对费希尔车体厂可向通用索取的价格做了限制,价格被设定在成本加价 17.6% 的水平上,其中的成本已扣除了支付的投资利息。与此同时,该合同规定这一价格既不能比费希尔车体厂向其他类似车体汽车制造商索要的价格更高,也不能比除费希尔车体厂外其他车体制造公司的类似车体的平均市场价格更高。该合同还包含了为防止价格争议出现而设置的强制仲裁条款。

在合同签订几年以后,市场经历了对汽车需求的急剧攀升阶段,以及从开放车体向费希尔车体厂所生产的封闭车体的急剧转变,这使得费希尔车体厂套牢通用汽车变得有利可图。一方面,鉴于合同中缺失了资本成本转嫁（capital cost pass-through）,通用汽车发现,由于每单位资本金的车体产出量显著增加,所以费希尔车体厂的要价过高,通用汽车对此非常不悦。另一方面,"费希尔车体厂有效地套牢了通用汽车,费希尔车体采用大量相对低效的劳动密集型技术,并拒绝在通用汽车装配厂附近建立车体生产厂"（Klein,1988:202）。通用汽车认为让费希尔车体厂在靠近通用汽车装配厂的地方建厂对于生产效率的提升很有必要。然而,这需要费希尔车体厂进行一大笔可供专项使用的投资。"到了 1924 年,通用汽车发现与费希尔车体厂的合同关系已经到了难以忍受的地步,便启动了收购费希尔车体厂其余股份的谈判,最终在 1926 年达成了兼并协议"（Klein 等,1978）。

如第二章所讨论的,因果主张可以被解释为是有一个对比结构的（Woodward,2003）。Klein 等（1978）回答的隐含的对比问题是:"为什么通用汽车在1926年要收购费希尔车体厂,而不是维持现状?"相关的语素变体是,"通用汽车在1926年收购费希尔车体厂"。这里需要解开的谜团是,通用汽车为什么不继续让费希尔车体厂作为一家法律上的独立实体。尽管下面展示的其他解释提到发生在不同时间段的事件,争论点不是收购时机(对应于该语素变体"通用汽车在1926年收购费希尔车体厂"),而是收购事件本身。解释的对比手法与历史编纂学特别相关,这是由于历史事件的复杂性使得我们不可能仅以一次努力就能解释事件的全部特征。研究者因此被迫仅仅聚焦于解释事件的某个方面。

带着这种过度简化的风险,Hempel的D-N模型可以被用来构型Klein(1978)给出的有关通用汽车收购费希尔车体厂事件的历史性解释:

1. 如果一家企业发现自己陷入被有机会主义倾向的供应商套牢的境地,且其财务条件允许的话,那么该企业会倾向于尝试收购供应商。

2. 在20世纪20年代初,通用汽车发现自己陷入被有机会主义倾向的费希尔车体厂套牢的境地,且此时通用汽车财务状况良好。

3. 通用汽车试图收购费希尔车体厂,并于1926年成功完成收购。

尽管机制视角也将套牢视为原因,但它是以不同方式解释收购的:在签订10年合同之后封闭车体需求出现实质性增加,这使得套牢成为费希尔车体厂的一个有利可图的选择。通用汽车发现费希尔车体厂要求的价格过高。在排他性交易条款存在的情况下,费希尔车体厂套牢了通用汽车,采用了大量相对低效的劳动密集技术,并拒绝为了提高通用汽车的生产效率而在通用汽车装配厂附近设立车体生产厂。这使得通用汽车感到"无法忍受",因而出现收购费希尔车体厂的结果。存在某些隐含机制把这些事件联系在一起。例如,Klein(2000:127—130)运用了自我强化机制的概念,详细描述了对封闭车体需求的增长是如何使得费希尔车体厂套牢通用汽车这一做法有利可图的。用来防范通用汽车在别处采购封闭车体而设定的专门交易条款,使得套牢成为可能。如通用汽车所要求的,将两家公司的工厂建到一起可以提高通用汽车的生产效率,尤其是在20世纪20年代,当时的通信和数据加工技术都是相对落后的。事实上,Klein(1988)把费希尔车体厂的两个行动(采用相对低效的技术及拒绝配合建厂)称为"套牢机制","从费

第七章 历史编纂学：一种被忽视的研究方法

希尔车体厂的角度,这具有增加获利能力的优势,因为合同规定的价格公式把价格设定为费希尔车体厂的可变成本上浮17.6%,在费希尔车体厂的劳动力和运输成本之上设置了一个17.6%的利润率加价"(p.202)。

其他解释

尽管 Klein 等(1978)的解释被广为接受,但对于一体化背后的原因仍有不同意见。具体来说,主要的不同意见是:费希尔车体厂是否的确套牢了通用汽车,以及套牢是不是一体化的关键原因。如第二章所述,Runde 和 de Rond(2010)为评价特定事件的因果解释提出了三个宽泛的原则,其中前两个原则是:(1)被认定为原因的因素实际上是存在的;(2)这些因素明显地促成了事件的发生。换句话说,在这两个原则下,主流的观点就被挑战了,特别是第一个关于是否存在所谓的套牢这个问题。

Coase(2000:16)概括出他的反对意见:"我认为并没有套牢,流行观点对于导致费希尔车体厂被通用汽车收购事件原因的描述是完全错误的,这一情况从未变得'不可忍受'。"他认为两家公司之间的关系在1919年签署合同后变得更紧密了。通用汽车提名的14位董事中的7位、7位执行委员会成员中的2位、5位财务委员会成员中的3位都来自费希尔车体厂。而且,与5个弟弟共同创办费希尔车体厂的弗雷德·费希尔(Fred Fisher),在1921年担任了通用汽车的董事,并于1922年被任命为通用汽车的执行委员会成员。在1924年,查尔斯(Charles)和劳伦斯·费希尔(Lawrence Fisher)也加入董事会和通用汽车执行委员会,后来劳伦斯·费希尔还成为通用汽车的重要事业部凯迪拉克(Cadillac)的负责人。

既然费希尔兄弟(Fisher brothers)是通用汽车的高层管理者,那么他们做出伤害公司利益的机会主义行为就非常不合情理。两个公司之间日益密切的关系使得Coase(2000:25)得出结论:"从1924年开始,这一切似乎可以被理解为费希尔车体厂最终可能与通用汽车合并。"通用汽车渴望收购费希尔车体厂其余的40%股份,部分原因是它担心少数股份可能会落入难以打交道的伙伴手里。Coase(2000)还提供了与Klein等(1978)观点相反的经验证据:费希尔车体厂没有远离通用汽车设置它的工厂。他认为1919年的协议能够以一种令人满意的方式弱化资产专用性问题,从而不需要进行纵向一体化。总之,Coase(2000)提出了不同于 Klein 等(1978)解释的充分理由,但就提供一个替代性的观点来说有些过于简单了。

相反地,Freeland(2000)提出了一个详细的替代性解释,他认为通用汽车担心失去费希尔兄弟的专有人力资产是引发纵向一体化的主要原因。在1919年与费希尔车体厂签订协议之前,通用汽车缺乏生产封闭车体所需的知识及制造设备,担心封闭车体会成为产业发展趋势。因为费希尔兄弟更喜欢一同在自己家族经营的企业中工作,所以通用汽车最初想通过雇用费希尔兄弟以获取封闭车体运营知识的打算落空了。之后,通用汽车才转向通过收购费希尔车体厂的权益实现采购费希尔服务的战略计划。这导致了1919年协议的产生,也阻止了诸如福特等其他对手与费希尔车体厂结盟。

该协议设置了相应条款来确保费希尔车体厂的人力资产,通过提供有力的财务刺激吸引他们留下来管理企业。这些条款的效力于1924年10月1日期满。一旦这些条款失效会产生什么影响,这一问题早在1922年中期就已显现了。当时弗雷德·费希尔开始考虑通用汽车和费希尔车体厂合并的事,公司启动了一项研究来调查合并的可能性。然而合并的想法并没有得到推进,可能是由于费希尔兄弟偏好与大家待在一起,而不愿意眼见自己的家族事业被吞并。就在到期日之前,通用汽车拟订了这个既能确保费希尔兄弟继续留任又能将两家公司利益拴在一起的计划。

1925年11月,通用汽车开始谈判收购费希尔车体厂。Freeland(2000)重点突出了四个促成一体化决定的因素:第一,对封闭车体需求的增长在工厂选址和融资扩张方面引起紧张。第二,转向封闭车体使得车体风格成为通用汽车在行业内竞争的关键因素,因此通用汽车尝试通过在单个公司架构下对有底盘的车身同时进行设计与施工的方式来协调这两个过程。第三,通用汽车出于纯粹防御原因(剥夺竞争者的费希尔产品)寻求一体化。第四,一体化能消除通用汽车对于费希尔兄弟或其合伙人将股份出售给不友好方的担忧,这一点也被 Coase(2000)观察到了。

本节所要讨论的最后一个不同解释是由 Casadesus-Masanell 和 Spulber(2000)提出的,他们认为一体化的首要原因是对更加有效的协作的需求。

第七章　历史编纂学：一种被忽视的研究方法

具体来说，他们提出了四个因素：第一，由费希尔车体厂制造的封闭车体质量优良且风格独特，给通用汽车提供了一种竞争优势。一体化确保了这种车体的供应。第二，通用汽车主要是通过垂直和水平一体化来扩张的。截至 1910 年，通用汽车已在超过 20 家的整车和零部件制造公司持有全部（或控股）权益。由此看来，与费希尔车体厂的交易与通用汽车的成长与发展模式相一致。接下来的两个因素与 Freeland（2000）提出的类似。第三，通过将费希尔车体厂作为事业部收归在同一屋檐下，可以降低协调车体生产与装配的成本。第四，在 1923 年通用汽车引入多事业部制结构时，面临在新组织形式下缺少能够承担领导职责的管理人员的问题，而一体化是说服管理经验丰富的费希尔兄弟将全部时间和才智奉献给通用汽车的一个自然方式。

Casadesus-Masanell 和 Spulber（2000）也通过引证历史事件挑战了 Klein 等（1978）的解释。例如，他们认为通用汽车和费希尔车体厂的契约关系里包含了信任。有一系列证据支持：通用汽车车身上显示了一个"车体交由费希尔制造"的独特车牌；通用汽车在 1923 年向费希尔车体厂增加投资 450 万美元；加强费希尔兄弟在通用汽车高管层中的参与度，等等。如果这两家公司的契约关系里的确有信任，那么费希尔车体厂就不可能从事什么所谓的"套牢机制"，如此，Klein 等（1978）的解释也就不成立了。

历史编纂学的优势

有关通用汽车与费希尔车体厂一体化的流行观点经常被用在契约制定、纵向一体化及企业理论等学术讨论上，用以揭示资产专用性、机会主义倾向及市场契约失灵的经济含义。这些观点也经常被许多经济学和商业教材引用（Casadesus-Masanell and Spulber, 2000）。为什么这个案例如此有影响力？部分原因在于，该案例涉及一个历史事件，它是所发生的实际商业活动的自然结果。从实践者的角度来看，这一事件很好地将诸如不完全契约、专用性投资、机会主义及套牢等抽象术语与具体的事件联系在一起。不像典型的经验研究那样包含着错综的逻辑关系及复杂的统计数字，Klein 等（1978）对事件的解释也相对明晰。学术上看，历史性的研究至少拥有下文将讨论的两个主要优势。表 7-1 归纳了本节和下一节所讨论的历史编纂学的优势和局限性。

表 7-1 历史编纂学的优势与局限性

优势	局限性
总体上看： • 通过考察因果机制来丰富理论知识 • 为无偏的理论检验提供"前理论"情境	
相对于案例研究： • 普遍易于获取的遗迹有利于复制和避免事后讲故事	• 结果的普适性受小样本规模的制约 • 研究受限于遗迹的可得性，遗迹是有限的和不完整的 • 缺乏对遗迹的抽样控制 • 很少有机会接近历史当事人，他们大多在被研究时已经去世 • 从遗迹中进行推断受制于错误与主观判断
相对于实验法： • 因为历史事件在不受任何研究人员操纵的自然环境中展开，因而有利于提高研究结果对于真实世界的概括性	
相对于档案数据分析法： • 事件的编年顺序有利于识别因果关系 • 考察核心假定 • 避免事后发展假设	

丰富理论知识

Fischer(1970)探讨了历史的五个主要功能，其中之一就是历史可以提炼理论知识。Klein(2000)指出，Klein 等(1978)对于通用汽车与费希尔车体厂一体化的解释，说明了一个核心的交易成本经济学的讨论机制：专用性投资的存在创造了潜在的套牢问题，这导致市场契约成本的上升，也因此刺激了纵向一体化。Klein(2000)使用自我强化和法院强制执行机制的概念进一步详细解释了为什么在 1924 年 10 月合同再次更新以后，费希尔车体厂套牢通用汽车变得有利可图。如果这一流行观点是正确的，那么他讨论中所涵盖的错综复杂的理论问题就丰富了交易成本经济学理论。

历史事件不仅能够证实或反驳一个假设，还可以建立新的假设(Moore,

第七章　历史编纂学：一种被忽视的研究方法

1958)。Freeland(2000)的解释说明了历史事件的这一功能。不同于 Klein 等(1978)强调实物资产在引发套牢过程中扮演角色这一做法,Freeland(2000)将注意力转向人力资产并对一体化后阶段进行审查。在费希尔兄弟出售他们的 50 万股通用普通股票以清偿 1931 年经济大萧条引发的债务之后,他们除参与公司的股权激励计划之外,在通用汽车并没有拥有多少股权。1933 年,六位费希尔成员要求通用汽车给予他们以当时市价(每股 40 美元)为预购价格购买通用汽车的 20 万股普通股票的权利。当他们的请求被拒绝时,他们威胁要集体离开通用汽车。为应对这一威胁,通用汽车最终同意以每股 40 美元价格出售 10 万股通用汽车普通股票的方案。

费希尔兄弟能进行成功的套牢,是依赖他们对于封闭车体业务及其管理的专有知识。在被一体化之后,费希尔车体厂有意在管理上保持他们事业部在通用中的独立性,以至于通用汽车的其他部门对于车体部分的业务并不熟悉。由此,他们得以继续垄断管理通用汽车公司内车体业务所必需的知识和技能。通用汽车的管理层曾担心如果他们不接受费希尔兄弟们的要求,费希尔兄弟们可能离开甚至投身到通用汽车的竞争对手那里去。因而通用汽车的高管层认为费希尔兄弟们的威胁是确实存在的。请注意,交易成本经济学所提出的机制中没有任何一个可以解决人力资产专用性的问题,包括对费希尔车体厂的实物资产的所有权,对其团队劳动契约的中心化控制,与通用汽车的 M 型结构有关的监督和控制机制,或者对费希尔车体厂雇员(包括费希尔兄弟们)行使命令和权威的能力,这些似乎都不足以抑制这种威胁。

通用汽车与费希尔车体厂的一体化,主要减少了与实物资产专用性相关的问题,但也增加了通用汽车被费希尔兄弟植根于人力资产专用性所套牢的脆弱性(vulnerability)。该案例支持了 Holmstrom 和 Roberts(1998:91)的评论:"企业理论,尤其是探索什么决定了企业的边界的那些研究,过于狭隘地聚焦于套牢问题及(实物)资产专用性的作用。"决定企业与市场边界的因素,比交易成本经济学所考虑的要更加多样、复杂和微妙。Freeland(2000)经过对通用汽车与费希尔车体厂一体化案例的分析,得出结论:"我们在解释决定其边界的实物资产和所有权的作用方面已经取得很大进展,但在涉及人力资产和专业知识的问题上,我们仍更多地处于黑暗之中(p.63)。"Freeland 的观点指出了进一步发展交易成本经济学的一些有趣的新的研究方向。

提供"前理论"情境

如第四章讨论的,管理研究者的研究活动可能会改变管理人员的信仰和实践,破坏所调查现象的稳定性(Numagami,1998),造成在解释理论检验结果时的复杂性。在自然科学领域,自我实现和自我挫败预言并不是问题,陨石形成理论并不会影响事实上陨石的形成。相反,管理人员可能会通过教育或其他资源,学习到管理研究者创造的知识从而改变自己的行为(Knights,1992)。例如,被课堂上所讲的交易成本经济学逻辑塑造的管理者倾向于实施控制措施以遏制机会主义。然而,这样的控制可能会导致鼓励更难被发现的企业实践中的机会主义行为这一不良后果的产生(Ghoshal and Moran,1996),从而根本上改变有关现象。

出于同样的原因,学习了纵向一体化功能的管理人员,只要是感知到一个适合套牢的情形,他们便倾向于选择这一方案,哪怕其他治理结构更有效。在这一点上,交易成本经济学是由于其在管理教育中的普遍影响而非预测力而获得支持的。这反映了所谓的"展演性"现象——一个理论主要是因为人们相信它并对它加以运用而获得了经验上的支持,并不是因为它描述了某种独立的现实(MacKenzie and Millo,2003)。对这种检测结果,在诠释时必须极其谨慎。

通过回顾历史,历史事件具有独特的"前理论"优势(Ingram et al.,2012),即一个事件发生在理论被提出之前,这就排除了展演的可能。发生于 1926 年的通用汽车和费希尔车体厂一体化事件是对这一观点的最好说明,其早于 Coase(1937)的开创性工作开启的交易成本经济学研究潮流。如果与纵向一体化相关的交易成本经济学观点获得该案例的支持,如 Klein 等(1978)宣称的,那绝不是由于通用汽车管理层事先学习了交易成本经济学,然后才做出相应的收购决策。也就是说,这个案例是对交易成本经济学的一个直接而无偏见的检验。

第七章　历史编纂学：一种被忽视的研究方法

与传统研究方法的比较

尽管有其普遍的优势,但仍只有相当少的历史研究成果能在主流管理期刊发表,并且很少有管理研究者将历史编纂学作为其首选的研究方法。一个可能的原因是历史研究具有某些熟知的局限性。例如,作为定性研究的形式之一,历史研究可能被批评由于小样本而导致其结果不能被普适化到其他情形——类似于第五章讨论的案例研究(Gerring,2007;Steinmetz,2004)。历史研究还有其特有的局限。Goldthorpe(1991:213)认为历史学家"只能基于真正从过去幸存下来的事物去了解过去,即基于过去的遗迹,或其他的可以被描述为残留、沉积或踪迹的事物",而那些遗迹是有限的和不完整的。由于遗迹被保存下来具有很大的偶然性,历史学家往往对于所研究的遗迹缺乏采样控制(Bryant,1994)。不像案例研究者或组织民族志学者,组织历史学家所研究年代的人物早已逝去,研究者很少能通过询问的方式进入历史角色的主观世界(Rock,1976)。历史学者必须独自解读遗迹。

一般来说,"一个历史性的事实来源于对遗迹的推断"(Goldthorp,1991:213),推断会出错,并涉及主观判断。比如,在通用汽车与费希尔车体厂一体化的有关争论里,Coase(2006:262)坦率地承认"Klein 与我之间的重要区别来源于我们在对事实的感知上存在分歧"。

历史研究处于边缘地位的另一个原因在于,历史编纂学在管理研究者中间少有人知晓,而且很少被作为训练博士生的研究方法。下文会提到这个问题,重点突出历史编纂学相对于三种传统研究方法(案例研究法、实验法及档案数据分析法)的优势。很清楚的是,历史编纂学具有一些其他研究方法所不具备的独特优势。

案例研究法

如果可以含糊笼统地使用"案例研究"一词,我们甚至可以把通用汽车与费希尔车体厂一体化分析也当作一项案例研究。实际上 Klein(2008)、

Macher 和 Richman(2008)都将这个一体化分析归类为这一方法。然而,Yin(2014:16)将案例研究界定为"一种对当代的现象(案例)的深入于真实世界情境中的经验调查,特别是当现象和情境之间的边界并不是特别明显的时候"。由于通用汽车与费希尔车体厂一体化不是一种当代现象,该定义就将其排除在案例研究领域之外了。除了这一时间性差异,历史编纂学与案例研究法也有一些相似之处。这两种方法都是基于从各种来源收集数据,对发生在现实生活情境中的事件进行深入调查。

一个主要的区别是,案例研究人员经常采访与焦点事件相关的个体。例如,Argyres(1996)在其纵向一体化决策的案例研究中,采访了一个加州"财富500强"企业的多个部门以及公司层的经理人员、工程师和化学家。但是,历史学家却很少能这么做,因为他们想要采访的对象大多早已故去。例如,当 Klein 等(1978)第一次探讨通用汽车与费希尔车体厂一体化事件时,距离事件的发生已经过去半个世纪了。然而 Coase(2000)确实提到,他在 1931—1932 年访问美国期间,曾向一位通用汽车高管询问公司为何收购费希尔车体厂,他得到的回答是为了确保费希尔车体厂设于通用汽车装配厂附近。这是被各种学者们就一体化事件所引用的唯一的粗略采访记录。Coase(2000)本人则一直等到 1996 年才在一名研究助理的协助下开始他的调查。

诚然,有机会采访关键当事人的确是案例研究法相对于历史编纂学的一个优点,但案例研究法也不是没有缺点的。Huber 和 Power(1985)列举了四个导致受访者在回顾性报告中提供不准确或有偏见的组织事件信息的原因——有动机这么做、感知与认知局限、缺乏有关事件的关键信息以及被质疑使用不恰当的数据获取程序。这些原因中的某一些是源于受访者被要求在一个研究的场景中提供信息,此时,他们为了维护公司声望或自己的职业生涯会提供不准确的信息。此外,还有一个问题是访谈数据不能被其他研究者轻易地核查。不披露案例公司的身份往往是研究获得公司准许的条件。Argyres(1996:131)坦言:"公司的匿名性使得研究难以被直接复制。"且不说研究准许的问题,对于另一个研究人员来说,进入同一家公司、问同

第七章 历史编纂学：一种被忽视的研究方法

样的问题是很尴尬的,即使这次是由不同的群体来回答的。此外,由于原始采访协议往往结构性不强,试图在另一家公司复制访谈会让情况变得很复杂。

历史研究中使用遗迹避免了许多这类问题。例如,Klein 等(1978)的解释基于三份文件:1919 年的协议、通用公司年度报告、阿尔弗雷德·斯隆(Alfred Sloan)在《美国诉杜邦公司》(*United States v. Du Pont & Co.*)中的证词。这些文件都是其他研究者易于获取的。随后的案例讨论利用了诸如合同、信件、庭审记录和年度报告等额外的文件。这些文件所包含的一些信息,诸如庭审记录可能比案例研究中的回顾报告更准确,因为对研究人员说谎不会受到处罚,而作伪证则要受到处罚。然而,研究人员有必要"确认资料来源的可信度,这涉及评估资料来源在处理研究者问题方面的可靠性或者信度"(Kipping et al.,2014:314)。例如,阿尔弗雷德·斯隆提供证词是发生在通用汽车与费希尔车体厂一体化二十多年后的事情,会存在记忆偏差。与此同时,该证词是高风险反垄断审判的一部分——"当时政府试图在这个案例中证明通用汽车的纵向一体化是为了使费希尔车体厂从杜邦公司那采购玻璃"(Klein et al.,1978:309)。如果揭示一体化的真正原因可能将通用汽车置于不利的法律地位,阿尔弗雷德·斯隆就不会有动力在法庭上揭示该原因。

案例研究法与历史研究法的另一个主要差异在于数据及其来源(Rowlinson et al.,2014)。案例研究人员会详细描述他们如何采集数据,但由于匿名需要,他们可能很少披露信息来源。相反,历史的可信度依赖可复制性(Lipartito,2014)。历史学家被期望通过将证据与特定遗迹联系起来以实现资料的透明(Kipping et al.,2014)。尽管不应该低估不同历史学家对同样遗迹做出不同诠释的可能性,一组普遍容易获得的遗迹应该有助于简化复制原始研究的工作。鉴于复制在理论发展中所起的关键作用(见第六章),历史研究在这里有明显的优势。共享的原始数据池也便于讨论和辩论,帮助读者判断辩论双方提供的证据。这一问题再次通过通用汽车与费希尔车体厂一体化事件得到了清楚的说明。例如,有一个关于具体法律协议影响费希尔车体厂套牢通用汽车的能力方面的争论。在 1919 年的协议中有旨在满足费希尔兄弟自治要求的规定,通用汽车购买的费希尔车体厂的 30 万股股份被放置在一个分别由通用汽车和费希尔车体厂双方各派两位代表所管理的一个表决权信托里。因为由该信托制定的决策必须由四位受托人一致批准,这个安排防止了通用汽车以 60% 的大股东身份控制费希尔车体厂的内部运营。通过一个思想实验(De Mey and Weber,2003),Freeland (2000)认为由于表决信托协议于 1924 年 10 月 1 日到期,在这一天之后通用汽车可能会轻易地通过在 60% 所有权下行使表决权,从而挫败任何套牢企图。也就是说,一旦表决信托协议到期,通用汽车的多数表决权与防范套牢企图的联结机制就会被启动。Freeland(2000)以此作为三个原因之一质疑了 Klein 等(1978)的解释。

作为对 Freeland(2000)批评的回应,Klein(2000:120)引用了阿尔弗雷德·斯隆在杜邦案中的证词:"我们不能调整,因为我们总是要尊重那 40% 未支付的利益……我们被一个未支付的少数派利益合同约束,这是我们必须尊重的。"阿尔弗雷德·斯隆承认通用汽车无法取消在表决信托协议中体现的维护费希尔车体厂自治的原则。与此同时,劳伦斯·费希尔也在同一法庭案中作证,费希尔车体厂的管理层在 1924 年表决信托协议过期后仍保持着运营控制权。总结来说,Klein(2000)的观点是,支持费希尔车体厂自主性的表决信托协议的精神即使在协议到期后仍然保持着。他的说法比 Freeland(2000)的更有说服力,因为前者是基于两个关键高管人员的证词,而后者只是对 1924 年 10 月 1 日后通用汽车一旦需要就会行使其表决权以防任何套牢行为的简单推理。这些证词使人对 Freeland(2000)推理的可靠性产生怀疑。换句话说,即使在表决信托协议到期以后,所谓的能防止套牢企图的机制也不可能发生。

需要注意的是,关于费希尔车体厂保持自主性的能力,不应简单地认为流行观点比其他解释更具合理性。自主性问题仅仅是整个解释的一个方面。有利于 Klein(2000)观点的证据反而表明 Freeland(2000)以表决信托协议为由质疑流行观点的做法是不恰当的。

第七章 历史编纂学：一种被忽视的研究方法

实验法

通过管理理论提出的许多机制是由一个事件导致另一个事件的因果链构成的。实验法是通过在类似封闭系统条件下测试机制作用来阐明这些联系的，"事件之间保持持续的同时发生，也就是说，a 类型事件总是伴随 b 类型事件"(Bhaskar,1978:70)。在一般的管理研究中，特别是交易成本经济学研究中，实验法是不常见的。一个例外是，Pilling 等（1994）以中层采购经理为研究对象做了一个实验。他们请求这些经理考察不同水平的资产专用性、不确定性和频率对交易成本和关系亲密度的影响。他们研究的一个优势是，能够以在自然情境中不可能的方式来改变自变量的水平。他们的研究结果为介于市场交易和纵向一体化之间的中间范围的交换关系提供了一些洞见。

实验法最主要的局限性，是其研究结果相对于现实世界在普适性上的问题(Croson et al.,2007)。如社会心理学家操纵的实验室实验中的人为性所显示的，封闭条件在社会科学中是很难达到的(Harre and Second,1972)。在经济学中，即使在可控实验中，也不可能在测试情境中指定所有必要的初始条件。这些条件可能数量非常大且变化多样，并且难以被单独观察(Caldwell,1984)。更重要的是，被研究对象可能会显著改变其行为来对实验环境做出反应。相应地，实验结果对于理论能在多大程度上准确描述现实世界里的现象，可能提供不了多少有用信息。与此相反，历史事件在没有任何研究者操纵的自然环境中呈现。通用汽车与费希尔车体厂的一体化就是这类事件的一个很好的例子；历史证据的"自然性"在这方面是具有优势的(Bryant,1994)。

然而，历史研究面对着不同性质的普适性问题，因为其小样本规模可能限制了其结果对于其他情境的概括能力。通用汽车与费希尔车体厂的一体化无可否认只是一个历史事件。但是，我们应该区分理论检验和理论构建。Klein 等（1978）的解释可以被看作用肯定的结果来检验交易成本经济学的一个努力。他们意图展示该事件支持了交易成本经济学的有关市场失灵如何通过纵向一体化来解决的观点。因此，事件的普适性在这里不是一个紧密相关的问题,相反,是理论构建中的一个相关问题。Freeland(2000)的研究显示了一个关于人力资产专用性如何决定企业边界的理论构建机会。在其他条件都相同的情况下,多个历史事件提供的证据肯定比单一事件提供的证据更有力,因为很难将事件中发现的理论关系(被假定是普适的)与事件本身的相关特质区分开。

档案数据分析法

这里的档案数据分析法是指使用统计方法来分析现有数据库,或者研究人员通过问卷调查编制数据库。[4] 该研究方法有一个比案例研究法和历史编纂学更显著的优势,即采用大样本,从而避免了小样本问题。由于这些样本包含了反映实际现象的数据,所以档案数据分析法克服了实验法中的研究结果不能被概括到现实世界这一不足。但是档案数据分析法也有两个历史研究所没有的缺点。

第一个缺点是由 Ghoshal 和 Moran(1996:40)在对交易成本经济学的经验研究的批评中总结出的:"尽管大量的经验研究发现资产专用性和内部化之间存在正相关关系……相关性却并不能说明因果关系。"Masten 等(1989)对这一问题进行了阐释,他们基于从克莱斯勒、福特和通用汽车直接获得的数据,研究了在实物资产与人力资产上的交易专用投资对纵向一体化的相对影响。他们的样本包括了 118 类汽车零部件商,依据专有技术诀窍和两类实物资产专用性对每一类进行测量。其回归结果表明,在纵向一体化决策中,对专有技术诀窍的投资比对专有实物资产的投资具有更大的影响。因为其结果仅仅显示核心变量之间的一组相关关系,该研究对连接这些变量的机制却没有什么说明。Monteverde 和 Teece(1982a,1982b)早期使用相似性质的数据对同一主题进行的研究也存在类似问题,这在第三章已经讨论过了。

然而,历史研究在这方面有一个明显的长处。时间维度在历史解释中起着关键作用,因为"所有历史方法,顾名思义,都是纵向的"(Yates,2014:274)。考虑到影响因素的时间优先性,时间是因果机制的基本要素(Healey,1983)。对于通用汽车与费希尔车体厂一体化的不同解释,无论是否支持套

第七章 历史编纂学：一种被忽视的研究方法

牢论题,都涉及对机制的某些描述,该机制由一个事件的时间顺序构成。例如,之前提到的 Freeland(2000)的观点:在 1924 年 10 月 1 日表决信托协议到期之后,通用汽车就能依法挫败任何套牢企图。这一观点包含两个具有明显因果关系的关键事件的时间顺序,即表决信托协议的到期与通用汽车的多数表决权的确立。与此同时,其含义是,考虑到第二个事件的出现,套牢应该不是后来发生于 1926 年的一体化的原因。Klein(2000)持有与 Freeland(2000)不同的观点,他认为,如阿尔弗雷德·斯隆和劳伦斯·费希尔的证词所表明的,表决信托协议的到期不会改变通用汽车对于费希尔车体厂运营自主权的尊重。因此,联结通用多数表决权与防止套牢企图的机制是不会发生的。

更进一步来看,历史研究通过明确因果机制来揭示相关理论的核心假定。对通用汽车与费希尔车体厂一体化的讨论显示了作为交易成本经济学核心假定的机会主义倾向,是如何在导致一体化事件逐渐展开的过程中发挥作用的。主流观点通过从相关历史文件中提取证据来推断费希尔车体厂的机会主义行为。尽管对于该推断的准确性还存在争论,该案例仍然显示了历史研究直接考察核心假定的能力;反之,如第三章所讨论的,定量方法通常检验排除了核心假定的简化模型。

档案数据分析法的另一个缺点与 HARKing(根据结果提出假设)有关,这在第四章讨论过。Leung(2011)对 2009 年发表在 AMJ 上的大部分定量研究文章的粗略分析表明,这种道德上有问题的做法绝不罕见。对于并不是基于大样本的历史研究来说,HARKing 的可能性是不存在的。然而,HARKing 的变种可能会存在于历史研究(也包括案例研究)之中,即研究人员以事后讲故事的形式,有选择地呈现与历史事件相关的信息,该事件支持了一个基于理论的故事。这种可能性是不可忽略的,正如 Kieser(1994:610)警告的:"实际的组织问题及对其适当的补救办法往往不能免于思想意识的影响。"例如,Klein 等(1978)的解释可能是一个片面的信息呈现的结果,目的是讲述一个经典的套牢故事。然而,一个重要的区别是,定量数据分析中的 HARKing 几乎没有被挑战的风险;而历史研究中的"事后讲故事"却并非如此。对于前者,让我们假定一个依 HARKing 行事的研究者正确执行了所有必需的统计程序。由此,如果其他研究人员遵循同样的统计程序并基于同样的数据库来复制该研究,他们应该获得完全一样的结果。尽管如果使用另一个数据库时结果可能有所不同,但这并不能证明原始结果无效,而只能表明原始结果不能被普适化到第二个数据库。由于这两种情况的数据都不是在封闭条件下收集的,并且受到多种权变因素的影响,因而原始研究结果不能被复制也就一点都不奇怪了。当在管理学科中进行复制时,它们往往与原始结果相冲突,或者充其量只是部分支持(Hubbard and Vetter,1996; Hubbard et al.,1998)原始结果。研究者若在定量研究中从事 HARKing,只要适当地进行数据分析,遭到异议的风险是很小的。

历史研究的情形则大不相同。"历史学家应该能够为他们的历史主张提供证据和论点,以一种具体而不是含糊、表面的方式来这样做"(Megill,2007:85)。与此同时,通常有一套可供历史学家查阅的普遍可获得的遗迹,随着时间推移,新的遗迹也会被发现。有偏见的信息呈现是有风险的,因为不同甚至矛盾的信息是所有对焦点事件感兴趣的人都可以获得的。一个例子是费希尔车体厂是否会拒绝在邻近通用汽车装配工厂附近设厂的问题。Klein 等(1978)在没有任何证据支持的情况下,断言费希尔车体厂会拒绝这一建议。Klein(1988)引用了阿尔弗雷德·斯隆在杜邦案中的证词作为支持。Coase(2000:27-29)详细考察了 Klein 等(1978)的主张,并且将阿尔费雷德·斯隆的证词诠释为不是关于工厂选址的争端,而是关于哪一方应该筹集建造工厂所需资金的争端。他还揭示了当时费希尔车体厂在 1919—1921 年没有建造任何车体工厂,其所有 8 个车体工厂都是 1922—1925 年在通用汽车工厂旁边建造的。因此他拒绝接受 Klein 等(1978)的说法,认为 Klein 等的说法是"完全不正确的"。有趣的是,Klein(2000:111)并未陷入争论的细节,他反驳:"在 1919—1924 年费希尔车体厂建造或收购的 14 个车体厂中,Coase(2000)遗漏了其中的 5 个。"Klein 与 Coase 之间的意见交换清晰地展现了片面信息呈现的风险,这产生了在历史研究中抑制使用这种呈现方法的效果。这实际上也是历史研究相对于案例研究的一个附加优势。案例研究人员采集的访谈数据不能轻易被其他研究人员获得,因此,很难判断案例研究中所呈现的信息在多大程度上是无偏的。

第七章 历史编纂学：一种被忽视的研究方法

结　论

历史研究仍然是主流管理期刊中相对稀少的类型，历史编纂学也不是管理研究人员熟悉的方法。一个可靠的原因是，研究人员没有意识到历史编纂学在理论开发中可以扮演的理想角色。本章从方法论视角，系统地讨论了历史编纂学的一般优点，并基于通用汽车与费希尔车体厂一体化案例，探讨了历史编纂学相对于案例研究、实验法及档案数据分析法等三种传统研究方法的特定优势。

历史编纂学可以丰富理论知识，也可以提供检验理论的"前理论"情境，其相对于案例研究的一个主要优点是，能够提供一组大多数人可获取的遗迹，有助于原始研究的复制工作。历史编纂学可以规避实验法的研究结果不能被概括到现实世界的这一关键缺陷。最后，与档案数据分析法相比，历史编纂学在展示与焦点事件相关的机制上（而不是简单提供一系列变量之间的相关关系）有明显的长处。与此同时，历史编纂学能够抑制案例研究者可能会犯的呈现带偏见的信息这一错误。在对通用汽车与费希尔车体厂一体化的争论进行回顾时，Coase（2006:276）一针见血地指出了经济学家的盲点：

> 事情的真相是经济学家通常将从产业组织学习（或其他）中获得的理论作为结果，不去考察到底发生了什么，而仅仅思考到底发生了什么。这就是通用汽车与费希尔车体厂这一"经典案例"产生的原因，并且这个原因导致了错误的答案。

同样的警告也适用于管理学者。鉴于其所具有的长处，历史研究正处于一个最佳的位势，能为管理理论贡献扎实的经验基础。

总结来看，本章并不认为历史编纂学应成为管理研究中的主要调查方法，特别是因为，从理论上来看，令人感兴趣的历史事件并不容易找。但是，鉴于历史编纂学相对于传统研究方法的优点，历史研究值得管理研究者给予与传统研究方法同样的关注度。

注 释

1. "历史编纂学"一词有着几种不同的含义,我遵循 Goodman 和 Kruger (1988) 的做法,在整个章节中用它来指称历史学家所使用的研究方法。

2. 最近,Leuridan 和 Froeyman(2012) 试图赋予 D-N 模型以新意,通过使用 Woodward(2003) 的因果关系理论(把因果关系刻画为"干预下的不变性")对一般规律的观点进行再概念化。只有时间才能证明他们的努力是否能够成功地改变历史学家对该模型的态度。

3. 由于篇幅所限,冒着缺失相关细节的风险,我仅简要突出了每种解释的一些关键点。有兴趣的读者可以参考原始资料。我细心阅读了这些文章但并没有查阅这些文章中引用的历史文献。我认为,将"套牢"作为关键原因的这一主流观点过于简单化,并且与对方阵营提出的一些证据相互矛盾。Freeland(2000)、Casadesus-Masanell 和 Spulber(2000) 提出的多种影响因素听上去似乎更有道理。而且,在对争论的进一步回顾中,Coase(2006) 突出了在 Klein(2000) 和 Klein 等(1978) 观点之间的一个重要的不一致:"我们以前被告知通用汽车在 1924 年发现与费希尔车体厂的合同关系'难以为继',而现在又被告知到 1924 年为止'合同运行良好'(p.269)。"这导致了对主流观点支持证据可信度的质疑。

4. 我没有单独讨论问卷调查,因为它有点类似于传统的档案数据分析法,诸如 Compustat①。两者的一个主要差异是,前者的数据是通过问卷调查来采集的,而后者是从已有数据库中提取的。这一差异对我探讨历史研究的相关优势并没有影响。

参考文献

Argyres, N. 1996. Evidence on the role of firm capabilities in vertical integration decisions. *Strategic Management Journal*, 17: 129-150.

---

① Compustat 是针对全球公司在金融、统计及市场信息方面的数据库。——译者注

第七章 历史编纂学：一种被忽视的研究方法

Barkema, H. G. and Vermeulen, F. 1998. International expansion through start-up or acquisition: A Learning Perspective. *The Academy of Management Journal*, 41: 7-26.

Baum, J. A. C. and Mezias, S. J. 1992. Localized competition and organizational failure in the Manhattan hotel industry, 1898-1990. *Administrative Science Quarterly*, 37: 580-604.

Bell, E. and Taylor, S. 2013. Writing history into management research. *Management and Organizational History*, 8: 127-136.

Backer, R. 1978. *A realist theory of science* (2nd ed.). Hassocks, England: Harvester Press.

Booth, C. 2003. Does history matter in strategy? The possibilities and problems of counterfactual analysis. *Journal of Management History*, 41: 96-104.

Booth, C. and Rowlinson, M. 2006. Management and organizational history: Prospects. *Management and Organizational History*, 1: 5-30.

Bryant, J. M. 1994. Evidence and explanation in history and sociology: Critical reflections on Goldthorpe's critique of historical sociology. *British Journal of Sociology*, 45: 3-19.

Bunge, M. 2004. How does it work? The search for explanatory mechanisms. *Philosophy of the Social Science*, 34: 182-210.

Caldwell, B. J. 1984. Some Problems with falsificationism in economics. *Philosophy of the Social Sciences*, 14: 489-495.

Calhoun, C. 1998. Explanation in historical sociology: Narrative, general Theory, and historically specific theory. *American Journal of Sociology*, 104: 846-871.

Canter, N. F. and Schneider, R. I. 1967. *How to study history*. New York: Crowell.

Carroll, C. E. 2002. Introduction. *Journal of Organizational Change Management*, 15: 556-562.

Carroll, G. R. and Delacroix, J. 1982. Organizational mortality in the newspaper industries of Argentina and Ireland: An ecological approach. *Administrative Science Quarterly*, 27: 169-198.

Casadesus-Masanell, R. and Spulber, D. F. 2000. The fable of Fisher Body. *The Journal of Law and Economics*, 43: 67-104.

Chandler Jr., A. D. 1962. *Strategy and structure: Chapters in the history of the industrial enterprise*. Cambridge, MA: MIT Press.

Chandler Jr., A. D. 1977. *The visible band: The managerial revolution in American business*. Cambridge, MA: Harvard University Press.

Coase, R. H. 1937. The nature of the firm. *Economica*, 4: 386-405.

Coase, R. H. 2000. The acquisition of Fisher Body by General Motors. *Journal of Law and Economics*, 43: 15-31.

Coase, R. H. 2006. The conduct of economics: The example of Fisher Body and General Motors. *Journal of Economics and Management Strategy*, 15: 255-278.

Croson, R., Anand, J. and Agarwal, R. 2007. Using experiments in corporate strategy research. *European Management Review*, 4: 173-181.

Decker, S. 2013. The silence of the archives: Business history, post-colonialism and archival ethnography. *Management and Organizational History*, 8: 155-173.

De Mey, T. and Weber, E. 2003. Explanation and thought experiments in history. *History and Theory*, 42: 28-38.

Dray, W. H. 1957. *Laws and explanation in history*. Oxford, England: Oxford University Press.

Fischer, D. H. 1970. *Historians' fallacies: Toward a logic of historical thought*. New York: Harper Perennial.

Freeland, R. F. 2000. Creating holdup through vertical integration: Fisher Body revisited. *Journal of Law and Economics*, 43: 33-66.

Gerring, J. 2007. The case study: What it is and what it does. In C. Boix and S. C. Stokes (Eds.), *The Oxford handbook of comparative politics*: 90-122. Oxford, England: Oxford University Press.

Ghoshal, S. and Moran, P. 1996. Bad for practice: A critique of the transaction cost theory. *Academy of Management Review*, 21: 13-47.

Glennan, S. 2010. Ephemeral mechanisms and historical explanation. *Erkenntnis*, 72: 251-266.

Goldthorpe, J. H. 1991. The uses of history in sociology: Reflections on some recent tendencies. *British Journal of Sociology*, 42: 211-230.

Goodman, R. S. and Kruger, E. J. 1988. Data dredging or legitimate research method historiography and its potential for management research. *Academy of Management Review*, 13: 315-325.

Greenwood, A. and Bernardi, A. 2014. Understanding the rift, the (still) uneasy bedfellows of history and organization studies. *Organization*, 21: 907-932.

Griffin, L. J. 1992. Temporality, events, and explanation in historical sociology: An introduction. *Sociological Methods and Research*, 20: 403-427.

Hambrick, D. C. 2007. The field of management's devotion to theory: Too much of a good thing. *Academy of Management Journal*, 50: 1346-1352.

Hammer, C. 2008. Explication, explanation, and history. *History and Theory*, 47: 183-199.

Harré, R. and Second, P. F. 1971. *The explanation of social behavior*. Oxford, England: Basil Balackwell.

Hassard, J. S. 2012. Rethinking the Hawthorne studies: The Western Electric research in its social, political and historical context. *Human Relations*, 65: 1431-1461.

Healey, R. A. 1983. Temporal and causal asymmetry. In R. Swinburne (Ed.), *Space, time and causality*. 79-103. Dordrecht, the Netherlands: Springer.

Hedström, P. and Swedberg, R. 1996. Social mechanisms. *Acta Sociologica*, 39: 281-308.

Hedström, P. and Ylikoski, P. 2010. Causal mechanisms in the social sciences. *Annual Review of Sociology*, 36: 49-67.

Hempel, C, G. 1942. The function of general laws in history. *Journal of Philosophy*, 39(2): 35-48.

Hempel, C. G. 1965. *Aspects of scientific explanation and other essays in the philosophy of science*. New York: Free Press.

Holmström, B. and Roberts, J. 1998. The boundaries of the firm revisited. *Journal of Economic Perspectives*, 12(4): 73-94.

Hubbard, R. and Vetter, D. E. 1996. An empirical comparison of published replication research in accounting, economics, finance, management, and marketing. *Journal of Business Research*, 35: 153-164.

Hubbard, R., Vetter, D. E. and Little, E. L. 1998. Replication in strategic management: Scientific testing for validity, generalizability, and usefulness. *Strategic Management Journal*, 19: 243-254.

Huber, G. P. and Powder, D. J. 1985. Retrospective reports of strategic-level managers: Guidelines for increasing their accuracy. *Strategic Management Journal*, 6: 171-180.

Ingram, P., Rao, H. and Silverman, B. S. 2012. History in strategy research: What, why and how? In S. J. Kahl, B. S. Silverman and M. A. Cusumano (Eds.), *Advances in strategic management*, Vol. 29: 241-273. Bingley, England: Emerald Group Publishing.

Kaplan, A. 1964. *The conduct of inquiry*. San Francisco, CA: Chandler Publishing.

管理研究哲学

Kieser, A. 1994. Why Organization theory needs historical analyses-and how this should be performed. *Organization Science*, 5: 608-620.

Kipping, M., Wadhwani, R. D. and Bucheli, M. 2014. Analyzing and interpreting historical sources: A basic methodology. In M. Bucheli and R. D. Wadhwani (Eds.), *Organizations in time: History, theory, methods*: 305-329. Oxford, England: Oxford University Press.

Kiser, E. and Hechter, M. 1991. The role of general theory in comparative-historical sociology. *American Journal of Sociology*, 97: 1-30.

Klein, B. 1988. Vertical integration as organizational ownership: The Fisher Body-General Motors relationship revisited. *Journal of Law, Economics, and Organization*, 4, 199-213.

Klein, B. 2000. Fisher-General Motors and the nature of the firm. *Journal of Law and Economics*, 43: 105-141.

Klein, B., Crawford, R. G. and Alchian, A. A. 1978. Vertical integration, appropriable rents, and the competitive contracting process. *Journal of Law and Economics*, 21: 297-326.

Klein, P. G. 2008. The make-or-buy decision: Lessons from empirical studies. In C. Menard and M. M. Shirley (Eds.), *Handbook of new institutional economics*: 435-464. Berlin: Springer.

Knights, D. 1992. Changing space: The disruptive impact of a new epistemological location for the study of management. *Academy of Management Review*, 17: 514-536.

Leblebici, H. 2014. History and organization theory: Potential for a transdisciplinary convergence. In M. Bucheli and R. D. Wadhwani (Eds.), *Organizations in time: History, theory, methods*: 56-99. Oxford, England: Oxford University Press.

Leung, K. 2011. Presenting post hoc hypotheses as a priori: Ethical and theoretical issues. *Management and Organization Review*, 7: 471-479.

Leuridan, B. and Froeyman, A. 2012. On lawfulness in history and historiography. *History and Theory*, 51: 172-192.

Lipartito, K. 2014. Historical sources and data. In M. Bucheli and R. D. Wadhwani (Eds.), *Organizations in time: History, theory, methods*: 284-304. Oxford, England: Oxford University Press.

Little, D. 1991. *Varieties of social explanation: An introduction to the philosophy of social science*. Boulder, CO: Westview Press.

Lomi, A. 1995. The population ecology of organizational founding: Location dependence and unobserved heterogeneity. *Administrative Science Quarterly*, 40: 111-144.

Lustick, I. S. 1996. History, historiography, and political science: Multiple historical records and the problem of selection bias. *American Political Science Reviews*, 90: 605-618.

Macher, J. T. and Richman, B. D. 2008. Transaction cost economics: An assessment of empirical research in the social sciences. *Business and Politics*, 10: 1-63.

MacKenzie, D. and Millo, Y. 2003. Constructing a market, performing theory: The historical sociology of a financial derivatives exchange. *American Journal of Sociology*, 109: 107-145.

Masten, S. E., Meehan, J. W. J. and Snyder, E. A. 1989. Vertical integration in the U. S. auto industry. *Journal of Economic Behavior and Organization*, 12: 265-273.

McLemore, L. 1984. Max Weber's defense of historical inquiry. *History and Theory*, 23: 277-295.

Megill, A. 2007. *Historical knowledge, historical error: A contemporary guide to practice*. Chicago, IL: University of Chicago Press.

Monteverde, K. and Teece, D. J. 1982a. Appropriable rents and quasi-vertical integration. *Journal of Law and Economics*, 25: 321-328.

Monteverde, K. and Teece, D. J. 1982b. Supplier switching costs and vertical integration in the automobile industry. *Bell Journal of Economics*, 13: 207-213.

Moore Jr., B. 1958. *Political power and social theory: Six studies*. Cambridge, MA: Harvard University Press.

Murmann, J. P. 2012. Marrying history and social science in strategy research. In S. J. Kahl, B. S. Silverman and M. A. Cusumano (Eds.), *Advances in strategic management*, Vol. 29: 89-115. Bingley, England: Emerald Group Publishing.

Murphey, M. G. 1986. Explanation, cause, and covering laws. *History and Theory*, 25: 43-57.

Mutch, A. 2014. History and documents in critical realism. In P. K. Edwards, J. O'Mahoney and S. Vincent (Eds.), *Studying organizations using critical realism: A practical guide*: 223-240. Oxford, England: Oxford University Press.

Nagel, E. 1979. *The structure of science: Problems in the logic of scientific explanation*. Indianapolis, IN: Hackett Publishing.

Numagami, T. 1998. The infeasibility of invariant laws in management studies: A reflective dialogue in defense of case studies. *Organization Science*, 9: 2-15.

Pettigrew, A. M. 1985. *The awakening giant: Continuity and change in Imperial Chemical Industries.* Oxford, England: Basil Blackwell.

Pilling, B. K., Crosby, L. A. and Jackson, D. W. 1994. Relational bonds in industrial exchange: An experimental test of the transaction cost economic framework. *Journal of Business Research*, 30: 237-251.

Ringer, F. 2002. Max Weber on causal analysis, interpretation, and comparison. *History and Theory*, 41: 163-178.

Roberts, C. 1996. *The logic of historical explanation.* University Park, PA: Pennsylvania State University Press.

Rock, P. 1976. Some problems of interpretative historiography, *British Journal of Sociology*, 27: 353-369.

Roth, G. 1976. History and sociology in the work of Max Weber. *British Journal of Sociology*, 27: 306-318.

Rowlinson, M., Hassard, J. and Decker, S. 2014. Research strategies for organizational history: A dialogue between historical theory and organization theory. *Academy of Management Review*, 39: 250-274.

Runde, J. and de Rond, M. 2010. Evaluating causal explanations of specific events. *Organization Studies*, 31: 431-450.

Salmon, W. C. 1998. *Causality and explanation.* Oxford, England: Oxford University Press.

Sayer, A. 1992. *Method in social science: A realist approach* (2nd ed.). London: Routledge.

Sayer, A. 2000. *Realism and social science.* London: Sage.

Schreyögg, G., Sydow, J. and Holtmann, P. 2011. How history matters in organisations: The case of path dependence. *Management and Organization History*, 6: 81-100.

Steel, D. 2004. Social mechanisms and causal inference. *Philosophy of the Social Sciences*, 34: 55-78.

Steinmetz, G. 2004. Odious comparisons: Incommensurability, the case study, and "small N's" in sociology. *Sociological Theory*, 22: 371-400.

Tilly, C. 2001. Mechanisms in political processes. *Annual Review of Political Science*, 4: 21-41.

Topolski, J. 1991. Towards an integration model of historical explanation. *History and Theory*, 30: 324-338.

第七章 历史编纂学:一种被忽视的研究方法

Weber, M. 1949. *The methodology of the social sciences* (translated and edited by E. A. Shils and H. A. Finch). New York: Free Press.

Weber, M. 1968. *Economy and society* (edited by G. Roth and C. Wittich). New York: Bedminster.

Weber, M. 1975. *Roscher and Knits: The logical problems of historical economics* (translated by G. Oakes). New York: Free Press.

Woodward, J. 2003. *Making things happen: A theory of causal explanation*. New York: Oxford University Press.

Yates, J. 2014. Understanding historical methods in organization studies. In M. Bucheli and R. D. Wadhwani (Eds.), *Organizations in time: History, theory, methods*: 265-283. Oxford, England: Oxford University Press.

Yin, R. K. 2014. *Case study research: Design and methods* (5th ed.). Thousand Oaks, CA: Sage.

Zald, M. N. 1993. Organization studies as a scientific and humanistic enterprise: Toward a reconceptualization of the foundations of the field. *Organization Science*, 4: 513-528.

第八章　展望：是,或不是,一门科学？

拥抱科学的标签　/ 235
一个尴尬的处境　/ 236
齐心协力　/ 238
注　释　/ 239
参考文献　/ 241

第八章 展望：是，或不是，一门科学？

我在整本书中暗含了一个假定，即管理学的研究者们认为他们的工作是科学活动，因而我的方法论建议也是以该假定为基础的。然而，前面的几章已经强调了，当前的研究实践有时与科学研究的规范并不一致。有关科学规范的一些具体例子包括：复制是经验研究的基石（第六章）；就理论的可接受性而言，该理论是否反常、有趣或新颖并不重要（第六章）；与肯定的结果相比，否定的结果（例如那些不支持某理论的研究结果）有着不亚于肯定结果的认知权重（第四章）；那些不能够重复进行经验检验的理论应被舍弃（第四章）；像青霉素这样的重要发现，即使它们无法被现有任何理论解释，或者根本就不能被解释（第二章），也应该被珍视。[1] 只有当我的假定是有效的时候，与上述规范偏离的行为才是有问题的。然而，管理研究者们真的认为他们是在进行科学研究吗？

拥抱科学的标签

反思从 20 世纪 20 年代到 50 年代初这一段时间管理学科的状态，Perrow（1994:192）坚持认为"管理学日渐成为一门科学，这已经达成了广泛的共识"。这一"广泛共识"通过诸如《管理科学季刊》（*Administrative Science Quarterly*）、《管理科学》（*Management Science*）和《组织科学》（*Organization Science*）这样一些顶级学术期刊的名字就能反映出来。事实上，构成这一学科基础的早期作品之一——Taylor（1911）的《科学管理原理》（*The principles of Scientific Management*）——标题已经在提醒读者注意管理的科学性本质了。类似的响应还有《管理科学》第一期封面文章"如同所有真正的科学一样，管理科学创造了一个扩展的原理与概念的天地"（Smiddy and Naum, 1954:31）。有趣的是"真正的科学"这一术语也预示了作者对于管理学可能会被错误地认为是伪科学的担心。

自文艺复兴时期的科学革命以来，自然科学取得了显著的进展与成就，科学受到了普遍的高度尊重。所以难怪一个相对较新的学科（如管理学）非常渴望成为著名的"科学俱乐部"中的一员。在设计教育学领域，我们很容易再次理解为什么科学的标签这么被渴望。如果学生被告知一个管理理论

管理研究哲学

是科学研究得出的结果,而不是产生于其他努力(如讲故事),那么该理论听起来就更有权威性,并且更加合理。

即使不是大多数,仍有许多管理研究者将管理学看作一门科学,这一倾向也反映在由 Pfeffer(1993)著名的方法论论文引起的争论中。借用 Kuhn (1962)关于范式的概念,Pfeffer(1993)提醒研究者们提防理论和方法论的多元化,并且主张研究者们应该尝试达成一定程度的共识,这是推进管理学的范式发展并提高管理学相对于其对等学科(如经济学)地位的一项至关重要的先决条件。[2]在对 Pfeffer(1993)观点的批判中,没有一个质疑他提出的"管理学是一门科学"的假定。例如,Van Maanen(1995)批评(可能是最刻薄的)指出,"Pfeffer 关于'科学事实上是如何运作'的观点是如此的幼稚"(p.133),如此一来,他确认了 Pfeffer 的这一前提假定。

甚至那些坚持更为激进的后现代主义立场的管理研究者们也想要拥有科学的标签,比如,运用矛盾修辞法(oxymoron)这一"后现代科学"的做法(Chia,1996,2003)。这是一个矛盾,因为科学探索依赖于相信推理的效力,而后现代主义运动可以被描述为"对推理的反启蒙式抨击"(Hicks,2011: 23)。一般说来,科学采用的是实在主义的本体论和客观主义的认识论,而后现代主义采用的则是反实在主义的本体论和社会主观主义的认识论。[3]

一个尴尬的处境

先前的讨论存在这样一个困境:虽然管理学科声称或期望它自己是科学的,但管理学中的一些关键性实践显然并非如此。一个可能的回应是,坚称管理学是一门科学,但它是一种不同于自然科学的科学。如此,管理研究者们就不必非要遵循自然科学的原则。相似的观点出现在 Cannella 和 Paetzold(1994)与 Van Maanen(1995)从社会建构主义角度对 Pfeffer(1993)一文的批判中。Cannella 和 Paetzold(1994:338)认为,"检验一篇研究论文的可发表性的标准应该是合乎逻辑的说服力——一种能够获得认可的内在逻辑和内聚力"。Van Maanen(1995)认为,"将理论呈现出来是一种文学表演,是一种包含了语言运用的活动,它的方法就是写作的方法。通过这些方法,

第八章 展望：是，或不是，一门科学？

一些可辨别的读者回应得以产生"。

虽然Popper(1959)认为所谓"科学"的概念是约定俗成的,但这并不表示科学的标签可以被随意地使用。事实上,正如第四章中所提到的,Popper使用可证伪性作为科学与非科学分界的标准。[4]一般来说,"把一个研究称作科学的,意味着接受这个研究中的陈述是依赖于一个经验性约束的。也就是说,至少其陈述能够在现实世界中接受检验,这是判别接受还是拒绝它的一个强准则"(Thomas,1979:2)。正如上文 Cannella 和 Paetzold(1994)及Van Maanen(1995)的观点所预示的那样,以这一标准为基础,评估一项研究的质量既不是受欢迎的竞赛也不是文学性的评价。[5]

毫无疑问,管理学所归属的社会科学与自然科学是不同的(见第四章)。但这并不意味着社会科学家们应该使用完全不同的方法并遵循完全不同的规范。[6]正如 Bhaskar(1998:20)所说,"由于社会对象不可被还原为(也并不真正产生于)自然对象,所以社会对象在性质上具有与自然对象不同的特征,这二者也无法用相同的方法去研究,但它们仍旧可以被'科学地'研究"。他的观点表明不论是对自然对象的研究还是对社会对象的研究,都应该遵循一套与上文所提到的类似的科学规范。这些规范中的一部分,事实上与科学知识的基础有关。比如,以复制为例,Collins(1992:18)评论道:

> 科学家们如何将他们的发现确立为公共领域的新知识？科学家们备受压力,于是,他们使用最后一招,即以其观察结果可重复性或实验的可复制性来捍卫他们观点的有效性。

简言之,将科学的内涵延伸至可容纳非科学实践的程度是有问题的。鱼与熊掌不可兼得,如果管理研究者们想要从科学规范的束缚中摆脱出来,他们就应该停止强调自己在进行科学研究。这就将我们引到对管理学困境的第二个可能的回应上来,即一起丢掉科学的标签。诚实是最好的对策:如果一门学科不适合于科学领域,那么为什么不直说呢？

诚实在课堂中尤其重要。例如,在自然科学中,基于一个或一对研究的经验结果(如第六章所提到的多功能干细胞的案例)就很少被当作已确立的研究结果来讲授,甚至在课堂上根本就不被提起。管理学的教师多么经常会把单个未经证实的(可能是新颖的)研究发现当作已确立的科学知识传授给学生？Hubbard(2016)提供了近几十年来在课堂上教授基于这些研究的错误结果的一些例子。明知它不是，但仍告诉学生们管理学是一门科学，这就是在说谎。而相信管理学是一门科学且这样告诉学生(秉持第一种回应的辩护者们可能会这样做)，这就是在传播一个谬误，不管是哪种方式，都弊大于利。[7]

最后，第三种可能的回应，是达到管理学所致力于实现的科学地位，这也是我想推荐的。在这种情况下，管理研究者们应该遵循科学的规范。毫无疑问，对那些拥护某一哲学视角的研究者来说，这将会非常困难，哪怕它是可能的。正如之前所提到的，科学是建立在实在主义本体论和客观主义认识论基础之上的，初看之下，任何持有相反的本体论和认识论立场的哲学视角(如后现代主义)都与科学不一致。[8]

目前，管理研究者在履行科学规范的方向上已经取得了一些进步。第四章提到的《战略管理期刊》在编辑政策上的改动就是其中之一。另一个表现是出现了一个新期刊——《美国管理发现》(*Academy of Management Discoveries*, AMD)，该期刊致力于推动"对现有理论不能充分解释的管理和组织现象的探索性经验研究。"虽然 AMD 的使命听起来十分振奋人心，但问题是它与 AMJ 在声望上相去甚远。那些努力获得晋升和职称的学者们在做研究时更可能以在后者而非在前者发表文章为目标。总体来看，在遵循科学规范方面，我们的进展还是太慢，而且太少。

齐心协力

管理研究社群到了通过开放、坦率和民主的讨论来共同解决这一困境的时候了。如果可能的话，整个社群应该就该学科是否应立志成为一门科学从而遵循科学的规范这一点达成某种共识。如若不然，管理学科可能会分裂为两个流派，一个是沿着科学的路径，而另一个则沿着其他路径。心理学相对于超心理学(Collins, 1992)，或者天文学相对于星象学(Abramowicz, 2011)的发展，可以在这方面提供一些洞见。虽说学科分裂为两派并不是理

第八章 展望：是，或不是，一门科学？

想的结果,但这确实要比目前各种研究实践都被贴以科学标签的混乱局面要好,这种混乱的局面已经使得主要的利益相关者(如学生和管理者)感到十分困惑。

结束此书之前,我想强调一个世纪前罗素在他的著作《我们关于外在世界的知识》(*Our Knowledge of the External World*)开篇里的一个极其重要而犀利的评论:"从最早的时候起,哲学一直比其他的学问喊出的主张更多,但获得的成果却更少(Russell,1972［1914］:13)。"如果管理研究者们,包括我自己在内,不能齐心协力地来解决这一困境,那么将罗素评论中的"哲学"替换为"管理学",该批评也同样适用。

注　释

1. 管理学是一门年轻的学科这一事实并不能作为不遵循这些规范的借口。例如,一门学科在可以进行复制研究之前不一定非要已经完备地建立起来。事实上,作为一门年轻的学科,管理学应该欢迎那些超出现有理论解释范围的重要现象的发现。

2. 虽然围绕 Pfeffer 一文展开评论或是争论并非我的本意,但我想指出他将其观点建立在混乱的范式概念之上显然是不成功的(见第一章)。第一,他的观点并不需要这一概念。和 Pfeffer 类似,我在第四章中也同样告诫大家提防管理理论的激增,但我并没有使用范式这一概念。第二,这一概念导致了不必要的困惑。例如,在对 Pfeffer 一文的批评中,Perrow(1994)交替使用了"范式"和"理论"这两个词,表现在"理性选择范式"和"理性选择理论"这两个术语里。这一疏忽对该争论毫无贡献反而使其更加混乱。

3. 鉴于后现代主义的相对主义立场,与"后现代科学"相关的内在不一致性并不令人奇怪。相对主义者的观点常会遭受这样的不一致:"如果相对主义者认为信念不具有客观有效性,那么该信念本身将什么也不是(Holcomb,1978:467)。"

4. Mahoney(1993:179)认为"目前还没有一种有意义的方式来将科学从非科学中分离出来",因此"分界问题"就是一个"伪问题"。这意味着,讨论管理学是否是一门科学是没有意义的。在理论层面,我对是否存在一种有意义的方式来将科学从非科学中区分出来持不可知论。我的直觉是,这种区别不会是一个非此即彼的问题,也就是说,科学与非科学很可能是有一系列标准规则的一个连续体的两端,基于这些标准,一个学科被安置于其中的某一块(见 Dupre,1993;Kitcher,1993)。在逻辑层面,每当"科学"一词被使用时,某种分界方式就被假定了。因为为了使该词有被使用的意义,就要设定一些特征来对科学与非科学进行区分。在实践层面,Resnick(2000:249)巧妙地评论道:"鉴于'分界问题'对实践策略问题和实践决策具有重要影响,所以它不仅仅是一个哲学议题"。事实是,"科学"是一个不仅在我们的日常生活中而且在学术研究中都被普遍运用的术语。本章所讨论的问题是:即使不是大多数,也仍然有很多的管理研究者们声称自己在从事科学研究(可能是因为"科学"一词比"非科学"或"伪科学"具有更为正面的含意)。然而,研究者们的某些做法显然与已建立的科学规范是不一致的。因此这一困境有其实践意义。不管先前谈到的分界问题能否被解决,这一困境都是我们必须要解决的。

5. 我赞成 Cannella 和 Paetzold(1994)及 Van Maanen(1995)的看法,即管理研究者们应该以一种合乎逻辑、有说服力并且动人的方式进行写作。然而这些素质与科学研究的其他方面,如方法的正确性和数据的质量相比是次要的。同 Van Maanen 一样,我也是 Karl Weick 的仰慕者。尽管如此,若能以笨拙的文笔写成一篇比 Karl Weick 的优美之作更有解释效力的理论文章,那么我仍会选择前者。

6. 科学起源于对自然现象的研究。社会科学一词是后来被创造的,用以指明一种与自然科学不同的科学,但被给予这样一种理解,即社会科学与自然科学二者应在方法和原则方面有着某些共同之处,也就是共享一定程度的科学性,否则,就可以使用另外一些诸如"社会研究""社会探寻"或"社会调查"这些不带有科学标签的术语来代替"社会科学"一词了。

7. 这两类人在一定程度上与 Feyman(1985:284)做出的极具争议的评论中所提到的平凡而自大的愚人有些类似,Feyman 以其坦率和直接的个性闻名,在一次讨论公平伦理的多学科会议上他对与会者如是说:

第八章　展望：是，或不是，一门科学？

一般的愚人还是可以接受的，你能够和他们讲道理，并且帮助他们走出迷茫。但是那些自大的傻瓜——他们既愚蠢，又把自己的愚蠢掩盖起来并向人们强调他们是多么享受于这些骗人的鬼话——这，是我最不能忍受的！一个普通的愚人不是一个骗子，一个诚实的愚人是可以接受的，但是一个不老实的傻瓜是极其令人讨厌的！

8. 我知道我的评论可能会引起支持这些哲学观点的研究者的怨愤，并且我可能会被斥责"在对于科学实际上是如何运作的认识上太过天真"（Van Maanen，1995：133）。我一直欢迎他人指出我观点中的错误，并且时刻准备着为解决学术争端而进行对话。

参考文献

Abramowicz, M. A 2011. Astronomy versus astrology, In J. -P. Lasota (Ed.), *Astronomy at the frontiers of science*：285-307. Dordrecht, Netherland：Springer.

Bhaskar, R. 1998. *The possibility of naturalism*：*A philosophical critique of the contemporary human sciences* (3rd ed.). New York：Routledge.

Cannella, A. A. J. and Paetzold, R. L. 1994. Pfeffer's barriers to the advance of organizational science：A rejoinder. *Academy of Management Review*, 19：331-341.

Chia, R. 1996. The problem of reflexivity in organizational research：Towards a post-modern science of organization. *Organization*, 3：31-59.

Chia, R. 2003. Organization theory as a postmodern science. In H. Tsoukas and C. Knudsen (Eds.), *The Oxford handbook of organization theory*：113-140. Oxford England：Oxford University Press.

Collins, H. 1992. *Changing order*：*Replication and induction in scientific practice*. Chicago, IL：University of Chicago Press.

Dupré, J. 1993. *The disorder of things*：*Metaphysical foundations of the disunity of science*. Cambridge, MA：Harvard University Press.

Feynman, R. P. 1985. "*Surely you're joking, Mr. Feynman!*"：*Adventures of a curious character*. New York：W. W. Norton and Company.

Hicks, S. R. C. 2011. *Explaining postmodernism*：*Skepticism and socialism from Rousseau and*

Foucault (Expanded ed.). Loves Park, IL: Ockham's Razor Publishing.

Holcomb III, R. H. 1987. Circularity and inconsistency in Kuhn's defense of his relativism. *Southern Journal of Philosophy*, 25: 467-480.

Hubbard, R. 2016. *Corrupt research: The case for reconceptualizing empirical management and social science*. Thousand Oaks, CA: Sage.

Kitcher, P. 1993. *The advancement of science*. New York: Oxford University Press.

Kuhn, T. S. 1962. *The structure of scientific revolutions*. Chicago, IL: University of Chicago Press.

Mahoney, J. T. 1993. Strategic management and determinism: Sustaining the conversation. *Journal of Management Studies*, 30: 173-191.

Perrow, C. 1994. Pfeffer slips! *Academy of Management Review*, 19: 191-194.

Pfeffer, J. 1993. Barriers to the advance of organizational science: Paradigm development as a dependent variable. *Academy of Management Review*, 18: 599-620.

Popper, K. 1959. *The logic of scientific discovery*. London: Hutchison.

Resnik, D. B. 2000. A pragmatic approach to the demarcation problem. *Studies in History and Philosophy of Science*, 31: 249-267.

Russell, B. 1972 [1914]. *Our knowledge of the external world*. London: George Allen and Unwin.

Smiddy, H. F. and Naum, L. 1954. Evolution of a "science of managing" in America. *Management Science*. 1: 1-31.

Taylor, F. W. 1911. *The principles of scientific management*. New York: Harper and Brothers Publishers.

Thomas, D. 1979. *Naturalism and social science: A post-empiricist philosophy of social science*. Cambridge, England: Cambridge University Press.

Van Maanen, J. 1995. Style as theory. *Organization Science*, 6: 133-143.

附 录　哲学如何对研究方法论做出贡献

一系列异质贡献 / 250
　　所采用的哲学视角 / 250
　　所包含的方法论问题 / 253
　　贡献的类型 / 254
　　呈现形式 / 257
对未来研究的建议 / 258
　　要对哲学有足够的理解 / 259
　　重视哲学洞见 / 260
　　重温旧问题 / 260
　　挑起战争 / 261
结束语 / 262
注　释 / 262
参考文献 / 263

在管理学文献中，基于哲学对方法论问题的讨论数量一直在增长，但据我所知，还没有任何关于此研究脉络的评述。本附录旨在实现两个目标：第一，对发表在顶级管理期刊上的此类文献进行系统的回顾；第二，为促进该研究脉络的发展提供建议。为达到第一个目标，我对以下九种管理期刊从创刊之初直至 2015 年年底的所有文献进行了检索：《美国管理评论》（Academy of Management Review，AMR）、《管理科学季刊》（Administrative Science Quarterly，ASQ）、《应用心理学报》（Journal of Applied Psychology，JAP）、《国际商务研究期刊》（Journal of International Business Studies，JIBS）、《管理期刊》（Journal of Management，JOM）、《管理研究期刊》（Journal of Management Studies，JMS）、《组织科学》（Organization Science，OSc）、《组织研究》（Organization Studies，OSt）、《战略管理期刊》（Strategic Management Journal，SMJ）。它们都被公认为管理领域的顶级期刊。我排除了《美国管理学报》，理由是它只发表经验性文章，而事实上所有关于研究方法论的哲学讨论的文章都是概念性的；我也排除了《管理评论国际期刊》（International Journal of Management review，IJMR），是因为它是一份评论性期刊，不发表有关具体方法论问题的文章。我还检索了《组织》（Organization，O）和《组织研究方法》（Organizational Research Methods，ORM）这两个期刊，前者以发表哲学为基础的文章而著称，后者在研究方法领域居于首要地位。

我以"philosophy"为检索词对上述 11 种期刊进行检索。这样一个宽泛的检索词导致某些期刊出现了大量结果。例如，在 OSc 和 JOM 中分别有 789 条和 559 条检索结果。基于之前对该研究脉络的文献回顾，我还考虑了发表在上述期刊上与主题潜在相关但没有被检索词所捕获的文章。我通读了每一篇候选文章，从摘要入手，判断其与本研究主题的相关性，依两个基本准则确定所评述文献的范围：第一，在该文章的核心论点之下应具有一个实质性的哲学元素；第二，该文章涉及具体的方法论问题。正如预期的那样，大多数入选文章都不能同时满足这两个标准，有的甚至两个标准都不满足。例如，Lewis(2000)关于如何研究组织中的悖论式紧张局势的讨论未能满足第一条标准，因为它主要基于逻辑学。虽然逻辑学有时候会被认为是哲学的一个分支，但我在这里采用了一个较狭窄的哲学定义，所以排除了逻辑学。还有一个例子与 Lewis（2000）的情形相似，即 Ketokivi 和 Mantere（2010）检验了两种归纳推理策略：理想化和情境化，其被用于将经验数据归纳为理论性的结论。此外，Calás 和 Smircich（1999）的研究虽满足第一个标准，但并不满足第二个，该文作者回顾了过去十年间后现代主义对组织的理论化的影响，而没有讨论具体的方法论问题。类似地，Tsang 和 Ellsaesser（2011）讨论了对比性解释如何通过提出合适的对比问题来帮助管理研究者创造、拓展和深化理论，虽对科学哲学做了浓墨重彩的论述，但其更侧重于理论构建而非研究方法论。还有一个例子，Tomkins 和 Simpson（2015：1013）发展了"以海德格尔的关怀哲学为基础的关怀领导力的思想"，它同样更多地关注于理论开发而未涉及任何具体的方法论问题。

仅仅阅读这些摘要就剔除了大多数候选文章。然而，需要进一步阅读的文章也有数百篇。表 A-1 中列出了同时满足两条标准的 50 篇文章，以及所包含的主要的方法论问题、贡献的种类、形成其讨论基础的哲学视角或哲学家。表中不包括对文献的后续评论（如 Kwan and Tsang，2001）及作者的回应（Mir and Watson，2001）。尽管我在综述中没有纳入书籍和书籍章节，但所包括的期刊文章集合已就 20 世纪 80 年代以来哲学是如何贡献于方法论这一议题的讨论展示了相当全面的景象。

在 11 种期刊中，*OSt* 发表了最多的文章（共计 16 篇），其次是 *ORM*（共计 11 篇）。*JAP* 和 *JOM* 二者没有发表任何符合本综述要求的文章。对于像 *JOM* 这样的多面手期刊来说，这一发现比以经验研究为主的 *JAP* 更令人惊讶。后者发表的方法论讨论通常与统计分析有关，其中一个典型的例子是 Podsakoff 等（2003）撰写的关于同源方差的综述。至于前者，最接近本篇评述领域的文章是 Locke（2007）对于归纳性的理论构建的论点，它本质上与 Ketokivi 和 Mantere（2010）的归纳推理策略相似，并且更多地基于逻辑学而非哲学。另一个"近距脱靶"（near miss）的例子是 Singh 等（2003）提出的将复制研究重新概念化到所谓"足够好的复制"。他们的讨论很大程度上是基于 Tsang 和 Kwan（1999）的研究，但跟后者不同的是它几乎没有涉及哲学，这一点从参考文献就能看出来。最老的一篇是 Whitley（1984）发表在 *JMS* 上的文章。如果以 2000 年作为节点将 1984—2015 年这段时间分为两个相等的子期间,在 1984—1999 年及 2000—2015 年这两个子期间分别有 13 篇和 37 篇文章发表,呈现出一个显著的上升趋势。一个有趣的现象是,在这 50 篇文章中,有 27 篇是作者独自撰写的,这个比率比通常管理领域的独自撰写比率要高得多。哲学领域一向以作者独立创作而著称,来源于这一"独自"的哲学传统的影响可见一斑。

表 A-1 顶级管理学期刊中方法论议题的哲学讨论

作者及年份	期刊	方法论问题	贡献的性质	哲学视角/哲学家
Amis 和 Silk(2008)	ORM	定性研究中的质量评估	解决问题	基础主义、准基础主义、非基础主义
Astley(1985)	ASQ	经验研究的理论负载性	提出一种替代方法	未指明
Avenier(2010)	OSt	产生并运用组织知识	创造一种新方法	建构主义
Brannick 和 Coghlan(2007)	ORM	为业内人士的学术研究辩护	解决问题	实证主义、诠释学、批判实在论
Cederström 和 Spicer(2014)	O	获得有关组织话语分析的"真实"性	提出一种替代方法	后基础主义
Chia(1995)	OSt	比较现代主义和后现代主义的组织分析方法	对比方法	后现代主义
Chia 和 Holt(2006)	OSt	重新定义能动者、行动和实践及它们在制定战略过程中的相互关系	对比方法	海德格尔
Cohen(2007)	OSt	以多元模式呈现组织惯例	解决问题	杜威
Cox 和 Hassard(2005)	O	重新呈现三角测量的概念	创造一种替代的方法	后现代主义
Durand 和 Vaara(2009)	SMJ	战略研究中的因果分析	解决问题	实证主义、建构主义、实在主义和实用主义

（续表）

作者及年份	期刊	方法论问题	贡献的性质	哲学视角/哲学家
Everett(2002)	ORM	关系分析、反身性、研究者的角色，以及方法论的多神论	提出一种替代的方法	布迪厄
Fairclough(2005)	OSt	话语分析	提出一种替代的方法	批判实在论
Farjoun 等(2015)	OSc	将实用主义应用于组织研究	提出一种替代的方法	实用主义
Gill(2014)	ORM	现象学方法论的分类和对比	对比方法	现象学
Godfrey 和 Hill(1995)	SMJ	处理不可观测的构念	解决问题	实在论
Gray 和 Cooper(2010)	ORM	识别理论的局限	提出一种替代方法	未指定
Harris 等(2013)	AMR	对表征模型的嫁接、情境化和再利用	对比方法	模型—理论哲学
Hassard(1994)	JMS	后现代组织分析五个关键概念——"表征""反身性""写作""异延"和"主体去中心化"	提出一种替代方法	后现代主义
Herepath(2014)	OSt	结构和能动者在战略形成和制定中的相互作用	提出一种替代方法	批判实在论
Holt 和 Mueller(2011)	OSt	固定意义及意义的条件	提出一种替代的方法	海德格尔和维特根斯坦
Hoon(2013)	ORM	定性案例研究的元综合分析	创造一种新方法	后实证主义
Hosking(2011)	OSt	调查作为(重)建构现实和关系的过程	提出一种替代方法	关系建构主义

（续表）

作者及年份	期刊	方法论问题	贡献的性质	哲学视角/哲学家
Jeffcutt(1994)	JMS	分析组织文化和象征主义	提出一种替代方法	后现代主义
Johnson 和 Duberley(2003)	JMS	反身性的三种一般形式，每一种都对管理研究有独特的蕴意	对比方法	批判理论、新经验主义、实证主义和后现代主义
Kilduff 和 Mehra(1997)	AMR	复兴经典研究，关注地方知识，兼收并蓄的方法，寻找悖论	提出一种新方法	后现代主义
Knights(1997)	OSt	解构组织分析中的二元论	解决问题	后现代主义
Leitch 等(2010)	ORM	验证解释主义的创业研究	解决问题	解释主义
Lorino 等(2011)	OSt	研究组织复杂性的非表征方法	创造一种新方法	实用主义和对话主义
Martela(2015)	OSt	将实用主义应用于组织研究	提出一种替代方法	杜威
McKelvey(1997)	OSc	建立一种准自然的组织科学，用于研究由特殊组织微观状态构成的现象	创造一种新方法	科学实在论
Miller(2009)	OSt	组织风险研究中的假定	对比方法	后现代主义
Miller(2015a)	ORM	实践神学在组织研究中的应用	提出一种替代方法	实践神学
Miller(2015b)	OSt	基于主体的建模	解决问题	批判实在论
Miller 和 Tsang(2011)	SMJ	理论检验	解决问题	批判实在论
Mir 和 Watson(2000)	SMJ	建构主义在战略管理研究中的应用	提出一种替代方法	建构主义
Powell(2001)	SMJ	持续的卓越绩效来自持续的竞争优势的假设	解决问题	实用主义

(续表)

作者及年份	期刊	方法论问题	贡献的性质	哲学视角/哲学家
Prasad(2002)	ORM	诠释学在管理研究中的应用	提出一种替代方法	诠释学
Rosile 等(2013)	ORM	将讲故事钻石模型概念化为一种元理论和方法论工具,从而促使讲故事的探究更深刻	创造一种新方法	多种哲学视角
Runde 和 de Rond(2010)	OSt	特定事件的因果解释	解决问题	批判实在论
Sandberg(2005)	ORM	用解释方法证明研究结果的正确性	解决问题	现象学
Shotter(2005)	OSt	了解管理过程,特别是那些与独特的个人和事件相关的	提出一种替代方法	维特根斯坦
Simpson(2009)	OSt	组织研究领域的实践转折	提出一种替代方法	米德
Steffy 和 Grimes(1986)	AMR	组织研究、理论、技术、实践、做事方法和意识形态间的实践关系和动态互动	提出一种替代方法	批判理论
Tsang(2006)	SMJ	测试一个理论的行为假定	解决问题	批判实在论
Tsang 和 Kwan(1999)	AMR	复制在理论发展中的角色以及复制的分类	解决问题	批判实在论
Tsoukas(1989)	AMR	通过个案研究得出的组织解释的外部效度	解决问题	批判实在论
Watson(2011)	JMS	增强民族志在管理研究中发挥更主流作用的潜力	提出一种替代方法	实用主义
Whitley(1984)	JMS	管理研究作为一门科学学科存在的认识论障碍	提出一种替代方法	批判实在论

(续表)

作者及年份	期刊	方法论问题	贡献的性质	哲学视角/哲学家
Welch 等 (2011)	JIBS	基于案例研究发现的理论化方法	对比方法	实证主义、解释主义和批判实在论
Wicks 和 Freeman(1998)	OSc	将伦理学纳入管理研究的主流	提出一种替代方法	实用主义

一系列异质贡献

这 50 篇文章在所涉及的方法论问题、所采用的哲学视角和呈现风格等方面做出了一系列异质贡献,反映了哲学这一学科领域是强健而富有魅力的。本节试图对该领域多少有些杂乱的文献进行系统回顾梳理。

所采用的哲学视角

表 A-1 所列的哲学视角或哲学家是该文章作者或支持或比较的对象(后者适用于作者未表达对某一特定哲学观点或哲学家的偏好的情形)。一些哲学视角并不属于第一章表 1-1 中的四个分类,但是它们中的大多数都与这四类中的某一类存在密切关系。例如,科学实在论(McKelvey,1997)和批判实在论都属于实在论的大家庭(Godfrey and Hill, 1995)。建构主义(Avenier,2010)、关系建构主义(Hosking,2011)[1]、诠释学(Prasad,2002)、解释主义(Leitch et al.,2010)和现象学(Gill,2014;Sandberg,2005)与后现代主义的关联较其他三个类别更为紧密,而后现代主义则在很大程度上是基于海德格尔(Chia and Holt,2006)和维特根斯坦(Shotter,2005)的思想的。杜威(Cohen,2007;Martela,2015)和米德(Simpson,2009)是实用主义的关键人物。最后,基础主义、准基础主义、非基础主义(Amis and Silk,2008)和后基础主义(Cederström and Spicer,2014)是涉及认识证成方面的理论(theories of epistemic justification)。基础主义认为,知识最终依赖如精神状态和直接经验这样一些基本信念的牢固基础(O'Brien,2006)。相反,非基础主义,否定了这种基础并坚持真理与形成它们的情境有关。准基础主义介于两个极端之间。Amis和Silk(2008)分别将基础主义、准基础主义和非基础主义与实证主义、新实在论和后现代主义分别联系在一起。至于后基础主义,Cederström和Spicer(2014:185)提及"话语永远不可能建立在一个稳定的基础之上",这个观点有点类似于非基础主义。

或许是因为实证主义被管理研究者视为一种流行的视角(Daft and Lewin,1990;Gephart,2004;Johnson and Duberley,2000),所以可能研究者感到用这一"默认"视角解决或设计方法论问题(议题)并不必要。第六章所讨论的期刊编辑对新颖性的重视强化了上述观点。因此,该综述所涉及的文章中没有任何一篇是仅仅基于实证主义的,而实证主义是作为比较对象被包含进来的(例如,Brannick and Coghlan,2007;Durand and Vaara,2009;Martela,2015)。另一方面,后现代主义及其相关视角这一组类别是最受欢迎的,因为社会科学领域的后现代运动倾向于选择实证主义作为现代主义的代表(Kilduff and Mehra,1997),出现上述情况并不奇怪。后现代主义管理研究者可能意识到,要在这一学科中站稳脚跟,就有必要挑战实证主义的主导地位。

对于作者而言,明确所采用的支持其论点的哲学视角是明智的,这有助于读者更好地理解他们的推理及相关的本体论和认识论假定。这里有两篇文章没有指明其潜在的哲学视角——Astley(1985),以及Gray和Cooper(2010)。Astley(1985:513)的核心论点是,"构成管理科学的知识体系是社会建构的产物",以及"管理科学知识不是建立于客观事实之上的,相反,它是一种人为产物"。这明显是一种社会建构主义的观点。然而Astley可能不认识这个词,因为该词出现在20世纪80年代,而当时他正在写这篇文章。不过,他未能引用Berger和Luckmann(1967)的《现实的社会建构》(*The Social Construction of Reality*)就不能被原谅了,是该书将此术语引入社会学并启动了这一视角的发展的(Elder-Vass,2012)。

为了增加组织研究领域的内在一致性,Gray和Cooper(2010:620)倡导"追求失败的策略",并且通过四个步骤来实现:(1)识别理论中嵌入的隐性假定;(2)发现理论不成立的界限;(3)实施理论之间的竞争测试;(4)采用试图解释反例的研究方法。人们很自然地会将这种策略与 Popper 的证伪主义相联系。正如 Gray 和 Cooper(2010:625)自己承认的那样,"追求失败的策略的最著名的倡导者是 Popper(1959)"。然而,他们通过引用 Lakatos (1970:116)的话来批判 Popper(1959)的观点:"任何实验结果都不能扼杀一个理论,任何理论都可以从反例中重获新生,或通过一些辅助假设,或对其术语做适当的重新解释。"然而并没有迹象表明,他们赞成 Lakatos 的渐进式研究纲领学说。Gray 和 Cooper(2010:637)也试图与实证主义划清界限:"我们也不主张回归在早期 Wittgenstein(1922)那见到的教条的逻辑实证主义,以及证实主义这一强形式(strong form of verificationism)(Ayer,1946)。"令人困惑的是:他们到底采用或创造了什么哲学视角来支持所谓的"追求失败的策略"?由于缺乏一个指导性视角,他们的讨论出现了不一致的迹象。例如,一方面,他们(Gray and Cooper,2010:636)提供了一个带有强烈实用主义偏好的建议:"也许我们需要的只是足够好的理论来提供一般性指导,并请聪明的实践者根据自己的需要来选择采用(或适应)什么拒绝什么。"另一方面,"追求失败的策略"很大程度上是立足于真理与现实相符这一观念的。例如,他们将测试竞争理论定义为对一种现象的竞争解释进行的争论(Gray and Cooper,2010:629)。然而,实用主义者对真理的这一见解持严重保留态度。

在文章中指明一个哲学视角并不意味着作者就支持这个视角。事实上,如果作者的目标是比较几个视角如何解决方法论的问题,他们自己可能没必要接受其中的任何一个视角。一个典型的例子是 Brannick 和 Coghlan (2007)对内部人学术研究的辩护,他们将其定义为"完全由组织系统里的成员在自己的组织中对其进行研究"(Brannick and Coghlan,2007:59)。为了挑战组织中的学术研究最好由独立的外部人进行这一著名的传统,他们描述并对比了实证主义、诠释学和批判实在论关于内部人研究的合法性看法。不偏袒任何一方,他们得出的结论是,内部人研究在每个哲学立场内都是正当的,也即符合学术的严谨性标准。

另一个例子是 Welch 等(2011)有关案例研究的研究者如何从研究发现

中构建理论的讨论。他们基于四种不同的哲学视角,即经验主义版本的实证主义、证伪主义版本的实证主义、解释主义、批判实在论,来区分四种方法,包括归纳性的理论构建、自然实验法、诠释学的意义生成、情境化解释。通过对三家顶级管理期刊上发表的案例研究进行内容分析,他们发现归纳性的理论构建一直是主导方法,并主张更多地利用其他三种方法,但他们并没有说明自己偏向于哪一种方法。

所包含的方法论问题

这50篇文章所涉及的方法论问题的高度异质性,使之不能进行任何有意义的分类。也就是说,这些文章在方法论问题是具体还是一般这一维度上的差异很大。Godfrey和Hill(1995)对不可观测构念的讨论很好地说明了这一连续体的具体一端。他们聚焦于战略研究人员面临的一个定义明确的方法论问题——如何处理不可观测的构念,该问题存在于一些主要理论的核心内容中,比如交易成本经济学、代理理论和资源基础观等。另一个例子是Tsang和Kwan(1999)对复制在理论开发中所扮演角色的阐述,这也是本书第六章的基础。他们指出了明显的不一致性,即尽管管理学被宣称是一门(社会)科学(而复制是自然科学的基石),但管理期刊很少发表复制类型的研究。

在一般性一端,有文章讨论某一哲学观点在管理研究中的应用。例如,Prasad(2002)追溯了诠释学的历史发展,并提出了一些在组织研究中使用诠释学的方法论指导原则。这些指导原则涉及经验研究中的各种问题,如情境的重要性、批判性的自反性及解释数据的目标等。Chia(1995)、Kilduff和Mehra(1997)关于后现代主义的讨论,Hosking(2011)关于关系建构主义的讨论,以及Mir和Watson(2000)关于建构主义的讨论均属于这一类别。同样的,Everett(2002)将布迪厄的研究方法论引入管理学科也属于这一类别。一般性一端的文章存在一个明显的问题,即在一篇期刊文章的篇幅内,覆盖面太广意味着讨论很可能是浅显的,对于那些对该视角感兴趣的潜在研究者而言,几乎没有什么有用的指导方针可供参考。

贡献的类型

尽管上述 50 篇文章所涵盖的方法论问题具有异质性,但作者们对文献的贡献主要表现为以下四种形式:(1)解决问题;(2)提出一种替代方法;(3)比较两种或多种方法;(4)创建一种新方法。表 A-1 只列出每篇文章最突出的贡献,不排除一篇文章有多种贡献的可能性。例如,Lorino 等(2011)提出"对话式的中介调查"(dialogical mediated inquiry)作为一种研究组织复杂性的新方法。该方法是对现有方法的一种替代。因此,他们在第二种和第四种形式上做出了贡献。由于其方法的新颖性具有更大的意义,我把文章的贡献归于后者而不是前者。下面将对这四种贡献分别加以讨论。

1. 解决问题

在这类贡献中,作者采用了一个或多个哲学视角来解决一个现有的问题。一个很好的例子是 Runde 和 de Rond(2010)提出的评估特定事件因果解释的方法。商业世界充满了需要解释的具体事件,例如:为什么戴姆勒-奔驰和克莱斯勒的合并会失败?家乐福为何要退出日本?为什么联想收购了 IBM 的个人电脑业务?虽然不乏单案例研究,但如何评估这些事件的因果解释尚不清楚。也就是说,这是一个有待解决的问题。在批判实在论视角下,Runde 和 de Rond(2010)提出了一种解决方案,详细描述了一个好的因果解释应该满足的三个标准。

在另一个例子里,Cohen(2007)试图解答困扰研究者努力理解组织惯例方面的困难,尤其是组织惯例的稳定性与变化的悖论(Feldman,2003)。他引入杜威提出的人类习惯的首要地位及其与情感和认知相互作用的观点。Cohen(2007:782)并不认为杜威的观点提供了解决问题的方法,而是认为其可以帮助研究人员对问题做出有效的应对:

> 杜威让我们开始了一条新路。在他的帮助下,可以概括地说,正是因为人类习惯和情感的强大塑造力量,我们可以辨认出相似的行动模式。它们似乎提供了有关个人和组织的动作库,其具有内在一致的特点,这构成了使它们看起来相似的基础。与此同时,

254

他帮助我们认识到正是我们自己的非凡思考能力让我们重组根植于习惯的行为指令,以应对新的情况。

2. 提出一种替代方法

作者提出了一种与现有方法不同的替代方法来解决特定的方法论问题(或进行一般意义上的研究),这是四种贡献中最为流行的一种,文章共计23篇。其中有些文章提出用后现代主义或建构主义替代主导的实证主义或实在论研究方法论(例如,Avenier, 2010; Hassard, 1994; Jeffcutt, 1994; Kilduff and Mehra, 1997; Mir and Watson, 2000)。虽然 Cox 和 Hassard(2005)也采用了后现代主义视角,他们的关注点却与这一群体不同,因为他们处理了一个具体的方法论问题,即三角测量。首先,他们通过实证主义和后实证主义/后现代主义的迥异视角讨论了将三角测量作为捕获研究主体的一个隐喻。其次,他们引入了隐喻化的概念,并就研究者和研究主体间的位置移动来"再现"三角测量。换句话说,他们不仅将后现代主义作为另一种视角,而且进一步发展了三角测量的后现代主义观。

另一个例子是 Watson(2011)试图使民族志在管理研究中扮演更为主流的角色。作为一种定性研究方法,民族志通常基于解释主义或建构主义而获得其合理性(Knorr-Cetina, 1983)。基于实用主义哲学,Watson(2011)对民族志方法提供了一些新的洞见,强调了在田野情境中考察"事物是如何运作的",而不是试图"进入"组织成员的头脑中以捕捉和解释他们的主观经验。这种关注焦点的改变将产生与人类经验和实践更相关的成果。因此,民族志的研究将会得到更多的推崇,而且其地位在管理研究者中将得到提升。

3. 在不同的方法之间进行比较

在这一类贡献里,作者比较两种或两种以上的方法,指明或不指明他们偏好哪一种方法。当作者表达出他们的偏好时,这个贡献就有点类似于上述的"提出一种替代方法"这一形式了。唯一的区别是前者更关注于在偏好的方法与主导方法之间进行比较。例如 Harris 等(2013)就经验结果如何贡献于理论知识的积累这个问题,从两个角度进行了比较。较为流行的"法则—陈述"(law-statement)视角将研究贡献解释为经验上肯定或反驳理论的一般性公理,而"模型—理论"(model-theoretic)视角从检验并验证能够提高研究者对管理者世界的表征能力的不同模型这一方面认识贡献。尽管 Harris 等(2013)促进并进一步发展了后一种观点,识别了三种构建表征模型的方式:嫁接、情境化和再利用,他们讨论的很大一部分是对这两种观点进行比较,如 Harris 等(2013)中的图 1 所示。

对所比较的方法采取中立立场的一个例子是 Johnson 和 Duberley(2003)对管理研究中的反身性的论述。他们揭示了本体论和认识论假定的三种不同组合如何形成三种一般性的反身性类型,即方法论形式、解构主义/超验主义形式和认识论形式,它们分别与实证主义/新经验主义、后现代主义和批判理论的哲学观点相联系。每种类型对研究者所扮演的角色都有不同的启示。

4. 创建一种新方法

在这一类贡献中,作者基于一个或多个哲学视角开发了一种新的方法来解决方法论问题。此贡献的独特之处在于其新颖性,表现为超越直接应用相关视角这一做法。为了创建一种新的方法,作者经常使用多个视角。可能是由于对新颖性的要求,这一类贡献只有五篇论文,是这四类贡献中文章数量最少的。虽说如此,一个通常的提醒是,新颖性并不等同于质量。没有任何迹象表明这一类型的文献质量优于另外三类。

一个非常棒的例子是 Rosile 等(2013)创造的新颖的"讲故事"钻石模型。该研究将"讲故事"定义为"宏大(最重要的)叙事(认识的或经验的)和生活经历(它们的本体论性质的关系网)之间的互动"(p. 558)。该定义具有区别于管理研究中其他定义的一个重要特征,即它具有强烈的哲学风味,会使用诸如"经验的""认知的"和"本体论的"等术语。为了给对"讲故事"感兴趣的研究者提供指导,他们开发了包含六个方面的"讲故事"钻石模型(他们也称之为"范式"):叙事主义、生活经历、唯物主义、解释主义、抽象主义、实践,该文中的图 1 很生动地展示了这个模型。该模型是"讲故事"研究者的方法论工具箱。有些方面和某些哲学视角有着非常明显的关系。例如,解释主义这方面,其本质与解释论和建构论有关。此外,这六个方面可以被组合起来以满足研究者的哲学导向,例如,"在'讲故事'调查研究中,适合实证主义者的方法是一个使用叙事主义认识论的抽象主义视角"(Rosile et al.,2013:567)。

另一个例子是 Hoon(2013)对定性案例研究的"元-综合"分析,它和定量研究的元分析相对应。元-综合分析的目标是通过提取、分析并综合定性证据来构建理论。她首先比较了关于研究综合的实证主义、后实证主义和建构主义的观点,然后选择了后实证主义视角作为对她的元-综合八步法的支持。该方法具有足够的新颖性,可被视为一种新方法。

呈现形式

由于管理研究人员一般很少接受哲学方面的训练,因此,在管理期刊上发表以哲学为基础的文章必须以清晰的风格书写,并在大多数读者都能理解的水平上进行校准,这点很重要。特别是对于那些讨论后现代主义的文章,因为这些文章往往以深奥的写作风格著称。Sokal 和 Bricmont(1998)详细分析了后现代主义关键人物对科学和科学术语的误用和滥用。

本综述涉及的大多数以后现代主义哲学为导向的作者试图将原创的后现代主义思想转化为易于理解的版本,但也有例外。举例而言,以下摘自 Chia(1995)对后现代主义视角下组织研究的论述:

> 换句话说,后现代是仍处于萌芽状态的现代。后现代并不能通过编制一个简单的历史周期化演替来定位,因为这种想法本身就是现代主义者话语的一个关键特征。更准确地说,在超过三个世纪的二元思考模式的累积影响下,现代主义可以被更好地理解为现代主义的其他词汇(也即后现代)的系统压制以及后续"遗忘"的一个影响或结果(p.580)。

这个例子帮助说明了构想于不同思考风格之下的概念与想法是如何被轻易纳入主导的话语体系的,如此……以致将不适合事物主导秩序的主张加以中和的。一个选择性的占有过程频繁出现,此时产生于不同的本体论承诺和智力偏好的概念与想法被系统地占用并智力地控制以适应主导思考风格的潜在组织逻辑（p.583）。

这里所预示的是，把静态的组织编码强加给现实，实际上是在一个涌现后转瞬即逝的现实身上施加暴力。我们在社会世界中知觉到的那些明显的特质，它们的具体化形式正是我们在现实中通过语言归于我们所理解的，用于秩序化我们的经验并组织我们的理解的那些特征（p.590）。

这些段落中模棱两可的术语、错综复杂的逻辑以及比喻性的语言，都不利于后现代主义者的思想在管理研究者中推广。[2] 卡尔·波普尔的成果生动地说明了这一点，即深刻的思想不必以学究的方式来表达。

由于哲学概念和论点通常比管理学的更抽象，使用说明性的例子可以提高阐述的清晰度，增加以哲学为基础的文章的可读性。本综述涉及的文献作者们使用了理论和经验两种例子。在一个理论例子里，Tsang(2006)在阐明他的观点时使用交易成本经济学贯穿始终，即一个理论的核心行为假定必须是实在的，不过他主张该分析也适用于其他管理理论，如代理理论。相似地，Durand 和 Vaara(2009)通过企业资源与绩效之间的关系来阐明因果分析的反事实方法。在一个经验性的例子里，Prasad(2002)运用他提出的方法论指导原则，使用诠释学来诠释石油输出国组织（OPEC）在 1973 年大幅提高原油价格的决策。Sandberg(2005)也提出了一套证明通过诠释性研究生产知识的合理性标准，并将之应用于他之前发表的人类工作胜任性研究之中(Sandberg,2000)。

对未来研究的建议

如上文所述，这 50 篇文献的发表密度在 1984—2015 年呈现了明显的上升趋势。越来越多的管理学者似乎开始对此领域感兴趣，这是非常令人欣慰的。本部分为这些学者提供了一些务实性的建议。

附录 哲学如何对研究方法论做出贡献

要对哲学有足够的理解

那些既读过哲学又读过管理学文献的人可能会同意这一观点:哲学要比管理学复杂得多,也更难理解得多。[3] 此外,哲学是一门广泛的学科,由许多高度相关的分支组成。例如,为了理解科学哲学——本研究领域最相关的分支之一,了解形而上学和认识论就是必要的。要获得形而上学和认识论的相关知识,就必须了解西方哲学史的一些知识。因此,为掌握对哲学的一个基本理解,研究者需要投入大量的时间和精力。

有明显的迹象表明,本文所涉及的一些文章对哲学没有足够的理解。如第二章所述,Welch 等(2011)基于因果解释和情境化的权衡构建了一个基于案例研究的理论分类。他们关于权衡的论证是有缺陷的,因此该分类是不成立的(Tsang,2013a)。此外,他们文章的脚注 5 称,卡尔·波普尔的证伪主义是实证主义的变种,因此在文章的表 A 中,他们将基于案例研究构建理论的自然实验方法的哲学取向表述为"实证主义(证伪主义)"。显然,这是一个事实性错误。卡尔·波普尔是实证主义的强烈批判者,他在《无尽的探索:卡尔·波普尔自传》(*Unended Quest: An Intellectual Autobiography*)一书中称,"自己将为扼杀实证主义而负责":

> 现在大家都知道逻辑实证主义已经死了。但似乎没有人怀疑这里可能会存在一个问题,即"谁为此负责?"或者更准确地说:"是谁做了这事?"……我必须承认恐怕这是我的责任(Popper,2002[1982]:99)。

另一个例子是 Mir 和 Watson(2000)提倡建构主义观点时对建构主义和实在主义的比较。Kwan 和 Tsang(2001)指出,他们版本的建构主义是有问题的,对实在主义的理解也是有缺陷的。[4] 这些文章尽管有错误,却成功地通过了评审程序,这可能是因为我们太缺乏了解这方面的合格审稿人了(Tsang,2013b)。

不用说,错误是应该被避免的。研究者应当克制在阅读了几篇关于某种特定哲学观点或主题文章之后,就立即将自己的观点转化为期刊论文的这一诱惑。在专注于任何特定的观点或主题之前,建议研究者对哲学作为一门学科有一个大体了解。此外,与专业的哲学家合作不仅可以提高一个人的哲学知识,而且可以提高发表文章的质量。

重视哲学洞见

当管理研究人员对方法论问题产生兴趣时,搜索哲学文献,看看哲学文献能提供什么洞见总是无害的,甚至可能会带来惊喜。一个很好的例子是在第四章讨论的 HARKing(根据结果提出假设)问题。令人惊讶的是,在管理学或心理学文献中讨论这一问题的三位学者(Bettis,2012;Kerr,1998;Leung,2011)中,没有一位参考了任何哲学文献,尽管这个问题早在 20 世纪 80 年代就被讨论和争论过(例如,Gardner,1982;Maher,1988;Schlesinger,1987),甚至该争论一直持续到最近几年(例如,Douglas and Magnus,2013;Harker,2013;McCain,2012)。现在有非常丰富的知识供管理研究者应用,进而提高他们的讨论质量。例如,Bettis(2012)基于统计学观点发展了反对 HARKing 的观点。他在形成自己的论点时,或许从阅读 Howson(1990)的统计学兼哲学的反面论证中获益良多,这种反面论证基于所谓的主观贝叶斯主义(Personalist Bayesianism),认为让理论适应数据并不是一件坏事。

一个更进一步的例子是 Edwards 和 Berry(2010)提出的让理论更精确的论点。他们特别提出了几种提高假设精度的具体方法(如文章的表 A 所示),从而使理论面临更大的被证伪风险。这一讨论很大程度上基于统计,而对哲学引用的很少,一个更强的哲学风味可能会强化研究论点。例如,第四章所涉及的迪昂-蒯因论题与他们对理论检验的讨论密切相关。该论点主张,辅助假设的存在混淆了主假设的检验;与其仅仅关注主假设,对辅助假设的影响进行检验同样将会丰富他们的讨论。

重温旧问题

随着这一研究领域的发展,研究者可能有机会基于较新的哲学、管理学及其他学科的文献重新审视之前讨论的一些方法论问题。例如,支持 Astley

(1985:498)关于管理科学知识是社会建构的这一观点的核心论证如下:

> 作为管理科学家,我们通过对日常管理实践进行有偏见的、有选择性的观察来主观地建构知识。实践世界有它自己的"客观"真实,但是作为科学家,我们只能通过所见所为追索这个世界,因此我们的知识在本质上就不可避免带有主观性。构成我们的知识的"事实"必然是依赖于理论的,因为我们只能通过感知被嵌入其中的知识结构来感知这个世界,否则将一无所获。

这一论点与第六章所讨论的"观察的理论负载"问题密切相关。这个问题可以追溯到 Hanson(1958)和 Kuhn(1962)的一个较具影响力的论点,即理论确实影响观察。这在哲学上已得到了充分的讨论(例如,Brewer and Lambert,2001;Hunt,1994;Raftopoulos,2001;Schindler,2011)。那么,Asdey(1985)的论证可以基于这些文献加以巩固或修订。

另一个例子是 Tsoukas(1989)对以批判实在论为基础的具体研究结果的外部效度(或普适性)的辩护。从这以后,开始有了对这一方法论问题的讨论,尤其是针对管理研究中最流行的独特研究形式——案例研究(例如,Firestone,1993;Gobo,2004;Gomm et al.,2000;Schofield,1990;Tsang,2014a,2014b)。与此同时,采用批判实在论的视角,Easton(2000,2010)、Harrison 和 Easton(2004)及 Wynn 和 Williams(2012)认为案例研究是一种合理的研究方法,他们讨论了案例研究的功能,并为案例研究者提供了指导。

挑起战争

批判式思维是始于苏格拉底、柏拉图和亚里士多德的西方哲学传统的核心元素。哲学家们喜欢争论和辩论,而且这也正是这门学科前进的方式。事实上,尼采对在他之前的各种哲学思想的批判构成了后现代主义的基础。

管理研究者在这方面有很多东西要向哲学家学习。不幸的是,在管理研究领域中很少有辩论或对话。最突出的例子是 Arend(2003)和 Durand(2002)针对 Powell(2001)对竞争优势概念所进行的实用主义处理方法的批判,以及 Powell 本人对此的回应(Powell,2002,2003)。最近的一个例子是

Ellsaesser 等（2014）对因果图建模的批判，它是由 Durand 和 Vaara（2009）引入战略研究的一种推断影响因素的工具。他们提出将向量空间建模（vector space modeling）作为一种替代方法。在方法论问题上提出不同或相反的观点有助于加深和拓宽对该问题的理解。我们应当鼓励管理研究者阅读尤其是以哲学为基础的文献，批判性地识别问题，提出批评和解决方案。如此的智力对话将会使这个领域更加强大。

结束语

先前的综述说明了哲学是如何有助于解决管理研究者所面临的一系列根本的方法论问题的。它揭示了仅仅将研究方法与统计学相结合这样一种做法存在相当普遍的缺陷。例如，改进用于发现一个数据库中变量间显著关系的统计技术，对于阐明顺应调节和预测之间的知识性差异并无帮助（见第六章）。同样，增强一个模型的预测能力对于解决该模型的假定是否一定是实在的这一问题也没什么帮助（见第三章）。这些问题本质上是哲学问题，因此，必须以哲学的方式加以解决。

注　释

1. "Constructivism"和"constructionism"这两个词经常以互换的方式使用（*Cambridge Dictionary of Philosophy*，1999）。针对它们之间的细微差别，感兴趣的读者可以参考 Al-Amoudi 和 Willmott（2011：尾注 2）。

2. 这一评论绝对不是对作者的人身攻击，它纯粹是用来说明易于理解的写作风格的重要性。

3. 有异议的读者可以尝试阅读卡尔·波普尔的《科学发现的逻辑》（*The Logic of Scientific Discovery*），并且和理查德·M.西尔特（Richard M.Cyert）和詹姆斯·G.马奇（James G. March）的《企业行为理论》（*A Behavioral Theory of the Firm*）进行比较。这两部著作都是各自领域的奠基性作品。需要注意的是，如果管理研究者接受过帮助他们理解《企业行为理论》的训练，那么这将不是一个公平的比较。尽管如此,获取更多的背景知识和智力能力来理解《科学发现的逻辑》的做法仍然是值得赞赏的。此外,要注意,Popper 是为数不多的以清晰写作著称的哲学家之一。很多哲学家,如黑格尔、海德格尔和尼采,他们的作品非常晦涩难懂。

4. 一个更严重的案例发生在管理领域之外。Lee 和 Baskerville(2003)援引大卫·休谟的归纳难题,试图阐明概括的概念,并将其分为四类以对信息系统的研究进行指导。尽管意图很好,但文章包含了大量逻辑上和哲学上的错误(见第五章)。

参考文献

Al-Amoudi, I. and Willmott, H. 2011. Where constructionism and critical realism converge: Interrogating the domain of epistemological relativism. *Organization Studies*, 32: 27-46.

Amis, J. M. and Silk, M. L. 2008. The philosophy and politics of quality in qualitative organizational research. *Organizational Research Methods*, 11: 456-480.

Arend, R. J. 2003. Revisiting the logical and research considerations of competitive advantage. *Strategic Management Journal*, 24: 279-284.

Astley, W. G. 1985. Administrative science as socially constructed truth. *Administrative Science Quarterly*, 30: 497-513.

Avenier, M. J. 2010. Shaping a constructivist view of organizational design science, *Organization Studies*, 31: 1229-1255.

Ayer, A. J. 1946. *Language, truth and logic*. London: Gollancz.

Berger, P. L. and Luckmann, T. 1967. *The social construction of reality*. New York: Anchor Books.

Bettis, R. A. 2012. The search for asterisks: Compromised statistical tests and flawed theories. *Strategic Management Journal*, 33: 108-113.

Brannick, T. and Coghlan, D. 2007. In defense of being "native": The case for insider academic research. *Organizational Research Methods*, 10: 59-74.

Brewer, W. F. and Lambert, B. L. 2001. The theory-ladenness of observation and the theory-ladenness of the rest of the scientific process. *Philosophy of Science*, 68 (Proceedings): S176-S186.

Calás, M. B. and Smircich, L. 1999. Past postmodernism? Reflections and tentative directions. *Academy of Management Review*, 24: 649-672.

Cambridge dictionary of philosophy (2nd ed.). 1999. Cambridge, England: Cambridge University Press.

Cederström, C. and Spicer, A. 2014. Discourse of the real kind: A post-foundational approach to organizational discourse analysis. *Organization*, 21: 178-205.

Chia, R. 1995. From modern to postmodern organizational analysis. *Organization Studies*, 16: 579-604.

Chia, R. and Holt, R. 2006. Strategy as practical coping: A Heideggerian perspective. *Organization Studies*, 27: 635-655.

Cohen, M. D. 2007. Reading Dewey: Reflections on the study of routines. *Organization Studies*, 28: 773-786.

Cox, J. W. and Hassard, J. 2005. Triangulation in organizational research: A representation. *Organization*, 12: 109-133.

Cyert, R. M. and March, J. G. 1992. *A behavioral theory of the firm* (2nd ed.). Malden, MA: Blackwell.

Daft, R. L. and Lewin, A. Y. 1990. Can organization studies begin to break out of the normal science straitjacket? An editorial essay. *Organization Science*, 1: 1-9.

Douglas, H. and Magnus, P. D. 2013. State of the field: Why novel prediction matters. *Studies in History & Philosophy of Science*, 44: 580-589.

Durand, R. 2002. Competitive advantages exist: A critique of Powell, *Strategic Management Journal*. 23: 867-872.

Durand, R. and Vaara, E. 2009. Causation, counterfactuals, and competitive advantage. *Strategic Management Journal*, 30: 1245-1264.

Easton, G. 2000. Case research as a method for industrial networks: A realist apologia. In S. Ackroyd and S. Fleetwood (Eds.), *Realist perspectives on management and organizations*: 205-219. London: Routledge.

Easton, G. 2010. Critical realism in case study research. *Industrial Marketing Management*, 39: 118-128.

Edwards, J. R. and Berry, J. W. 2010. The presence of something or the absence of nothing: increasing theoretical precision in management research. *Organizational Research Methods*, 13: 668-689.

Elder-Vass, D. 2012. *The reality of social construction*. Cambridge, England: Cambridge University Press.

Ellsaesser, F., Tsang, E. W. K. and Runde, J. 2014. Models of causal inference: Imperfect but applicable is better than perfect but inapplicable. *Strategic Management Journal*, 35: 1541-1551.

Everett, J. 2002. Organizational research and the praxeology of Pierre Bourdieu. *Organizational Research Methods*, 5: 56-80.

Fairclough, N. 2005. Peripheral vision discourse analysis in organization studies: The case for critical realism. *Organization Studies*, 26: 915-939.

Farjoun, M., Ansell, C. and Boin, A. 2015. Pragmatism in organization studies: Meeting the challenges of a dynamic and complex world. *Organization Science*, 26: 1787-1804.

Feldman, M. S. 2003. A performative perspective on stability and change in organizational routines. *Industrial and Corporate Change*, 12: 727-752.

Firestone, W. A. 1993. Alternative arguments for generalizing from data as applied to qualitative research. *Educational Researcher*, 22(4): 16-23.

Gardner, M. R. 1982. Predicting novel facts. *British Journal for the Philosophy of Science*, 33: 1-15.

Gephart Jr. R. P. 2004. Qualitative research and the *Academy of Management Journal*. *Academy of Management Journal*, 47: 454-462.

Gill, M. J. 2014. The possibilities of phenomenology for organizational research. *Organizational Research Methods*, 17: 118-137.

Gobo, G. 2004. Sampling, representativeness and generalizability. In C. Seale, G. Gobo, J. F. Gubrium and D. Silverman (Eds.), *Qualitative research practice*: 405-426. London: Sage.

Godfrey, P. C. and Hill, C. W. L. 1995. The problem of unobservables in strategic management research. *Strategic Management Journal*, 16: 519-533.

Gomm, R., Hammersley, M. and Foster, P. 2000. Case study and generalization. In R. Gomm, M. Hammersley and P. Foster (Eds.), *Case study: Key issues, key texts*: 98-115. London: Sage.

Gray, P. H. and Cooper, W. H. 2010. Pursuing failure. *Organizational Research Methods*, 13: 620-643.

Hanson, N. R. 1958. *Patterns of discovery*. Cambridge, England: University of Cambridge Press.

Harker, D. W. 2013. McCain on weak predictivism and external world scepticism. *Philosophia*, 41: 195-202.

Harris, J. D., Johnson, S. G. and Souder, D. 2013. Model-theoretic knowledge accumulation: The case of agency theory and incentive alignment. *Academy Management Review*, 38: 442-454.

Harrison, D. and Easton, G. 2004. Temporally embedded case comparison in industrial marketing research. In S. Fleetwood and S. Ackroyd (Eds.), *Critical realist applications in organization and management studies*: 194-210. London: Routledge.

Hassard, J. 1994. Postmodern organizational analysis: Toward a conceptual framework. *Journal of Management Studies*, 31: 303-324.

Herepath, A. 2014. In the loop: A realist approach to structure and agency in the practice of strategy. *Organization Studies*, 35: 857-879.

Holt, R. and Mueller, F. 2011. Wittgenstein, Heidegger and drawing lines in organization studies. *Organization Studies*, 32: 67-84.

Hoon, C. 2013. Meta-synthesis of qualitative case studies: An approach to theory building. *Organizational Research Methods*, 16: 522-556.

Hosking, D. M. 2011. Telling tales of relations: Appreciating relational constructionism. *Organization Studies*, 32: 47-65.

Howson, C. 1990. Fitting your theory to the facts: Probably not such a bad thing after all. In C. W. Savage (Ed.), *Scientific theories*, Vol. 14: 224-244. Minneapolis, MN: University of Minnesota Press.

Hunt, S. D. 1994. A realistic theory of empirical testing: Resolving the theory-ladenness/objectivity debate. *Philosophy of the Social Sciences*, 24: 133-158.

Jeffcutt, P. 1994. The interpretation of organization: A contemporary analysis and critique. *Journal of Management Studies*, 31: 225-250.

Johnson, P. and Duberley, J. 2000. *Understanding management research: An introduction to epistemology*. London: Sage.

Johnson, P. and Duberley, J. 2003. Reflexivity in management research. *Journal of Management Studies*, 40: 1279-1303.

Kerr, N. L. 1998. HARKing: Hypothesizing after the results are known. *Personality and Social Psychology Review*, 2: 196-217.

Ketokivi, M, and Mantere, S. 2010. Two strategies for inductive reasoning in organizational research. *Academy of Management Review*, 35: 315-333.

Kilduff, M. and Mehra, A. 1997. Postmodernism and organizational research. *Academy of Management Review*, 22: 453-481.

Knights, D. 1997. Organization theory in the age of deconstruction: Dualism, gender and post-modernism revisited, *Organization Studies*, 18: 1-19.

Knorr-Cetina, K. D. 1983. The ethnographic study of scientific work: Towards a constructivist interpretation of science. In K. D. Knorr-Cetina and M. Mulkay (Eds.), *Science observed: Perspectives on the social study of science*: 115-140. London: Sage.

Kuhn, T. S. 1962. *The structure of scientific revolutions*. Chicago, IL: University of Chicago Press.

Kwan, K. -M. and Tsang, E. W. K. 2001. Realism and constructivism in strategy research: A critical realist response to Mir and Watson. *Strategic Management Journal*, 22: 1163-1168.

Lakatos, I. 1970. Falsification and the methodology of scientific research programmes. In I. Lakatos and A. Musgrave (Eds.), *Criticism and the growth of knowledge*: 91-196. Cambridge, England: Cambridge University Press.

Lee, A. S. and Baskerville, R. L. 2003. Generalizing generalizability in information systems research. *Information Systems Research*, 14: 221-243.

Leitch, C. M., Hill, F. M. and Harrison, R. T. 2010. The philosophy and practice of interpretivist research in entrepreneurship: Quality, validation, and trust. *Organizational Research Methods*, 13: 67-84.

Leung, K. 2011. Presenting post hoc hypotheses as a priori: Ethical and theoretical issues. *Management and Organization Review*, 7: 471-479.

Lewis, M. W. 2000. Exploring paradox: Toward a more comprehensive guide. *Academy of Management Review*, 25: 760-776.

Locke, E. A. 2007. The case for inductive theory building. *Journal of Management*, 33: 867-890.

Lorino, P., Tricard, B. and Clot, Y. 2011. Research methods for non-representational approaches to organizational complexity. The dialogical mediated inquiry. *Organization Studies*, 32: 769-801.

Maher, P. 1988. Prediction, accommodation, and the logic of discovery. *PSA: Proceedings of the Biennial Meeting of the Philosophy of Science Association*: 273-285. Philosophy of Science Association.

Martela, F. 2015. Fallible inquiry with ethical ends-in-view: A pragmatist philosophy of science for organization research. *Organization Studies*, 36: 537-563.

McCain, K. 2012. A predictivist argument against scepticism. *Analysis*, 72: 660-665.

McKelvey, B. 1997. Quasi-natural organization science. *Organization Science*, 8: 352-380.

Miller, K. D. 2009. Organizational risk after modernism. *Organization Studies*, 30: 157-180.

Miller, K. D. 2015a. Organizational research as practical theology. *Organizational Research Methods*, 18: 276-299.

Miller, K. D. 2015b. Agent-based modeling and organization studies: A critical realist perspective. *Organization Studies*, 36: 175-196.

Miller, K. D. and Tsang, E. W. K. 2011. Testing management theories: Critical realist philosophy and research methods. *Strategic Management Journal*, 32: 139-158.

Mir, R. and Watson, A. 2000. Strategic management and the philosophy of science: The case for a constructivist methodology. *Strategic Management Journal*, 21: 941-953.

Mir, R. and Watson, A. 2001. Critical realism and constructivism in strategy research: Toward a synthesis. *Strategic Management Journal*, 22: 1169-1173.

O'Brien, D. 2006. *An introduction to the theory of knowledge*. Cambridge, England: Polity Press.

Podsakoff, P. M., MacKenzie, S. B., Lee, J. -Y. and Podsakoff, N. P. 2003. Common method biases in behavioral research: A critical review of the literature and recommended remedies. *Journal of Applied Psychology*, 88: 879-903.

Popper, K. 1959. *The logic of scientific discovery*. London: Hutchinson.

Popper, K. 2002 [1982]. *Unended quest: An intellectual autobiography*. New York, NY: Routledge.

Powell, T. C. 2001. Competitive advantage: Logical and philosophical considerations. *Strategic Management Journal*, 22: 875-888.

Powell, T. C. 2002. The philosophy of strategy. *Strategic Management Journal*, 23: 873-880.

Powell, T. C. 2003. Strategy without ontology. *Strategic Management Journal*, 24: 285-291.

Prasad, A. 2002. The contest over meaning: Hermeneutics as an interpretive methodology for understanding texts. *Organizational Research Methods*, 5: 12-33.

Raftopoulos, A. 2001. Reentrant neural pathways and the theory-ladenness of perception. *Philosophy of Science*, 68(Proceedings): S187-S199.

Rosile, G. A., Boje, D. M., Carlon, D. M., Downs, A. and Saylors, R. 2013. Storytelling diamond: An antenarrative integration of the six facets of storytelling in organization research design. *Organizational Research Methods*, 16: 557-580.

Runde, J. and de Rond, M. 2010. Evaluating causal explanations of specific events. *Organization Studies*, 31: 431-450.

Sandberg, J. 2000. Understanding human competence at work: An interpretive approach, *Academy of Management Journal*, 43: 9-25.

Sandberg, J. 2005. How do we justify knowledge produced within interpretive approaches? *Organizational Research Methods*, 8: 41-68.

Schindler, S. 2011. Bogen and Woodward's data-phenomena distinction, forms of theory-ladenness, and the reliability of data. *Synthese*, 182: 39-55.

Schlesinger, G. N. 1987. Accommodation and prediction. *Australasian Journal of Philosophy*, 65: 33-42.

Schofield, J. W. 1990. Increasing the generalizability of qualitative research. In E. W. Eisner and A. Peshkin (Eds.), *Qualitative inquiry in education: The continuing debate*: 201-232. New York: Teachers College Press.

Shotter, J. 2005. "Inside the moment of managing": Wittgenstein and the everyday dynamics of our expressive-responsive activities. *Organization Studies*, 26: 113-135.

Simpson, B. 2009. Pragmatism, Mead and the practice turn. *Organization Studies*, 30: 1329-1347.

Singh, K., Ang, S. H. and Leong, S. M. 2008. Increasing replication for knowledge accumulation in strategy research. *Journal of Management*, 29: 533-549.

Sokal, A. and Bricmont, J. 1998. *Intellectual impostures: Postmodern philosophers' abuse of science*. London: Profile Books.

Steffy, B. D. and Grimes, A. J. 1986. A critical theory of organization science. *Academy of Management Review*, 11: 322-336.

Tomkins, L. and Simpson, P. 2015. Caring leadership: A Heideggerian perspective. *Organization Studies*, 36: 1013-1031.

Tsang, E. W. K. 2006. Behavioral assumptions and theory development: The case of transaction cost economics. *Strategic Management Journal*, 27: 999-1011.

Tsang, E. W. K. 2013a. Case study methodology: Causal explanation, contextualization, and theorizing. *Journal of International Management*, 19: 195-202.

Tsang, E. W. K. 2013b. Is this referee really my peer? A challenge to the peer-review process. *Journal of Management Inquiry*, 22: 166-171.

Tsang, E. W. K. 2014a. Case studies and generalization in information systems research: A critical realist perspective. *Journal of Strategic Information Systems*, 23: 174-186.

Tsang, E. W. K. 2014b. Generalizing from research findings: The merits of case studies. *International Journal of Management Reviews*, 16: 369-383.

Tsang, E. W. K. and Ellsaesser, F. 2011. How contrastive explanation facilitates theory building. *Academy of Management Review*, 36: 404-419.

Tsang, E. W. K. and Kwan, K. -M. 1999. Replication and theory development in organizational science: A critical realist perspective. *Academy of Management Review*, 24: 759-780.

Tsoukas, H. 1989. The validity of idiographic research explanations. *Academy of Management Review*, 14: 551-561.

Watson, T. J. 2011. Ethnography, reality, and truth: The vital need for studies of "how things work" in organizations and management. *Journal of Management Studies*, 48: 202-217.

Welch, C., Piekkari, R., Plakoyiannaki, E. and Paavilainen-Mäntymäki, E. 2011. Theorising from case studies: Towards a pluralist future for international business research. *Journal of International Business Studies*, 42: 740-762.

Whitley, R. 1984. The scientific status of management research as a practically-oriented social science. *Journal of Management Studies*, 21: 369-390.

Wicks, A. C. and Freeman, R. E. 1998. Organization studies and the new pragmatism: Positivism, anti-positivism, and the search for ethic. *Organization Science*, 9: 123-140.

Wittgenstein, L. 1922. *Tractatus logico-philosophicus*. London: Kegan Paul, Trench, and Trübner.

Wynn Jr., D. and Williams, C. K. 2012. Principles for conducting critical realist case study research in information systems. *MTS Quarterly*, 36: 787-810.

名字索引

Abrahamson, E. 12n
Allison, G. T. 69
Alvarez, S. A. 2. 68
Amihud, Y. 73-4
Amine, L. S. 113
Amis, J. M. 208
Arend, R. J. 74-5
Argyres, N. 181-2
Argyris, C. 68, 151, 153
Armenakis, A. A. 137, 144, 148
Astley, W. G. 69, 209, 217

Bacharach, S. B. 68, 70
Bahr, H. M. 137
Bakker, M. 139-40
Barkema, H. G. 143-4
Barnes, E. 26
Barney, J. B. 2
Baroudi, J. J. 108
Baskerville, R. L. 97, 110, 113
Bedeian, A. G. 137, 144-5, 148
Bell, E. 167-8
Bengtsson, B. 111

Berger, P. L. 5, 209
Bernardi, A. 167
Berry, J. W. 216-17
Best, S. 5
Bettis, R. A. 63, 71, 87n, 216
Bettman, J. R. 143
Beyer, J. M. 142, 150
Bhaskar, R. 6, 8, 12n, 24, 75, 79, 113, 184, 196
Bird, A. 147
Blaug, M. 55, 64
Blevins, D. P. 158n
Bonardi, J. P. 69
Booth, C. 167-8
Bouchikhi, M. 98
Bradbury, H. 68
Brady, H. E. 115
Brannick, T. 210
Braude, S. E. 129
Brennan, M. J. 68
Bricmont, J. 214
Brogden, W. J. 137
Bromiley, P. 76-7, 117-18

Brown, S. W. 138
Bryant, J. M. 180, 184
Bryman, A. 148
Buckley, P. J. 48-50, 54, 118
Bunge, M. 21-2, 24, 42, 44-5, 51, 57n, 109-10, 115, 171
Burrell, G. 12n
Burt, R. S. 22-3

Calás, M. B. 202
Calhoun, C. 169
Campbell, K. 66
Cannella, A. A. J. 195-6, 198n
Canter, N. F. 170
Casadesus-Masanell, R. 177, 188n
Cederström, C. 208
Chalmers, A. F. 65, 69, 87n, 103, 115
Chamberlin, T. C. 71
Chapman, M. 48-50, 54, 118
Chia, R. 195, 214
Child, J. 68
Chiles, T. H. 45, 48-9, 53
Choi, I. 143
Chreim, S. 98, 112-13
Coase, R. H. 27, 57n, 175-7, 180-1, 186-7, 188n LCoghlan, D. 210
Cohen, M. D. 211-12
Collier, A. 84
Collins, H. 196
Coney, K. A. 138
Conner, K. R. 51
Consolini, P. M. 119
Cooper, W. H. 209
Cox, J. W. 212

Crandall, R. 132
Cronbach, L. J. 102, 113, 122n
Crook, T. R. 56
Croson, R. 79, 184
Cumming, G. 129

Daft, R. L. 133
Danermark, B. 6, 12n, 32, 75, 81, 84, 97, 108
David, R. J. 47, 52, 118
Davis, F. D. 103
Davis, G. F. 6, 63-4
Davis, M. S. 133
de Cock, C. 69
de Rond, M. 30, 98, 121, 175, 211
Dearborn, D. C. 142, 150
Decker, S. 168
Denis, D. J. 73-4
Denzin, N. K. 109
Dewald, W. G. 139
Dewey, J. 7, 211-12
Dijksterhuis, A. 141
Donaldson L. 11-12, 64, 73, 88n
Douma, S. 69
Dray, W. H. 170
Dretske, F. I. 25
Duberley, J. 213
Durand, R. 215

Easley, R. W. 132, 153
Easton, G. 84, 115
Eden, D. 137-8, 141, 145, 153, 157n
Edwards, J. R. 216-17
Edwards, P. K. 88n

Ehrenberg, A. S. C. 141, 145, 148
Eisenhardt, K. M. 56, 108, 113, 117
Ellsaesser, F. 202
Evanschitzky, H. 132
Everett, J. 211

Falleti, T. G. 21-2
Ferner, A. 98, 116-17, 119-21
Ferraro, F. 68
Feyerabend, P. 136
Feynman, R. P. 74, 198-9n
Fischer, D. H. 178
Flyvbjerg, B. 111, 118
Franke, R. H. 140
Freeland, R. F. 176-9, 183-5, 188n
Freeman, J. 27-8
Freese, J. 140
Friedman, Milton 1-2, 21, 38, 41-3, 48, 56n
Froeyman, A. 188n
Fry, L. W. 129

Galileo 40
Gardner, W. L. 148
Gasper, P. 20
Gefen, D. 103-6
Gerring, J. 25, 98
Ghoshal, S. 51-2, 68-9, 87-8n, 180, 185
Gibbert, M. 97, 110, 113, 115-16
Gidden, A. 24
Gimeno, J. 85
Gist, M. E. 80
Glaser, B. G. 156
Glennan, S. S. 21, 170-1

Godfrey, P. C.76, 210
Goldthorpe, J. H. 77, 180-1
Gomm, R. 101
Goodman, R. S. 167
Graebner, M. E. 108, 113
Grant, R. M. 45
Gray, P. H. 209
Greenwald, A. G. 64, 71, 74
Greenwood, A. 167
Greenwood, R. 116
Griffin, L. J. 168, 170-1
Grünbaum, A. 64, 72
Guba, E. G. 98, 113

Halkier, B. 98
Hambrick, D. C. 31
Hamel, G. 151
Hammer, C. 168
Han, S. -K. 47, 52, 118
Hannan, M. T. 27-8
Hanson, N. R. 217
Harré, R. 5-6, 12n, 21-2, 70, 184
Harris, J. D. 212-13
Harrison, D. 84, 115
Hart, O. 51
Hassard, J. S. 212
Hawking, S. 65
Healey, R. A. 185
Hechter, M. 22, 171
Hedström, P. 21, 39, 171-2
Heide, J. B. 43, 51, 53
Hempel, C. G. 4, 18-20, 25, 33n, 42, 71, 169-70, 174
Hemes, G. 6

Hertting, N. 111
Hicks, S. R. C. 195
Hill, C. W. L. 76, 210
Hillebrand, B. 114
Hinings, C. R. 141-2
Hintikka, J. 73, 88n
Ho, J. 18
Hodgson, G. M. 21
Hofstede, G. 105, 147
Holcomb III, R. H. 198n
Holmström, B. 179
Hoon, C. 213
Hough, J. K80
Howson, C. 216
Hubbard, R. 141, 157n, 186, 196
Huber, G. P. 181-2
Hume, D. 4, 7, 65-6, 123n
Hunt, S. D. 88n, 136-7
Hutchison, T. W. 68

Ingram, P. 180

Jeanes, E. L. 69
Jensen, R. J. 80
Joas, H. 7
Johanson, J. 28, 70
Johnson, P. 213
Johnson, S. 76-7, 117-18
Jones, S. R. 140

Kao, J. 31
Kaplan, A. 41-2, 135-7, 169
Kaul, J. D. 140
Keat, R. 33n
Kellner, D. 5

Kelton, W. D. 83
Kerr, N. L. 71
Ketokivi, M. 202
Kieser, A. 167, 186
Kilduff, M. 5, 209
Kim, J. 18
Kincaid, H. 33n
King, G. 21
Kipping, M. 182
Riser, E. 22, 171
Klein, B. 171, 173-8, 181-7, 188n
Klein, H. K. 109
Klein, P. G. 169
Klenke-Hamel, K. E. 144-5, 148
Kochan, T. 98
Kogut, B. 46
Koontz, H. 64
Koopmans, T. C. 43
Kruger, E. J. 167
Kuhn, T. S. 12n, 69, 88n, 136, 217
Kuorikoski, J. 41, 43
Kwan, K.-M. 157n, 202, 210, 216

La Porte, T. R. 119
Lakatos, I. 42, 69, 209
Lam, S. Y. 55
Lane, P. J. 73-4
Laudan, L. 88n
Law, A. M. 83
Lawrence, R. R. 129
Lawson, T. 8, 32
Lee, A. S. 97, 110-11, 113
Lee, G. L. 141-2
Lehtinen, A. 41, 43

Leonard-Barton, D. 117
Lester, R. A. 1, 38
Leung, K. 186
Leuridan, B. 188n
Lev, B. 73-4
Levy, D. L. 114
Lewin, A. Y. 133
Lewis, D. 25
Lewis, M. W. 201-2
Lichtenstein, B. M. B. 68
Lieberson, S. 67, 111
Lincoln, Y. S. 98, 113
Lindsay, R. M. 141, 145, 148
Lipartito, K. 172, 182
Lipton, P. ix, 26-7, 72, 146
Little, D. 21, 171
Locke, E. A. 86, 202
Locke, J. 8
Lopez, J. 5
Lorino, P. 211
Lorsch, J. W. 129
Losee, J. 66-8
Lucas, J. W. 102
Luckmann, T. 5, 209
Lynch, J. F. 21-2
Lyons, B. R. 48
Lyotard, J. F. 5

Macher, J. T. 48
MacKenzie, D. 180
Madden, C. S. 132, 150
Maguire, S. 106
Mahoney, J. T. 11, 73, 198n
Mäki, U. 26, 40-1, 84

Manicas, P. T. 82-3, 108-9
Mantere, S. 202
March, J. G. 85
Marchionni, C. 25-6
Marquis, C. 6, 63-4
Martinko, M. J. 148
Masten, S. E. 46, 49, 52, 57n, 155, 185
Masterman, M. 12n
Mathieu, J. E. 144-5, 148
Maxwell, J. A. 22, 102
McKinley, W. 64, 73
McMackin, J. F. 45, 48-9, 53
Meehl, P. E. 73
Megill, A. 169, 186
Mehra, A. 5, 209
Merton, R. K. 33n
Mill, J. S. 12-13n
Miller, R. W. 72, 146
Millo, Y. 180
Mingers, J. 81-2
Mintzberg, H. 97, 148
Mir, R. 216
Mjoset, L. 97
Mone, M. A. 64, 73
Monteverde, K. 44-7, 50, 52-3, 57n, 155, 185
Moore, G. E. 57n
Moran, P. 51-2, 180, 185
Morgan, G. 12n, 138
Musgrave, A. 39-42
Myers, M. D. 109

Nagel, E. 32, 39, 102, 104, 112, 170
Naum, L. 194

Nelder, J. A. 129
Neuliep, J. W. 132
Newton, I. 40
Nickerson, R. S. 63, 87n
Nietzsche, F. 217
Numagami, T. 68, 105, 123n, 179

Okhuysen, G. 69
Oppenheim, P. 18, 20, 33n
Orlikowski, W. J. 108

Paetzold, K L. 195-6, 198n
Pawson, R. 7, 21-2, 136
Peacock, M. S. 70
Pedersen, T. 28-9, 70
Peirce, C. S. 7
Perrow, C. 69, 119, 194, 198n
Petersen, B. 28-9, 70
Pfeffer, J. 63-4, 195, 197-8n
Phillips, D. C. 4, 136
Piekkari, R. 114
Pilling, B. K. 48, 52, 184
PiUutla, M. M. 133
Polanyi, M. 66
Popper, K. viii, 64-7, 151, 156, 195, 209, 214-16
Porter, S. 84
Potter, G. 5
Power, D. J. 181-2
Prahalad, C. K. 51
Prasad, A. 210, 215

Ramoglou, S. 2
Keid, T. 66

Rescher, N. 66
Resnik, D. B. 198n
Reydon, T. A. C. 28
Richman, B. D. 48
Roberts, C. 170
Roberts, J. 179
Roberts, K. H. 119
Robins, J. A. 49-50
Ron, A. 82
Ronis, D. L. 74
Rosenberg, A. 11, 134
Rosenthal, R. 63, 137, 142-4, 156
Rosile, G. A. 213
Rosnow, R. L. 137, 156
Rothbard, M. N. 43
Rowlinson, M. 168
Ruben, D. -H. 18, 20, 32n
Rubinstein, S. 98
Runde, J. 30, 175, 211
Russell, B. viii, 12-13n, 33n, 57n, 197
Ruzzene, A. 123n

Sagan, S. D. 85, 118-19
Salmon, W. C. 18, 33n, 170
Sandberg, J. 215
Sayer, A. 6, 20, 23-4, 50, 76, 81-2, 110, 169-70
Schmidt, F. L. 153
Schmidt, S. 137
Schneider, R. I. 170
Schofield, J. W. 102
Scholz, M. 28
Schon, D. A. 68
Schreyogg, G. 167

Schwandt, T. A. 99

Second, P. F. 70, 184

Shadish, W. R. 79-80

Shane, S. 2

Sharp, K. 101, 109

Shugan, S. M. 38-40

Siggelkow, N. 117

Silk, M. L. 208

Simon, H. A. 51, 55, 142, 150

Simpson, B. 202

Singh, J. V. 85

Singh, K. 202

Smets, M. 30

Smiddy, H. F. 194

Smircich, L. 138, 202

Soberg, M. 85

Socrates 12n

Sokal, A. 214

Spicer, A. 208

Spulber, D. F. 177, 188n

Stake, R. E. 108, 112

Starbuck, W. H. 72, 82

Staw, B. M. 18

Steel, D. 21, 171

Stinchcombe, A. L. 74

Stoecker, R. 114

Strack, F. 141

Straub, D. W. 103-6

Strauss, A. L. 156

Strawson, P. F. 18

Stroebe, W. 141

Stuckey, J. A. 53-4

Su, W. 30

Suddaby, R. 116

Sutton, R. I. 18

Swedberg, R. 172

Szulanski, G. 80

Taylor, S. 167-8

Teece, D. J. 44-7, 50, 52-3, 155, 185

Thau, S. 133

Thomas, D. 195-6

Thompson, B. 87n

Tilley, N. 7, 22

Tilly, C. 171

Tomkins, L. 202

Trumbull, D. J. 108, 112

Tsoukas, H. 116, 148, 217

Tsui, A. S. 22-3

Urry, J. 33n

Vaara, E. 215

Vahlne, J. E. 28, 70

van Knippenberg 141

Van Maanen, J. 195, 198-9n

Venkataraman, S. 2

Vermeulen, F. 143-4

Vernon, R. 87

Vetter, D. E. 186

Vygotsky, L. S. 8

Walker, G. 150, 155

Wallace, W. 56

Walsh, J. P. 137, 142

Walton, J. 115

Wathne, K. H. 43, 51, 53

Watson, A. 216

Webb, E. J. 76

Weber, D. 150, 155

Weber, M. 171-2

Weick, K E. 198n

Weitz, B. A. 143

Welch, C. 29, 210, 215

White, M. A. 80

Wicherts, J. M. 139-40

Wiersema, M. F.147

Williams, M. 107, 109

Williamson, O. E. 22, 40-4, 47-8, 51, 53, 57n, 118

Wilson, R. T. 113

Winer, R. S. 113

Woodward, J. 27, 174, 188n

Xiao, Z. 22-3

Yamanoi, J. 143-4

Yates, J. 168, 185

Yin, R. K. 54, 99, 108-11, 116-17, 122n, 181

YHkoski, P. 21, 26, 39, 171

Zachariadis, M. 109

Zald, M. N. 167

Zammuto, R. F. 69

Zander, U. 46

主 题 索 引

abduction 外展法 7-8
   see also retroduction 另见 溯因推理
accommodation 顺应调节 72,145-6
   see also prediction 另见 预测
agency theory 代理理论 56
allomorphs 语素变体 25-6,174
analysis of archival data 档案数据分析 50, 184-5
assumption-based theory testing 基于假定的理论检验 50,52-6
assumption-omitted theory testing 忽略假定的理论检验 50-2,54-6
assumptions 假定 39
   core 核心 41,43-4,54-6,84-5,185-6
   domain 领域 40,42
   heuristic 启发式的 40-2
   negligibility 可忽略性 39-40,42
   peripheral 外围的 41,43,84-5
   realism of 的实在性 1,39
   testing 检验 50
Aston study 阿斯顿研究 141-2
auxiliary hypotheses 辅助假设 72,84-5

behavioral simulations 行为模拟 80
bounded rationality 有限理性 55
case studies 案例研究 99
   as natural science experiments 作为自然科学实验 111-12
   cross-sectional versus longitudinal case designs 横截面与纵向案例设计 117,119
   generalizability of results 结果的普适性 97-8,108-10
   meta-synthesis of 元-综合 213
   second-class status of 的二等地位 114
   single-versus multiple-case designs 单案例与多案例设计 116-18,120
   theoretical sampling 理论抽样 117
causality/causation 因果关系 18,70,82, 117,134,171,185
   Humean 休谟论者 4,7
   versus correlation 与相关性 51,82,185
closed-systems 封闭系统 6-7,70,77,79,184
   see also open systems 参见 开放系统
computer simulation modeling 计算机仿真建

模 83

confounders 混杂因素 21

constructivism/constuctionism 建构主义/5,18,195,209,212

context 情境 22-3,99,104-6,110,116,119-20,139,147-8

contingent conditions/contingencies 权变条件 6,22,81,115-16,141,147-8

critical realism 批判实在论 3,5-7,13n,21,23-4,50,75-6,81-4,107-10,137,146

critical tests 临界检验 85

cultural differences 文化差异 104,143,147

cultural dimensions 文化维度 105,147

demarcation between science and non-science 科学与非科学的界限 64,195-7

demi-regularities 准规则性 32,108

demography theory 人口学理论 147

Duhem-Quine thesis 迪昂-蒯因论题 72-3,84-5,216-17

empirical regularities 经验性规则 32,75,82,86,119-20,170,172

entrepreneurial opportunities 创业机会 1

epistemology 认识论 1,3

ethnography 民族志 212

events 事件 6-7,18-19,21-2,25,44,50,70,110,117,134,170-1m 181

   historical 历史的 168,170-1,177-8,180,184

experiments 实验 7,111-12,135,140

   generalizability of results 结果的普适性 184

   laboratory 实验室 70,79,111,184

quasi- 准-80

explanandum 被解释项 4,24,28-30

explanans 解释项 4

explanation 解释 41-2,169

   ahistorical 非历史性/非历史的 170

   a-theoretical 非理论性/非理论的 30-1

   causal 因果的 18,76,172

   contrastive 对比的 25-9,174

   covering law model of 覆盖律模型 4,19-20

   deductive-nomological model of 演绎-律理模型 19,170,174

   generality of 一般性 29-30

   historical 历史的 169-170

   idiographic 独特的 172

   inductive-statistical model of 归纳-统计模型 20

   interpretivist approach to 解释学视角 23-4

   mechanismic 机制的 21-5,42-3,46-7,55,117-18,171,174-5

   of specific events 特定事件 30,175,211

   see also prediction 参见 预测

explanatory power 解释力 41,43,133,153,155,198n

explanatory versus measurement theories 解释与测量理论 136-7

extensive research designs 宽度研究设计 82-3

   see also quantitative research methods 参见 定量研究方法

external validity 外部效度 48,79-80,102,106,122n,144

fact and foil 事实和衬托 26-7
falsification 证伪 64,68-74,86,118
　　versus verification 与证实 65-7,146-8
file drawer problem 文件柜问题 63,71,74
foundationalism 基础主义 208

general laws 普遍规律 4,19-20,134,170
General Motors-Fisher Body integration 通用汽车与费希尔车体厂的一体化 173-7
Generalization 概括 99
　　analytic 分析的 110-11
　　and extension 与拓展 144-5,148
　　and theory testing 与理论检验 114
　　contextual 情境的 102,104,106
　　cross-population 群体间 102-4,120
　　empirical 经验的 107-9,119-21,143-4
　　formal 正式的 112
　　naturalistic 自然主义的 108,112
　　of theory 理论的 113-14
　　statistical 统计的 103,109-10
　　temporal 时间的 102,104-6
　　theoretical 理论的 102-3,107-10,116-17
　　versus induction 与归纳 100
　　within-population 群体内 102-3,120

HARKing（Hypothesizing After Results are Known）根据结果提出假设 71,186,216
　　see also post hoc storytelling 参见 事后讲故事
Hawthorne effect 霍桑效应 140
hermeneutics 诠释学 24,134,210,215

high reliability theory 高可靠性理论 119
historiography 历史编纂学
　　generalizability of results 结果的普适性 180,184
　　limitations of 局限性 178,180-1
　　merits of 优点 177-80
　　seldom practiced 很少被实践 167-9
hypothetico-deductive approach 假说-演绎法 4,71

induction 归纳法 65,100
　　classification of 分类 100-5
　　problem of 问题 7,65
inductive analogy 归纳类比 100,102,105-6,112
instrumentalism 工具主义 41
intensive research designs 深度研究设计 83-4
　　see also qualitative research methods 参见 质性研究方法
interactionist regress 互动主义的倒退 81
interpretivism 解释主义 107-9

knowledge-based view 知识基础观 45-6

law-like relationships/regularities 类规律关系/规则性 4,20,108,148

marginal theory in economics 经济学的边际理论 1,43
mechanisms 机制 6-7,21-3,32,50,82-6,110,115-16,146-7,171,175,185
　　testing 检验 76-81,118-19,183

see also structures 参见 结构
meta-analysis 元分析 153
meta-models 元模型 83
mixed research designs 混合研究设计 82
model specification 模型设定 70
motives behind actions 行动背后的动机 172
multifocal pattern of knowledge accumulation 知识积累的多焦点模式 153-6
   see also scattered pattern of knowledge accumulation 参见 知识积累的分散模式
multiple theoretical lenses 多种理论视角 69

natural selection 自然选择 43,49-50
normal accident theory 常态意外理论 119
null hypothesis statistical testing 零假设统计检验 63

object of knowledge 知识的客体 6
observation 观察 8,65-7,72
   low-level versus high-level 低程度与高程度 136
   theory-ladenness of 理论负载性 136-7,217
ontology 本体论 1,3,75
open systems 开放系统 6-7,70,81-2,169
organizational defenses 组织防御 151
organizational/population ecology 组织/种群生态学 27-8,169
organizational learning 组织学习 151-2

paradigm 范式 11-12n,195
path dependence 路径依赖 167
performativity 展演性 180

philosophical under-laboring 哲学小工 8
positive test strategy 肯定型检验策略 71-2
positivism 实证主义 3-4,107-9,133-4,208-9
post hoc storytelling 事后讲故事 186
postmodernism 后现代主义 3,5,195,209,212,214
pragmatism 实用主义 3,7-8,212
prediction 预测 4,18,41-2,146,169
prisoner's dilemma 囚徒困境 39,41
probability sampling 概率抽样 120
product life cycle theory 产品生命周期理论 87

qualitative research methods 质性研究方法 97,99,113,148,157
quantitative research methods 量化研究方法 4,71,99,110,113-15,117-18,120,148,157,186

rational choice models 理性选择模型 41
reality 现实 66,180
   domains 领域 of 6,22,32,75,110
   objective 客观的 4
   socially constructed 社会建构的 5
reduced models 简化模型 44-5,47-8,51-2
   see also structural models 参见 结构模型
regression modeling 回归建模 76,82-3
relativism 相对主义 7,134
relics 遗迹 180-2,186
replication 复制 85,137-8,182,186
   classification of 分类 139-45
   conceptual extension 概念拓展 142-3

epistemic significance of 认知意义 145-8
error discovery function of 发现错误的功能 144
exact 精确的 141-2, 145-8
possibility of 可能性 135-7
seldom published in journals 很少在期刊发表 132-4
versus innovative study 与创新研究 149-50
with extension 扩展 138
resource-based view 资源基础观 113
response surface methods 响应面方法 83
retroduction 溯因推理 6, 75-6, 79

scattered pattern of knowledge accumulation 知识积累的分散模式 151-3, 156
selective perception 选择性知觉 142
self-fulfilling/self-defeating prophecies 自我实现/自我挫败预言 68, 179
self-serving bias in attribution 归因中的自我服务偏见 143
severe tests 严苛检验 66
versus rigorous tests 与严格检验 67
singular statements 具体性陈述 65
see also universal statements 参见 普遍性陈述
social phenomena 社会现象 23, 32, 42, 67-8, 70, 104, 112-13, 135
versus natural phenomena 与自然现象 5, 18, 87n
social sciences 社会科学 11n, 20, 23-4, 32, 73, 86, 88n, 102, 169, 184
versus natural sciences 与自然科学 20, 24, 67-8, 104-5, 111, 113, 123n, 129, 133-5, 196
statistical syllogism 统计三段论 100, 102, 105
storytelling 讲故事 213
strategic choice 战略选择 68
structural holes theory 结构洞理论 22-3
structural models 结构模型 44-7, 51-2
structures 结构 6, 32, 50, 116, 146-7
superstitious decision making 迷信决策 31
symmetry between explanation and prediction 解释与预测的对称性 4, 20, 42

technology acceptance model 技术接受模型 103
test system 检验系统 72, 85
theories 理论 18, 33n, 169
applicability of 适用性 113-14
boundary conditions/boundaries of 边界条件/边界 67, 70, 117-8, 122, 156
competing 竞争的 118-19
fudging 捏造 72, 146
incommensurability of 不可通约性 73-4
proliferation of 激增 63-4, 86
versus data 与数据 18
versus models 与模型 57n
transaction cost economics 交易成本经济学 11, 22, 40, 42
asset specificity 资产专用性 22, 47-9, 53, 155, 179, 185
holdup 套牢 174-5, 178-9
opportunism 机会主义 41, 43-8, 51-4, 185-6

283

opportunistic recontracting 机会主义导向的重新签约 45-7

organizing production activities 组织生产活动 27

quasi rent appropriation 准租金占用 45-7

quasi-vertical integration 准纵向一体化 46-7

risk preference 风险偏好 53

specific investments 专用性投资 155,173-4,185

transaction-cost-economizing 交易成本节约 48-50,56

vertical integration 纵向一体化 153-5,176,180,184-5

truth 真理 57n

uniformity of nature 自然的一致性 111-13

universal statements 普遍性陈述 65-6

unobservable constructs 无法观察的构念 76,210

Uppsala internationalization process model 乌普萨拉国际化进程模型 28-9,70

Verstehen 理解 23-4